Dieter Schulz
Amerikanischer Transzendentalismus

Dieter Schulz

Amerikanischer Transzendentalismus

Ralph Waldo Emerson, Henry David Thoreau, Margaret Fuller

Wissenschaftliche Buchgesellschaft
Darmstadt

Einbandgestaltung: Neil McBeath, Kornwestheim.

Die Deutsche Bibliothek – CIP-Einheitsaufnahme

Schulz, Dieter:
Amerikanischer Transzendentalismus:
Ralph Waldo Emerson, Henry David Thoreau,
Margaret Fuller / Dieter Schulz. – Darmstadt:
Wiss. Buchges., 1997
ISBN 3-534-09407-7

Bestellnummer 09407-7

Das Werk ist in allen seinen Teilen urheberrechtlich geschützt.
Jede Verwertung ist ohne Zustimmung des Verlages unzulässig.
Das gilt insbesondere für Vervielfältigungen,
Übersetzungen, Mikroverfilmungen und die Einspeicherung in
und Verarbeitung durch elektronische Systeme.

© 1997 by Wissenschaftliche Buchgesellschaft, Darmstadt
Gedruckt auf säurefreiem und alterungsbeständigem Offsetpapier
Reproduktionsfähige Druckvorlagenerstellung: Dirk Deissler
Druck und Einband: Frotscher Druck GmbH, Darmstadt
Printed in Germany

ISBN 3-534-09407-7

Inhalt

Textausgaben und Abkürzungen	VII
Vorwort	IX
Einleitung	1
Biographische Skizze I: Unter einem Dach	10

I. Bauen 17
  1. Das Ich und sein Haus: Wohnen und Wandern bei
     Emerson und Thoreau 17
  2. Thoreaus Haus- und Landwirtschaft 37
  3. Emersons geschäftstüchtige Seele 57
  4. Das Haus im Zwiespalt 74
    a) Emersons 'andere Sklaven'
       und Thoreaus Nacht im Gefängnis 78
    b) Margaret Fuller und der 'Engel im Haus' 91

II. Sehen 110
  5. Emerson, Thoreau und das offenbare Geheimnis
     der Natur 110
  6. Ansichten der Neuen Welt bei Thoreau und Fuller . 129
  7. Die Sicht des Anderen:
     Freundschaft — Liebe — Einsamkeit 146
  8. Sehen — Sprechen — Schreiben:
     Emersons und Fullers Rhetorik 165
  9. Das Gedicht in unseren Augen:
     Ästhetik bei Emerson und Thoreau 189

Biographische Skizze II: Ausblicke	209
Notiz zur Forschung	214
Literatur	215
Register	227

Textausgaben und Abkürzungen

Soweit nicht anders vermerkt, beziehen sich alle Seitenangaben auf die folgenden Ausgaben:

Zu Emerson:
Ralph Waldo Emerson, *Essays and Lectures* (New York: Library of America, 1983).

Zu Thoreau:
Henry David Thoreau, *A Week on the Concord and Merrimack Rivers, Walden; or, Life in the Woods, The Maine Woods, Cape Cod* (New York: Library of America, 1985).

Zu Fuller:
Margaret Fuller, *Woman in the Nineteenth Century and Other Writings*, ed. Donna Dickenson, World's Classics (Oxford: Oxford University Press, 1994); *Summer on the Lakes, in 1843*, Introduction Susan Belasco Smith (Urbana, IL: University of Illinois Press, 1991).

Ansonsten werden folgende Abkürzungen verwendet:

Zu Emerson:
CEC = *The Correspondence of Emerson and Carlyle*, ed. Joseph Slater (New York: Columbia University Press, 1964).
CPT = *Collected Poems and Translations* (New York: Library of America, 1994).
EL = *The Early Lectures of Ralph Waldo Emerson*, ed. Stephen E. Whicher et al. (Cambridge, MA: Belknap Press of Harvard University Press, 1959-1972).
EW = *The Works of Ralph Waldo Emerson*, ed. James Elliot Cabot, Standard Library Edition (Boston: Houghton Mifflin, 1883-93).
JMN = *The Journals and Miscellaneous Notebooks of Ralph Waldo Emerson*, ed. William H. Gilman et al. (Cambridge, MA: Belknap Press of Harvard University Press, 1960-1982).

VIII

L = *The Letters of Ralph Waldo Emerson*, ed. Ralph L. Rusk und Eleanor Tilton (New York: Columbia University Press, 1939-1995).
TN = *The Topical Notebooks of Ralph Waldo Emerson*, ed. Ralph H. Orth et al. (Columbia, MO: University of Missouri Press, 1990-1994).

Zu Thoreau:
C = *The Correspondence of Henry David Thoreau*, ed. Walter Harding und Carl Bode (New York: New York University Press, 1958).
J = *The Journal of Henry D. Thoreau*, ed. Bradford Torrey und Francis H. Allen (Boston: Houghton Mifflin, 1906).
PJ = Henry David Thoreau, *Journal*, ed. John C. Broderick et al. (Princeton, NJ: Princeton University Press, 1981ff.).
RP = *Reform Papers*, ed. Wendell Glick (Princeton, NJ: Princeton University Press, 1973).
TW = *The Writings of Henry David Thoreau*, Walden Edition (Boston: Houghton Mifflin, 1893-1906).

Zu Fuller:
MFC = *The Woman and the Myth: Margaret Fuller's Life and Writings*, ed. Bell Gale Chevigny, rev. Aufl. (Boston: Northeastern University Press, 1994).
MFE = *Margaret Fuller: Essays on American Life and Letters*, ed. Joel Myerson (New Haven, CT: College & University Press, 1978).
MFL = *The Letters of Margaret Fuller*, ed. Robert N. Hudspeth (Ithaca, NY: Cornell University Press, 1983-1994).
MFM = *Memoirs of Margaret Fuller Ossoli* [ed. R.W. Emerson, W.H. Channing und J.F. Clarke] (Boston: Phillips, Sampson, 1852).

Allgemein:
NA = *The Norton Anthology of American Literature*, ed. Nina Baym et al., 4. Aufl. (New York: Norton, 1994), Bd. 1.

Vorwort

Der Wunsch, dieses Buch zu schreiben, wurde — neben der freundlichen Einladung durch den Verlag — bestärkt durch Erinnerungen an meine ersten Versuche, Thoreau und Emerson zu lesen. Ich kam damals über die ersten Seiten von *Walden* und "Self-Reliance" nicht hinaus. Aufgewachsen in einer Tradition, die den Schüler und Studenten dazu anhält, objektiv zu argumentieren und unpersönlich zu formulieren, erschien mir Emersons und Thoreaus Betonung der "first person singular" schlichtweg impertinent. Ich habe lange gebraucht, um zu erkennen, daß ein Denken und Reden vom Ich her nicht unverbindlich zu sein braucht; daß jemand vielleicht gerade deshalb vage formuliert, weil er etwas zu sagen hat; und daß Texte, die bisweilen eher Stimmungen einzufangen als Ideen zu liefern scheinen, einer bezwingenden Logik folgen können.

Wenn Bücher wie *Walden* und Emersons *Essays* mich heute ständig begleiten, und wenn ich inzwischen auch ein immerhin respektvolles Verhältnis zu Margaret Fullers Werk habe, so liegt das maßgeblich an dem Nachhilfeunterricht, den mir Freunde und Kollegen erteilt haben. Allen voran sind Gail Baker, Paul Schmidt, Herwig Friedl und David Robinson zu nennen. Über die Jahre habe ich außerdem vom Rat und der Kritik der folgenden Studenten, Kollegen und Freunde profitiert: Karin Apel, Markus Baumbusch, Dorothea Fischer-Hornung, Horst-Jürgen Gerigk, Roland Hagenbüchle, Brigitte Hilsenbeck, Robert Isaak, Zoltán Kövecses, Reinhard Mechler, Horst Meller, Ute Molitor, Monika Müller, Elvira Filippovna Osipova, Kurt Otten, Gary Scharnhorst, Christoph Schöneich, Joseph Schöpp, Sanja Soštaric und Jean Fagan Yellin. An der Druckvorbereitung haben mitgewirkt: Karin Apel, Dirk Deissler, Dirk Lutschewitz, Claus-Peter Neumann und Karl Schubert. Andreas Höfele, Kurt Otten und Hans-Joachim Zimmermann haben mich in der entscheidenden Phase des Schreibens administrativ entlastet. Mein größter Dank gilt Dietmar Schloss; er hat das gesamte Manuskript sensibel und kritisch kommentiert.

Gewidmet ist das Buch meiner Mutter, Liesel Schulz, und dem Andenken meines Vaters, Heinrich Schulz (1915-1997).

Einleitung

Ralph Waldo Emerson, Henry David Thoreau und Margaret Fuller gelten heute als die wichtigsten Vertreter des Transzendentalismus, einer philosophisch-religiös-literarischen Bewegung, die — in den 1830er Jahren in den intellektuellen Zirkeln von Boston entstanden — rasch eine weit über Neuengland hinausgehende Ausstrahlung entfaltete. Diese Ausstrahlung hält bis in unsere Tage an. Ob man (wie 1981 der Yale-Präsident Giamatti) Emerson für vieles verantwortlich macht, was an der politischen Kultur der USA faul ist; ob man mit Harold Bloom in ihm den 'Erfinder' der 'amerikanischen Religion' sieht oder mit Richard Poirier meint, die amerikanische Literatur und Emerson seien in vielfacher Hinsicht identisch: An seiner zentralen Stellung in der amerikanischen Ideengeschichte besteht kein Zweifel. Daß er darüber hinaus eine Vorreiterrolle für die internationale Moderne spielt, belegt allein schon die enthusiastische Rezeption durch Nietzsche; der Amerikaner, den Nietzsche gegen Ende der 3. *Unzeitgemässen Betrachtung* als Gewährsmann zitiert, ist Emerson.[1]

Thoreau — den Emerson in seinem Nachruf als exemplarischen Amerikaner porträtierte — wurde mit dem Essay "Resistance to Civil Government" (besser bekannt als "Civil Disobedience") schon im 19. Jahrhundert weltweit als Wortführer des gewaltfreien Widerstands bekannt. *Walden* avancierte in der 1960er Jahren zum Kultbuch der Gegenkultur, und mit dem vielbändigen *Journal* gehört es seit einiger Zeit zu den Klassikern der ökologischen Bewegung.

Margaret Fuller stand lange Zeit im Schatten ihrer männlichen Gesinnungsfreunde. Immerhin meinte schon der große Historiker

---

[1] A. Bartlett Giamatti, "Power, Politics, and a Sense of History", Baccalaureate Address 1981, Nachdr. in Giamatti, *A Free and Ordered Space: The Real World of the University* (New York: Norton, 1988) 94-105; Bloom, *Agon: Towards a Theory of Revisionism* (New York: Oxford University Press, 1982), Kap. 6; Poirier, *A World Elsewhere: The Place of Style in American Literature* (London: Oxford University Press, 1966) 69.

Perry Miller (dem man keine Schwäche für Fuller nachsagen kann), sie sei unter ihren Zeitgenossen womöglich die einzige Amerikanerin gewesen, die im Gespräch Figuren vom Format Goethes und Rousseaus das Wasser hätte reichen können.[2] Der heutige Feminismus ist dabei, ihr Hauptwerk, *Woman in the Nineteenth Century*, nicht nur als historische Quelle, sondern auch als wichtigen Beitrag zur Theoriebildung der *gender studies* zu entdecken.

Das vorliegende Buch ist die erste Monographie, die das Dreigestirn Emerson — Fuller — Thoreau zusammensieht. Zwar ist Emersons Verhältnis zu Thoreau einerseits, Fuller andererseits in einigen meist biographisch orientierten Arbeiten dargestellt worden, es fehlt aber bisher an einer Untersuchung, die ein größeres Spektrum von Fragen und Problemen jeweils im Blick auf die ebenso fruchtbaren wie spannungsvollen Beziehungen der drei Transzendentalisten untereinander abhandelt. Bei aller Übereinstimmung in Grundannahmen waren die drei nicht nur temperamentsmäßig sehr verschieden, sie setzten auch gedanklich, formal und stilistisch eigene Akzente, die sich oft erst durch den vergleichenden Ansatz enthüllen.

Aufgrund des mit dem Umfang des Bandes gegebenen Zwangs zur Konzentration konnten nicht bei jedem Aspekt alle drei Autoren, sondern fast durchweg nur jeweils zwei gleichgewichtig verglichen werden. Dabei wurde die Konstellation gewählt, die für die Problemstellung am ergiebigsten erschien. Der begrenzte Umfang hat weiter zur Folge, daß wichtige Bereiche nur gestreift oder gar ignoriert werden. Einige davon werden in der Notiz zur Forschung genannt. Die Lücken sind ebenso bedauerlich wie unvermeidlich; seit den 1960er Jahren gibt es zu Emerson und Thoreau und inzwischen auch fast schon zu Fuller eine regelrechte Forschungsindustrie, die keine Einzelstudie mehr angemessen erfassen kann.

Hauptzweck dieses Buches ist es, anderen den Weg zu einer Literatur zu verkürzen, die irritiert und zumal für viele europäische Leser eine Zumutung darstellt. Die thematischen Schwerpunkte

---

[2] Vorwort zu *Margaret Fuller: American Romantic*, ed. Perry Miller (Garden City, NY: Anchor Books, 1963) xiii.

werden von zwei Bildbereichen her aufgeschlossen, die bei der Lektüre von Emerson, Thoreau und Fuller immer wieder auffallen: dem des Bauens und dem des Sehens. Zu den berühmtesten Passagen in Emersons *Nature*, seiner oft als Manifest des Transzendentalismus apostrophierten Schrift von 1836, gehört zum einen die Aufforderung an jeden einzelnen, sich seine eigene Welt zu bauen, zum anderen die Passage über den visionären Augenblick, in dem das Ich zum "transparent eye-ball" wird. Bauen und Sehen sind existentielle Metaphern; sie bezeichnen Tätigkeiten, mit denen wir alle in unserer Alltagserfahrung vertraut sind, sie konstituieren wesentlich unsere Identität, und es ist kein Zufall, daß sie im westlichen Denken eine lange und große Geschichte haben. Insofern schreibt der Transzendentalismus weiter an der Geschichte des abendländischen Subjekts. Allerdings setzt sein Beitrag zu dieser Geschichte eigene, 'amerikanische' Akzente, die in Europa, wenn überhaupt, nur unzureichend zur Kenntnis genommen werden.

Der Zugang über die Metaphorik erscheint darüber hinaus vielversprechend im Blick auf die grundlegende Bedeutung, die Metaphern für unser Weltverständnis und Denken besitzen. Bilder und Metaphern liegen sowohl der Philosophie im engeren Sinne wie auch unserer Alltagssprache zugrunde.[3] Wir leben und denken in und durch Metaphern; insofern ist alles Sprechen poetisch. Die Transzendentalisten haben diese Erkenntnis in ihren Texten umgesetzt und eine Prosa verfaßt, die diskursives Argumentieren mit Poesie verbindet und sich konsequent einer Sprache bedient, die das von Stanley Cavell, Richard Rorty und anderen Denkern in unserer Zeit formulierte Postulat einer Grenzüberschreitung von Philosophie und Dichtung vorwegnimmt. Emerson hielt seine analytischen Fähigkeiten für begrenzt und nahm dafür eine um so intensivere 'moralische Imagination' für sich in Anspruch. 'Imagination' bezeichnet wie das Wort 'Einbildungskraft' die Fähigkeit, Bilder zu entwerfen. Der in Emersons "The Poet" ausgeführte

---

[3] Hans Blumenberg, "Paradigmen zu einer Metaphorologie" (1960), Nachdr. in *Theorie der Metapher*, Wege der Forschung, ed. Anselm Haverkamp (Darmstadt: Wiss. Buchgesellschaft, 1983) 285-315; George Lakoff und Mark Johnson, *Metaphors We Live By* (Chicago: University of Chicago Press, 1980).

Gedanke, wonach wir als Menschen Symbole sind und in Symbolen wohnen, gewinnt unter solchen Vorzeichen eine neue Aktualität. Die Anordnung der folgenden, von zwei biographischen Skizzen eingerahmten Kapitel entfaltet die Zentralmetaphern vom Bauen und Sehen in einer Reihe von Aspekten und Fragestellungen. Dabei sollte die Grobgliederung in zwei Teile nicht darüber hinwegtäuschen, daß sich die beiden Bildbereiche überschneiden. So ist etwa die Zuordnung des Kapitels über Emersons und Fullers Rhetorik zu Teil II insofern nicht zwingend, als Reden und Schreiben auch immer wieder in Bildern des Bauens gefaßt werden. Der unten nach Heidegger zitierten Wendung von der Sprache als dem "Haus des Seins" ließe sich eine Briefäußerung Emersons anfügen, in der er, mit dem Wort 'lapidar' spielend, sein Reden dem Bauen mit wuchtigen Steinblöcken gleichsetzt (*CEC* 308). Im gleichen Sinne suggeriert Thoreau im "House-Warming"-Kapitel von *Walden* eine Analogie zwischen seinem Umgang mit Wörtern und dem Gebrauch alter Ziegelsteine, die er vom Mörtel befreien muß, um sie für den Bau seines Kamins verwenden zu können. Eine scharfe Trennung der Bildbereiche ist weder zwingend noch wünschenswert, die Gliederung hat sich jedoch im großen und ganzen als hilfreich erwiesen. Im übrigen werden die Metaphern in der zweiten biographischen Skizze mit dem Motiv des Fensters zusammengeführt.

Teil I geht von der Metaphorik des Bauens und Wohnens aus. Im Bauen zeigt sich zunächst die Not des Menschen, der einer 'zweiten Haut' bedarf ('Haus' und 'Haut' sind etymologisch verwandt) zum Schutz gegen die Elemente, und er ist auf gedankliche 'Gebäude' angewiesen, um sich in der Welt zu beheimaten. Das Haus erscheint uns im Traum als Metapher des Selbst; die Suggestivkraft von Edgar Allan Poes Erzählung "The Fall of the House of Usher" beruht in hohem Maße auf dieser von Gaston Bachelard zu einer Philosophie des Raums entwickelten archetypischen Projektion.[4] Ferner erscheint das Haus wie die Kleidung als Ausdrucksform des Ichs. In Henry James' *The Portrait of a Lady* (1881) wird dem Plädoyer der Heldin für das 'nackte' Selbst entgegengehalten,

---

[4] Richard Wilbur, "The House of Poe", in *Poe: A Collection of Critical Essays*, ed. Robert Regan (Englewood Cliffs, NJ: Prentice-Hall, 1967) 98-120.

daß der Mensch sich in seiner 'Schale' genauso ausdrückt wie in seinen Gedanken und Worten: "One's self — for other people — is one's expression of one's self; and one's house, one's clothes, the book one reads, the company one keeps — these things are all expressive."[5]

Darüber hinaus erweist sich der Mensch im Bauen sinnfällig als *homo faber*. In den großen "Leiträumen" Ägyptens und der jüdisch-christlichen Tradition tritt er in Konkurrenz mit dem Demiurg, dem Baumeister der Welt.[6] Und schließlich ist Bauen unsere Weise des In-der-Welt-Seins. Heidegger hat daran erinnert, daß Wohnen, Bauen und Sein im althochdeutschen *buan* zusammenfallen; im rechten Bauen finden wir unseren Ort und lassen die Dinge zu sich selbst kommen. Unser Haus ist da, wo wir uns 'befinden' und niederlassen. Im weiteren Sinne gehören dazu unsere Gedanken und nicht zuletzt die Sprache, das "Haus des Seins".[7]

Das physische wie das ideelle Haus bedrohen jedoch die Vitalität des Ichs; so sehr es sich zunächst in seinen Häusern ausdrückt und einrichtet, gerät es in Gefahr, sich einzusargen oder (nach Čechovs berühmter Kurzgeschichte, "Der Mensch im Futteral") in einem Futteral zu erstarren. Für diese Welt, so eine These Thoreaus im "Economy"-Kapitel von *Walden*, haben wir ein "family mansion" gebaut, für die nächste ein "family tomb" (352). Etwas erfahren heißt — auch daran hat Heidegger erinnert — "unterwegs, auf einem Weg, etwas erlangen."[8] Das Haus ist, wie Emerson in seinem Montaigne-Essay bemerkt, dem Modell des menschlichen Körpers nachgebildet: "the body of man is the type after which a dwelling-house is built" (696). Der Körper aber hat ein 'Design',

---

[5] James, *The Portrait of a Lady*, in *Novels 1881-1886* (New York: Library of America, 1985) 397f. (Kap. 19).

[6] Ernst Bloch, *Das Prinzip Hoffnung* (Frankfurt a.M.: Suhrkamp, 1985), Kap. 38.

[7] Heidegger, "Bauen Wohnen Denken", in *Vorträge und Aufsätze* (Pfullingen: Neske, 1954) 145-162; Heidegger, "Der Weg zur Sprache", in *Unterwegs zur Sprache*, 4. Aufl. (Pfullingen: Neske, 1971) 267. Vgl. Louis Hammer, "Architecture and the Poetry of Space", *Journal of Aesthetics and Art Criticism* 39 (1981) 381-388.

[8] Heidegger, "Der Weg zur Sprache", in *Unterwegs zur Sprache*, 177.

das ihn als Läufer ausweist; 'Seßhaftigkeit' widerspricht seiner Struktur. Gleiches gilt für die Seele, als deren 'Haus' er dient; sie drängt über alle Begrenzung hinaus, und ihr Wachstumsgesetz stellt jede Architektur in Frage. Nach Fuller lag darin eine Schwäche der römischen Zivilisation gegenüber der griechischen: "They did not grow, — they built themselves up" (*MFC* 40). Das Haus steht in einem Spannungsverhältnis zur Natur und hat daher für Emerson und Thoreau nur als Provisorium, als Station einer Wanderschaft seine Berechtigung (Kap. 1).

Die anthropologische Problematik des Hauses strahlt ins Tun des Menschen als eines *homo oeconomicus* aus. Unsere Vorstellungen von Ökonomie gehen auf das Haus zurück: Wirtschaften heißt ursprünglich Haus-halten. Während Thoreau die alteuropäische Vorstellung vom 'ganzen Haus' evoziert und grundsätzliche Fragen nach dem Verhältnis von Ökonomie und Ökologie aufwirft (Kap. 2), wendet Emerson sich dem kommerziellen Amerika zu und formuliert einen subtilen Kommentar zur Ideologie des *business*, der Gewinnstreben und Geist miteinander vermittelt und für einen Kapitalismus 'mit offenen Türen' plädiert (Kap. 3).

Schließlich bestimmt das, was man den 'Diskurs des Hauses' nennen kann, unsere Vorstellungen vom Gemeinwesen. Von John Winthrops "A Modell of Christian Charity", seiner 1630 auf der *Arbella* gehaltenen Predigt über die theologischen Grundlagen der puritanischen Kolonisation, bis zu den Reden Abraham Lincolns am Vorabend des Bürgerkriegs greift die politische Rhetorik der USA auf die alttestamentarische Figur des nationalen Hauses zurück.[9] Den Transzendentalisten wie ihren Zeitgenossen erschien dieses Haus zweifach bedroht. Der Konflikt in der Sklavereifrage lief potentiell auf die Spaltung der Union hinaus. Weniger dramatisch, aber als ebenso abträglich für die moralische Gemeinschaft des Volkes wurde der Graben zwischen den Geschlechtern empfunden. Für Fuller wie für einige der führenden Abolitionistinnen stellt sich

---

[9] Douglas Anderson, *A House Undivided: Domesticity and Community in American Literature* (Cambridge: Cambridge University Press, 1990); Marilyn R. Chandler, *Dwelling in the Text: Houses in American Fiction* (Berkeley: University of California Press, 1991).

die Diskriminierung der Frau als Analogie zur Ausbeutung der Sklaven dar. Über die konkreten Streitpunkte hinaus läßt sich an Emersons und Thoreaus Einstellung zur Sklaverei (Kap. 4.a) ebenso wie an Fullers Feminismus (Kap. 4.b) die grundsätzliche Frage nach dem Stellenwert sozial-politischen Engagements im Transzendentalismus beleuchten. Für alle drei war solches Engagement zugleich notwendig und überflüssig, sinnvoll und fragwürdig.

"As a man is, So he Sees", hält William Blake für die Romantiker fest.[10] Auch für William James stellt sich dieser Gedanke als unabweisbare Einsicht dar: "a man's vision is the great fact about him."[11] Emerson, Fuller und Thoreau stimmen dem zu: Neben dem Bauen ist das Sehen *die* transzendentalistische Metapher des Subjekts; mit einem im Deutschen nicht wiederzugebenden Wortspiel fallen Ich und Auge, *I* und *eye*, schon im Klang zusammen.

Die Transzendentalisten stehen damit in einer Denktradition, die seit Platon den Gesichtssinn gegenüber den anderen Sinnen privilegiert; Begriffe wie 'Offenbarung' und 'Aufklärung' sind visuelle Metaphern, das griechische Wort für Wahrheit, *aletheia*, meint das, was aus dem Verborgenen ans Licht getreten ist. Zugleich ist der Primat des Gesichtssinns nicht 'natürlich', vielmehr setzt sich in ihm eine patriarchalische Kultur durch. Die in der 'Neolithischen Revolution' vollzogene Trennung von männlicher und weiblicher Sphäre geht mit einer Funktionsteilung in Fernes und Nahes einher, sie weist dem Mann die Freiräume der Jagd zu und führt zu einer Schärfung des Gesichtssinns, während die Frau auf das Haus festgelegt ist und die Sinne der Nähe — Hören, Fühlen, Riechen — intensiviert. Indem der Mann seine Position festigt, wird das Auge 'herrschaftlich', ein Instrument zur Durchsetzung von Macht.[12]

---

[10] M.H. Abrams, *Natural Supernaturalism: Tradition and Revolution in Romantic Literature* (New York: Norton, 1971), Kap. 7 (das Blake-Zitat und analoge Aussagen S. 375).

[11] James, *A Pluralistic Universe*, in *Writings 1902-1910* (New York: Library of America, 1987) 639.

[12] Hierzu und zum Folgenden siehe Klaus E. Müller, *Die bessere und die schlechtere Hälfte: Ethnologie des Geschlechterkonflikts* (Frankfurt a.M.: Campus, 1989); Jules Angst und Cécile Ernst, "Geschlechtsunterschiede in der Psychiatrie", in *Weibliche Identität im Wandel*, Studium Generale der Univer-

Ein Bewußtsein davon, daß der männliche Blick nicht unschuldig ist, deutet sich schon in Platons Differenzierung von innerem und äußerem Auge an, und seit dem ausgehenden 19. Jahrhundert werden die Folgen der Hierarchisierung der Sinne mit wachsender Intensität thematisiert. Nietzsche versucht in seiner Abhandlung über den Ursprung der Tragödie, die 'Hörkultur' der alten, vorplatonischen Griechen wiederzugewinnen, und in einer späteren Notiz deutet er die Revolution an, die eine Orientierung vom Auge weg zum Ohr hin für unsere Kultur bedeuten würde: "Bilder in menschlichen Augen! Das beherrscht alles menschliche Wesen: vom *Auge* aus! Subjekt! das *Ohr* hört den Klang! Eine ganz andere wunderbare Conception derselben Welt."[13] Darin trifft er sich mit Heidegger, Wittgenstein und nicht zuletzt dem Feminismus der letzten Jahrzehnte, die alle die These vertreten, daß die Privilegierung des Gesichtssinns so etwas wie die Ursünde des westlichen Denkens darstellt.

Emerson, Thoreau und Fuller sind sich der Problematik des Blicks bewußt, sie verwenden beträchtliche Energie auf die Frage nach der Möglichkeit des rechten Sehens. Existenz ist in hohem Grade eine Frage der Wahrnehmung, sie ist 'ästhetisch' sowohl im älteren Wortsinn, der die Leistung der Sinne meint, wie auch im neueren, der das Moment des "interesselosen Wohlgefallens" (Kant) betont. Entscheidend ist dabei die Frage, ob dieses Verhältnis im Sinne des 'männlichen Blicks' durch den Gestus der Dominanz oder aber durch eine egalitäre, wenn nicht gar demütige Einstellung geprägt ist (Kap. 5).

---

sität Heidelberg (Heidelberg: Heidelberger Verlagsanstalt, 1990) 69-84; *Vision and Visuality*, ed. Hal Foster (Seattle: Bay Press, 1988); Jürgen Manthey, *Wenn Blicke zeugen könnten: Eine psychohistorische Studie über das Sehen in Literatur und Philosophie* (München: Hanser, 1983); Wolfgang Welsch, "Auf dem Weg zu einer Kultur des Hörens?" in *Der Klang der Dinge: Akustik — eine Aufgabe des Design*, ed. Arnica-Verena Langenmaier (München: Schreiber, 1993) 86-111.

[13] Nietzsche, *Nachgelassene Fragmente 1869-1874*, Kritische Studienausgabe, ed. Giorgio Colli und Mazzino Montinari, Bd. 7 (München/Berlin: dtv/de Gruyter, 1988) 440.

Mit besonderer Dringlichkeit stellt sich die Frage im Zusammenhang mit der Konstitution der Neuen Welt. Die Ahnung, daß zwischen Blick und Herrschaft ein Zusammenhang besteht, spitzt sich zu dem Verdacht zu, die Neue Welt sei — analog zu den Vorstellungen von der Natur und der Frau — Männerphantasien entsprungen. Das Auge Thoreaus und Fullers begleitet die Erforschung und Besitzergreifung des Kontinents teils affirmativ, teils subversiv (Kap. 6). Des weiteren hat das Auge wesentlichen Anteil an der Organisation unserer Beziehung zum anderen Menschen, es ermöglicht Kontakt und Gemeinschaft, Kommunikation und Verständnis ebenso wie Distanz. Blicke enthüllen und verbergen, sie 'sprechen' und 'schweigen' und spielen damit eine Schlüsselrolle in den menschlichen Beziehungen (Kap. 7). Das Problem der Kommunikation schließlich führt in das Feld der rhetorischen Strategien und der Gattungen, derer sich die Transzendentalisten bedienen. Aus der Wahrnehmung des Anderen haben Emerson und Fuller höchst unterschiedliche sprachliche Konsequenzen gezogen, die sich insbesondere in den Einstellungen zu Rede, Gespräch und Schrift als Medien der Verständigung zeigen (Kap. 8).

In "Die Mauer und die Bücher" beschreibt Jorge Luis Borges "das Ästhetische an sich" als das "Bevorstehen einer Offenbarung, zu der es nicht kommt."[14] Die Transzendentalisten neigen dazu, den von Borges beschriebenen Schwebezustand aufzulösen; sie haben wenig Sinn für "das Ästhetische an sich" und halten an der klassischen Verklammerung des Schönen mit dem Guten und Wahren fest. Allerdings geben sie ihr eine neue Wendung. In Emersons Auflösung des Erhabenen zugunsten von Konstruktion und 'reiner' Vision ebenso wie in Thoreaus Rückverwandlung des Kunstschönen in die Ästhetik der Sinneswahrnehmung zeichnen sich Impulse ab, die auf die Avantgarde unseres Jahrhunderts vorausweisen (Kap. 9).

---

[14] Borges, *Essays 1952-1979*, Gesammelte Werke, Bd. 5/II, Übers. Karl August Horst et al. (München: Hanser, [1981]) 10.

Biographische Skizze I: Unter einem Dach

Auf seiner ersten Amerikareise im Jahre 1842 hört Charles Dickens in Boston von den Transzendentalisten. Auf die Frage, was darunter zu verstehen sei, erhält er folgende Antwort: "I was given to understand that whatever was unintelligible would be certainly transcendental."[15] Immerhin findet er heraus, daß es sich bei den Transzendentalisten um Anhänger Thomas Carlyles und Ralph Waldo Emersons handelt, und nach weiteren Überlegungen kommt er zu dem versöhnlichen Schluß, daß er, wenn er in Boston lebte, wohl selbst zu den Transzendentalisten gehören würde. Ein Jahr später schlägt Nathaniel Hawthorne, Emersons Nachbar, in die gleiche Kerbe wie Dickens' Informanten, wenn er in seiner allegorischen Skizze "The Celestial Railroad" einen "Giant Transcendentalist" porträtiert, von dem man, außer daß er deutscher Abkunft sei, nichts Genaues sagen könne.

Solche Reaktionen sind in mehrfacher Hinsicht aufschlußreich. Sie verweisen zunächst auf die vage Programmatik einer Gruppe, die sich seit etwa 1836 um Emerson, Theodore Parker, Amos Bronson Alcott und Frederic Henry Hedge schart und mehrmals im Jahr in Boston oder in der dreißig Kilometer entfernten Kleinstadt Concord trifft, um über Literatur, Theologie, Philosophie und Gesellschaft zu diskutieren. Das schwer Faßbare ihrer Ideen, auch darauf deuten Dickens' Beobachtungen, tut ihrer Virulenz keinen Abbruch. 1840 schreibt Emerson seiner Mutter aus Providence, wenn man die Leute frage, was mit Transzendentalismus gemeint sei, bekomme man Antworten wie "Operations on the Teeth" oder "a nickname which those who stayed behind, gave to those who went ahead." Zugleich stellt er befriedigt fest, daß die Vorträge im American Lyceum, den zahlreichen Zweigstellen der 1826 gegründeten 'Volkshochschule', sich für die Veranstalter auszuzahlen scheinen: "Meantime, all the people come to lecture, and I am told the Lyceum makes money by me" (*L* 2:266). Transzendentalismus

---

[15] Dickens, *American Notes*, ed. John S. Whitley und Arnold Goldman (Harmondsworth: Penguin, 1972) 106.

ist Anfang der 1840er Jahre in aller Munde, damit läßt sich seit einigen Jahren gutes Geld verdienen.

Im Jahr von Dickens' Amerikabesuch befindet sich unser Trio für mehrere Wochen in Coolidge Castle, dem Haus, das Emerson 1835 in Concord bezogen hat. Nach einigen Jahren als Lehrer, mittelmäßiger Student an der Harvard Divinity School und schließlich recht erfolgreicher Pfarrer in Boston hat Emerson 1829 sein Pfarramt niedergelegt, weil er das Ritual des Abendmahls nicht mehr verantworten kann. Im Anschluß an eine Europareise, auf der er Carlyle, Wordsworth, Coleridge und andere führende Literaten Englands trifft, hat er sich, zum Teil dank der Erbschaft von seiner verstorbenen ersten Frau, eine Karriere als freier Schriftsteller und Redner aufgebaut. 1836 erscheint *Nature*, im nächsten Jahr folgt mit "The American Scholar" die Rede, die Oliver Wendell Holmes im Rückblick die "intellectual Declaration of Independence" der Vereinigten Staaten nennt, und 1839 löst er mit seiner vor den Absolventen der theologischen Fakultät der Harvard University gehaltenen "Divinity School Address" eine Kontroverse aus, die ihm neben einer Art Hausverbot einen weit über Neuengland hinausgehenden Ruf als Wortführer der neuen, einen geistigen Aufbruch anstrebenden Generation einbringt.

Bald nach der Übersiedlung nach Concord trägt Emerson sich mit dem Gedanken, eine Schar verwandter Geister um sich zu sammeln. 1839 träumt er von "My College" in Concord, einer Alternative zu den etablierten Bildungsstätten, in der es nicht um die Vermittlung abstrakten Wissens, sondern um "living learning" gehen solle (*JMN* 7:198f.). Mit Hilfe seiner (zweiten) Frau Lidian öffnet er sein Haus für Verwandte und Freunde und macht es zum gastfreundlichsten Privathaus des Städtchens. Zu den wichtigsten Gemeinschaftsprojekten, die in Coolidge Castle durchgeführt werden, gehört *The Dial*, die 1840 gegründete, zunächst von Margaret Fuller und seit 1842 von Emerson selbst edierte Hauszeitschrift der Transzendentalisten.[16]

---

[16] Eine anschauliche Darstellung des Kreises um Emerson und der häuslichen Situation bietet Carlos Baker, *Emerson among the Eccentrics: A Group Portrait* (New York: Viking, 1996).

Fuller und Emerson kennen sich seit 1836. Von ihrem strengen Vater mit einer glänzenden und für Frauen ihrer Zeit ungewöhnlichen klassischen Bildung ausgestattet, ungemein belesen, eine glühende Goethe-Verehrerin, hat sie sich wie Emerson einige Jahre mehr schlecht als recht mit Schulunterricht durchgeschlagen und führt seit 1839 in Boston Konversationskurse für Frauen durch. Nach Goethe (dessen *Tasso* und *Gespräche mit Eckermann* sie übersetzt) wird Emerson zur zweiten Offenbarung ihres Lebens: "from him I first learned what is meant by the inward life.... That the mind is its own place was a dead phrase to me till he cast light upon my mind."[17] Emerson erwidert die Bewunderung, er ist fasziniert von Fullers Bildung, ihrem Scharfsinn und nicht zuletzt von ihrem leidenschaftlich-quirligen Temperament, das er als willkommenen Kontrast zu seiner eigenen 'Kühle' empfindet. Sogar ihr Selbstbewußtsein — ihr "rather mountainous ME" (*MFM* 1:236) — besitzt offenbar seinen Reiz für ihn; ohne kritischen Kommentar notiert er die folgende Bemerkung Fullers: "I now know all the people worth knowing in America, and I find no intellect comparable to my own" (*MFM* 1:234).

Zu den ersten Beiträgern des *Dial* gehört Henry David Thoreau. In Concord geboren, wie Emerson Absolvent der Harvard University, hat auch er sich neben anderen Jobs eine Zeitlang als Schulmeister versucht. Er verschlingt *Nature*, lernt Emerson um 1837 kennen und beginnt möglicherweise auf dessen Rat hin das *Journal* zu führen, in dem einige Kritiker heute seine eigentliche Lebensleistung sehen. Emerson schätzt seine gediegene Bildung, seine intime Naturkenntnis und seine Originalität. Nicht zuletzt ist er von seinen praktischen Fähigkeiten angetan; während Emerson zwei linke Hände hat, ist Thoreau ein außerordentlich geschickter Handwerker und Gärtner. Im Frühjahr 1841 zieht er auf Emersons Einladung in dessen Haus und erledigt die anfallenden Reparaturen und Arbeiten. Als Gegenleistung hat er Zugang zu Emersons umfangreicher Bibliothek und natürlich dessen Gesellschaft. Die beiden unternehmen lange Spaziergänge, schmieden literarische

---

[17] Zit. nach Robert D. Richardson, *Emerson: The Mind on Fire* (Berkeley: University of California Press, 1995) 239.

Pläne, reden über Gott und die Welt. Anfangs ein Schüler und Protegé Emersons — Spötter meinen, er ahme den Gang, die Stimme und sogar die Nase des Meisters nach —, entwickelt Thoreau rasch ein markantes eigenes Profil.

Aus dem zunächst für ein Jahr geplanten Arrangement werden zwei. Als Margaret Fuller im August 1842 zu einem mehrwöchigen Besuch eintrifft, gehört "my brave Henry" — wie Emerson ihn in dieser Zeit gern nennt — immer noch zum Haushalt. Die beiden mögen sich nicht. Thoreau mag es Fuller übelgenommen haben, daß sie einige seiner Aufsätze und Gedichte für *The Dial* ablehnte, während Fuller sich von der Schroffheit, die Thoreau im täglichen Umgang an den Tag legt, abgestoßen fühlt. Leicht belustigt spricht Emerson von Thoreau als "Margaret's enemy"; er versucht, die Lage zu entschärfen, indem er Fuller bittet, Thoreaus Haltung nicht persönlich zu nehmen: "I am sorry that you ... do not like my brave Henry any better.... I admire this perennial threatening attitude, just as we like to go under an overhanging precipice. It is wholly his natural relation & no assumption at all" (*L* 3:75).

Auch zwischen den Gästen und dem Hausherrn gibt es Spannungen, die nur zum Teil durch die gemeinsame Vorbereitung des nächsten *Dial*-Hefts überdeckt werden. Bereits am 26. April 1841, dem Tag seines Einzugs bei Emerson, notiert Thoreau einen grundsätzlichen Protest gegen das Haus als menschliches Habitat. Den Indianer mit dem "civilized man" kontrastierend, verwirft er das Haus als "prison", das keinen Schutz biete, sondern den Menschen einzwänge (*PJ* 1:304). Wenige Tage darauf setzt er mürrisch hinzu: "Life in gardens and parlors is unpalatable to me" (*PJ* 1:307). Während Emerson Anfang 1842 zurückblickt und Thoreau "one of the family for the last year" nennt (*JMN* 8:165), träumt dieser längst vom Leben am See: "I want to go soon and live away by the pond where I shall hear only the wind whispering among the reeds" (*PJ* 1:347).

Das Unbehagen greift auf die persönliche Beziehung über. Im März 1842 notiert Thoreau (offensichtlich auf Emerson anspielend): "My friend is cold and reserved because his love for me is waxing and not waning" (*PJ* 1:383). Daß die Beziehung in dieser Zeit eine Wendung nimmt und auch Emerson auf Distanz geht, läßt sich aus einer Bemerkung Hawthornes schließen, der sich im April 1843, kurz vor Thoreaus Auszug, mit Emerson unterhält und folgendes in seinem *Notebook* festhält: "Mr. Emerson appears to have suffered some inconveniency from his experience of Mr. Thoreau as an inmate. It may well be that such a sturdy and uncompromising person is fitter to meet occasionally in the open air, than to have as a permanent guest at table and fireside."[18]

Im Mai siedelt Thoreau für einige Monate nach Staten Island (New York) über, kehrt jedoch nach Thanksgiving heimwehgeplagt zurück, hält Vorträge und arbeitet in der Bleistiftfabrik des Vaters. Im März 1845 baut er sich schließlich 'sein' Haus, die Hütte am Walden Pond. Dort verbringt er über zwei Jahre, vollendet sein erstes Buch, *A Week on the Concord and Merrimack Rivers* (1849), und beginnt sein zweites, *Walden; or, Life in the Woods* (1854). In diese Zeit fällt auch das Ereignis, dessen literarische Folge, "Resistance to Civil Government" (1849), ihn zuerst über die USA hinaus berühmt macht: Wegen Steuerverweigerung wird er für eine Nacht ins Gefängnis von Concord eingesperrt. Eine Tagebuchnotiz von 1849, nach der Veröffentlichung der *Week*, läßt erkennen, daß es in dieser Zeit zu einem schweren Zerwürfnis mit Emerson gekommen sein muß: "While my friend was my friend he flattered me, and I never heard the truth from him, but when he became my enemy he shot it to me on a poisoned arrow" (*PJ* 3:26).

Als Margaret Fuller im August 1842 eintrifft, haben sie und Emerson die schwerste Krise ihrer Beziehung bereits hinter sich. Die Details sind nicht bis ins Letzte rekonstruierbar, aber vieles deutet darauf hin, daß beide ineinander verliebt waren und Fuller daraus weitergehende Konsequenzen forderte, als Emerson einzugehen bereit war. Im August 1840 wirft sie ihm "inhospitality of soul" vor (*JMN* 7:509), im September nimmt Emersons Zwiesprache mit ihr im Tagebuch ausgesprochen verquälte Züge an: "You would have me love you. What shall I love? Your body? The supposition disgusts you" (*JMN* 7:400). Fuller ihrerseits steht fassungslos vor dem widersprüchlichen Verhalten von einem, der bald

---

[18] Hawthorne, *The American Notebooks*, ed. Claude M. Simpson (Columbus: Ohio State University Press, 1972) 371.

zu überschwenglichen Äußerungen von Nähe und Offenheit neigt, bald sich auf die existentielle Einsamkeit der Seele beruft, die durch Liebe und Ehe nur scheinbar überwunden werde. Im Oktober belegt er das Thema der persönlichen Beziehung mit einem Tabu (*L* 2:352f.). Danach bleiben die beiden zwar weiter in engem Kontakt, aber als Fuller im Spätsommer 1842 wieder ihr Quartier in Emersons Haus aufschlägt, wird das Problem menschlicher Beziehung ebenso intensiv wie unpersönlich und abstrakt erörtert. Man einigt sich darauf, die Differenzen im Grundsätzlichen festzuhalten: Fullers 'Gott' ist die Liebe, der Emersons die Wahrheit. Menschliche Beziehungen haben für Emerson, wie Fuller berichtet, mit dem Innersten der Seele nichts zu tun: "Love is only phenomenal, a contrivance of nature.... The soul knows nothing of marriage, in the sense of a permanent union between two personal existences. The soul is married to each new thought as it enters into it."[19]

Fuller hält zeitlebens an der Vorstellung fest, daß höchste Erfüllung nur in einer menschlichen Beziehung möglich ist, sie hat aber zu diesem Zeitpunkt für sich selbst den Gedanken an eine Heirat aufgegeben und sich auf ein Leben allein eingestellt. In den Jahren 1840-42, offenbar auch unter dem Eindruck der Komplikationen im Verhältnis zu Emerson, bildet sich die Feministin heraus, die zwar das Ideal der "union" von Mensch zu Mensch hochhält, zunächst aber für die Frau ein größeres Maß an ökonomischer, sozialer und emotionaler Selbständigkeit fordert. 1843 veröffentlicht sie in *The Dial* den Essay "The Great Lawsuit", den sie im folgenden Jahr zu *Woman in the Nineteenth Century* (erschienen 1845), dem vielleicht bedeutendsten amerikanischen Beitrag zum Feminismus, ausbaut.

Emersons anfänglicher Enthusiasmus über das lebhafte Treiben in seinem Haus ist im Herbst 1842 ermüdet: "What obstinate propensity to solitude is this. I fancied that I needed society & that it would help me much if fine persons were near, whom I could see when I would, but now ... I look with a sort of terror at my gate"

---

[19] Joel Myerson, "Margaret Fuller's 1842 Journal: At Concord with the Emersons", *Harvard Library Bulletin* 21 (1973) 324, 330.

(*JMN* 8:261). Der literarisch-intellektuelle Ertrag dieser Jahre kann sich jedoch sehen lassen. Besonders die Erfahrung mit Fuller verhilft ihm zu Einsichten, ohne die "Friendship" und andere große Essays des 1841 erscheinenden ersten Essay-Zyklus kaum hätten geschrieben werden können.

Für alle drei hat die persönliche Begegnung zum Teil gerade wegen der Komplikationen und Enttäuschungen einen Zuwachs an Reife und Erkenntnis gebracht. In der von Thoreau am Tag seines Einzugs bei Emerson verfaßten Notiz zeichnet sich eine 'Philosophie des Hauses' ab, die das Bild der Hütte am See ebenso wie die Figur des nomadisierenden Ichs aufscheinen läßt. Während Thoreau sich Gedanken über Alternativen zum traditionellen Haus macht, vertieft sich der Dialog zwischen Emerson und Fuller zu einer Debatte über den Status menschlicher Gemeinschaft. Für Fuller konstituiert der Andere wesentlich das eigene Ich, sie faßt das Ich als Beziehung auf, Emerson dagegen wäre am liebsten "alone with the Alone" (*L* 2:328). Der Andere ist für Emerson wie die Natur 'phänomenal', sein Blick geht durch beide hindurch. In geselliger Runde muß er sich manchmal kneifen, um sicher zu sein, daß die anderen wirklich da sind; er nimmt sie nur "across a gulf" wahr (*JMN* 7:301).

Thoreaus Gedanken über das Haus — Emersons 'durchdringender' Blick: Die Emphase, mit der die Metaphorik des Bauens und Sehens in den Texten der Transzendentalisten eingesetzt wird, rührt zu einem guten Teil aus der unmittelbaren und privaten Anschauung. Insofern ist es hilfreich, die biographischen Umstände zu registrieren, aus denen ihre Schriften hervorgehen. Ebenso dringend aber ist das Hinausgehen über die Sphäre des Biographischen, schon allein deshalb, weil die Transzendentalisten selbst ihre persönliche Erfahrung stets auf das hin untersuchen, was sie über die Kontingenz des eigenen Ichs hinaus an Verbindlichem hergibt. Die folgenden Kapitel konzentrieren sich deshalb auf die Texte und sehen vom Leben der Autoren weitgehend ab. Transzendentalistische Prosa ist gerade da hochgradig selbstvergessen, wo sie aus dem Innersten des Subjekts kommt. Vielleicht ist dies eine der wichtigsten Entdeckungen, die Emerson, Thoreau und Fuller für sich gemacht haben und mit uns teilen können.

I. Bauen

1. Das Ich und sein Haus: Wohnen und Wandern bei Emerson und Thoreau

In der grandiosen *peroratio* von *Nature* fordert Emerson jeden einzelnen auf, sich seine eigene Welt zu schaffen: "Every spirit builds itself a house; and beyond its house a world; and beyond its world, a heaven.... Build, therefore, your own world" (48). Zugleich besteht er immer wieder darauf, alles Gebaute nur als Provisorium zu betrachten, da es sonst von einer schützenden Hülle in ein Gefängnis umschlägt. In "Fate" (1860) stellt er fest: "Every spirit makes its house; but afterwards the house confines the spirit" (946). Kaum erstellt, ist das Haus schon zum Abbruch bestimmt, da es sonst die Vitalität der Seele gefährden würde.

Mit dem Bau der Hütte am Walden Pond setzt Thoreau die Programmatik seines Mentors buchstäblich ins Werk. Im ersten Kapitel von *Walden* beschreibt er, wie er sich mit einem Minimum an Kosten und Aufwand seine Hütte gebaut hat. Der Titel des Kapitels, "Economy", ist zum einen im modernen Sinn von Kosten-Nutzen-Analyse zu verstehen; Thoreau führt genau Buch über seine Ausgaben, die investierte Arbeitszeit, die Einnahmen aus dem von ihm angelegten Bohnenfeld, und er kommt zu dem Ergebnis, daß er im Vergleich zu den Farmern von Concord wesentlich günstiger gelebt hat. Er hat keine Schulden bei der Bank, außerdem kommt er mit wenigen Wochen Arbeit im Jahr aus.

"Economy" wird zum anderen im alten Sinn von Hauswirtschaft verstanden. Dabei bewegt sich Thoreau neben der buchstäblichen auf einer symbolischen Ebene, indem er die Hütte als Korrelat des Ichs entwirft. Alles, was mit ihr zusammenhängt — die Wahl des Bauplatzes, die Beschaffung von Material und Werkzeug, die Art der Arbeit, der Einzug, das Wohnen in der Hütte — hat seinen Stellenwert im Rahmen eines Projekts der Selbstfindung und Selbstkonstitution: Ich bin, *was* ich baue und *wie* ich baue.

Zugleich kann die Hütte nur als Provisorium gelten. Jeder 'Bauabschnitt' bedeutet Erfolg und Mißerfolg zugleich — Erfolg insofern, als das Ich im fertiggestellten Teil der Hütte Bestätigung und Stabilität findet; Mißerfolg insofern, als das Ich, als *tätiges* Ich, nichts Fertiges dulden kann, alles Gebaute als Hindernis oder Gefängnis wahrnimmt und folglich auf Auszug oder Abbruch bestehen muß. Das Bild des Hauses wird folgerichtig bei Thoreau und Emerson von einer gegenläufigen Metaphorik der Bewegung flankiert. Das Ich kommt nicht ohne 'Behausung' aus, es bedarf des Hauses als einer schützenden Hülle ebenso wie einer Form der Bestätigung und des Selbst-Ausdrucks. Alles Stationäre widerspricht jedoch seinem dynamischen Wesen. So treten neben die Architekturmetaphern Bilder der Bewegung, insbesondere des Wanderns. Das Ich findet und erfährt sich unterwegs, im Verzicht auf Haus und Heimat.

Mit dem Bild der Wanderschaft knüpfen Emerson und Thoreau an die Spaziergänger- und Wandererfiguren des 18. Jahrhunderts an. In Diderots *La promenade du sceptique ou les Allées* (1747), Rousseaus *Rêveries du promeneur solitaire* (1782) und schließlich in den Wanderer-Gedichten Goethes, Schillers und Hölderlins nimmt ein dynamisches Subjekt Gestalt an, das seine Autonomie im Aufbrechen verfestigter Strukturen anstrebt.[20] Das unbehauste Ich Emersons und Thoreaus geht jedoch erheblich größere Risiken ein, seine Bewegung wird durch keine Entelechie-Vorstellung aufgefangen, wie sie etwa noch bei Goethe die Bewegung des Ichs mit Sinn erfüllt. In der Konzeption der "self-reliance" nimmt Emerson Nietzsches Wanderer als Inbild anti-systematischen, 'freien' Denkens vorweg. Nietzsche empfing von Emerson entscheidende Impulse zur Entfaltung seines gegen Idealismus und Metaphysik gerichteten Programms; sein aggressiver Denkstil treibt die agonal-antagonistischen Züge des Emersonschen Subjekts auf die Spitze. Thoreau hingegen weist auf Heidegger voraus, indem er neben der Notwendigkeit des Wanderns neue Möglichkeiten der Beheimatung und ein

---

[20] Hierzu und zum Folgenden siehe Dietrich Harth, "'Promenade' oder die Lust, im Licht der Skepsis zu wandeln", in *Denis Diderot oder die Ambivalenz der Aufklärung*, ed. Dietrich Harth und Martin Raether (Würzburg: Königshausen & Neumann, 1987) 21-34; Dietrich Harth, "On the Iconography of Creative Man in the Age of Enlightenment and Idealism", *JTLA* (Journal of the Faculty of Letters, The University of Tokyo, Aesthetics) 18 (1993) 67-76.

Ich anvisiert, das 'bei den Dingen wohnt' und Kraft aus dem 'Gewohnten' bezieht. Für beide aber läuft der 'Abbruch' des Hauses nicht auf die Abdankung des Subjekts, sondern auf dessen Stärkung hinaus. Darin liegt eine Eigentümlichkeit des Transzendentalismus, die vom heutigen Neopragmatismus gegen den Poststrukturalismus ins Feld geführt wird: Das architektonisch konzipierte Ich löst sich auf, aber in der Auflösung wachsen ihm Kräfte zu, die seiner Demontage entgegenwirken.

*

Emersons Aufforderung an den Leser am Schluß von *Nature*, sich eine eigene Welt, ein eigenes Haus zu bauen, gehen Formulierungen voraus, die an den vertrauten Mythos von Paradies und Sündenfall erinnern. Die Natur wird als das natürliche Heim des Menschen apostrophiert — "Adam called his house, heaven and earth ..." (48) —, und der Fall erscheint als Verlust des ursprünglichen Hauses:

> Man is the dwarf of himself. Once he was permeated and dissolved by spirit. He filled nature with his overflowing currents. Out from him sprang the sun and moon; from man, the sun; from woman, the moon.... But, having made for himself this huge shell, his waters retired; he no longer fills the veins and veinlets; he is shrunk to a drop. He sees, that the structure still fits him, but fits him colossally. Say, rather, once it fitted him, now it corresponds to him from far and on high. [46]

Allenthalben verwendet Emerson Bilder des fest gegründeten Hauses. So kontrastiert er das Bild des Schiffes mit dem des Hauses, und er verweist das Ich auf das Haus als Vorbild: "We are not built like a ship to be tossed, but like a house to stand" (32f.). Der Reisewut der Zeit, dem Nachäffen europäischer Moden und Modelle, dem intellektuellen Vagabundieren setzt er in "Self-Reliance" Ermahnungen wie diese entgegen: "let us not rove; let us sit at home with the cause.... The soul is no traveller" (272; 277). An den Engländern, deren Kultur er eingehend in der Essaysammlung *English Traits* (1856) untersucht, beeindruckt ihn das Solide, Stabile ihrer einer rauhen Natur abgewonnenen Lebensformen. Im Haus setzt der Nordeuropäer der Natur ein Bollwerk entgegen. Neben der Schutzfunktion betont Emerson die Vorstellung vom Haus als einem Herrschaftsbereich. Gegen den Anspruch der zahllosen zeitgenössischen Reformbewegungen setzt er die Notwendigkeit für den Einzelnen, zunächst einmal sein eigenes Haus in Ordnung, d.h. unter Kontrolle zu bringen: "I have not yet conquered my own house" (*JMN* 7:408).

Das Ich, das in solchen Bildern Konturen annimmt, ist freilich alles andere als in sich ruhend, vielmehr befindet es sich in ständigem Kampf mit externen Ansprüchen und inneren Anfechtungen, die es zu vereinnahmen drohen. Gerade daraus zieht es einen erheblichen Teil seiner Vitalität und seines Durchsetzungsvermögens. Das Ich, das sich sicher wähnt, hat nicht nur deshalb verloren, weil es nur durch Herausforderungen lebendig bleibt. Darüber hinaus droht ein Gedanken-Haus, in dem es sich zur Ruhe setzt, zum Gefängnis zu werden. Schon jeder einzelne Gedanke birgt neben seinem befreienden Potential auch ein Moment der Eingrenzung — "Every thought is also a prison; every heaven is also a prison" ("The Poet", 463) —, und die Tendenz zur Erstarrung potenziert sich, wenn Gedanken zu Systemen zusammengeschlossen werden und sich in Traditionen und Institutionen verfestigen. Der Transzendentalismus bezog einen erheblichen Teil seines revolutionären Schwungs aus der Auflehnung gegen den etablierten Unitarismus, der — zu Recht oder Unrecht — als ein solches Gefängnis empfunden wurde. Emerson spricht im Tagebuch vom "corpse-cold Unitarianism" (*JMN* 9:381); die zur Institution verfestigte Religion wird zum Gefängnis oder Grab der Seele. Die Seele — das lebendige Prinzip des Ichs — gehorcht dem Gesetz des Wachstums, sie besteht wie das Schalentier auf dem Verlassen der Hülle: "Every soul is by this intrinsic necessity quitting its whole system of things, its friends, and home, and laws, and faith, as the shell-fish crawls out of its beautiful but stony case, because it no longer admits of its growth, and slowly forms a new house" ("Compensation", 301).

Der Abbruch des Hauses folgt somit zum einen dem Wachstumsgesetz der Seele. Zum anderen ergibt er sich zwingend aus dem Wesen der Wirklichkeit. Gegen den Konformitätsdruck der

Meinungen und Gebräuche sucht das Ich Halt in der Wirklichkeit, sucht sich auf die Dinge selbst zu gründen und in ihnen zu verankern. Die diesen Gedanken umsetzenden Bilder des festen Fundaments müssen jedoch relativiert werden, denn die Dinge selbst sind nichts Festes, sondern ihrerseits Manifestationen einer Kraft, die niemals ruht. Mit Subjekt und Welt treffen zwei dynamische Prinzipien aufeinander, und eine authentische, beiden gerecht werdende Beziehung muß durch und durch bewegt sein. An die Stelle der Hausmetaphorik treten deshalb Bilder des Fahrens, Fließens und Strömens, wobei das Bild des Kampierens eine vermittelnde Position einnimmt.

Einerseits ist der Mensch gegenüber seinem ursprünglichen Haus geschrumpft, er füllt es nicht mehr aus und ist der Natur entfremdet. Andererseits aber ist die Natur keine Heimstatt, in der man sich behaglich einrichten könnte. In seinem zweiten Essay mit dem Titel "Nature" (1844) beschwört Emerson mit großer Eindringlichkeit das Flüchtige der Natur, die sich in ihren ständigen Wandlungen dem Menschen entzieht. Da ist nichts, worauf man sich niederlassen könnte. Der Klage über den Verlust des Hauses der Natur folgt die Einsicht, daß eine Rückkehr in dieses Haus schon deshalb nicht möglich ist, weil die Natur landläufigen Vorstellungen von einer Heimstatt widerspricht. In der Natur kann man bestenfalls kampieren: "We are encamped in nature, not domesticated" (554).

Eine prägnante Passage in "The Poet" verweist noch im Bild der Bewegung auf das Haus, das man verlassen muß. Zunächst unterstreicht Emerson die symbolische Dimension von Ich und Welt und bedient sich dabei der Metapher des Wohnens: "We are symbols, and inhabit symbols" (456). Von Wohnen kann jedoch angesichts der Bewegtheit von Ich und Natur streng genommen keine Rede sein, folglich wird die Architekturmetaphorik durch Bilder der Fortbewegung ersetzt: "all symbols are fluxional; all language is vehicular and transitive, and is good, as ferries and horses are, for conveyance, not as farms and houses are, for homestead" (463). In einer seiner eindrucksvollsten Reflexionen über das Verhältnis von Subjekt und Welt vergleicht Emerson das Ich mit dem Reisenden, der in unbekanntem Terrain seinem Pferd die Zügel läßt und sich dem Orientierungsinstinkt des Tiers anvertraut (460). An die Stelle des Herrn im Hause tritt ein Ich, das der Herrschaft und Kontrolle entsagt, gerade darum aber einer Macht teilhaftig wird, die seine Grenzen übersteigt und von der es sich tragen lassen kann.

Emersons Denken ist durchzogen von Bemächtigungsvorstellungen, aber bei ihm gewinnt das Ich Macht, indem es sich als Medium und Träger von Kräften versteht, nicht als deren Kontrolleur. Um den medialen Charakter des Ichs zu verdeutlichen, bedient Emerson sich eines Bildkomplexes, der mit der Metaphorik von Schiff und Schwimmer bereits angedeutet ist: das Ich als Kanal und elektrischer Leiter. Das Subjekt ist dann am stärksten, wenn es wie ein Kanal ohne Hindernisse Energie passieren läßt. Das war das Großartige eines Caesar oder Napoleon: nicht ihre Taten, sondern die Kraft, die sich durch sie hindurch entfaltete — eine Kraft, der die historischen Persönlichkeiten als "unobstructed channel" und "visible conductors" dienten ("Spiritual Laws", 306). Im Prinzip ist diese Kraft jedem zugänglich: "every man is a channel through which heaven floweth" ("Nominalist and Realist", 584). Das Ich überläßt sich einem Kraftzentrum, das außerhalb des Egos steht, es stellt sich außerhalb seiner selbst und begibt sich damit in einen Zustand der Ekstase: "His health and greatness consist in his being the channel through which heaven flows to earth, in short, in the fulness in which an ecstatical state takes place in him" ("The Method of Nature", 125).

Wenn er von der Kraft des Dichters oder des religiösen Menschen spricht, neigt Emerson dazu, die Vorstellung vom Ich als Medium in Bildern der Elektrizität zu veranschaulichen. Dank der Energie, die die Welt durchwirkt, ist der Mensch "the conductor of the whole river of electricity" ("The Poet", 467). Das Lob der Solidität, der fest gegründeten und bollwerkartigen Identität der Engländer, wird deshalb in *English Traits* konterkariert durch Reflexionen über das Wesen des Religiösen, das Emerson in England mißverstanden oder nur ungenügend entwickelt sieht. Die folgende Bemerkung liest sich wie eine Glosse zu den neutestamentlichen Berichten von der Verklärung Jesu (z.B. Mk. 9); Petrus will Hütten für Jesus, Elias und Moses bauen, er möchte die Epiphanie ansiedeln und behausen. Damit aber wird das religiöse Prinzip verraten:

Where dwells the religion? Tell me first, where dwells electricity, or motion, or thought or gesture. They do not dwell or stay at all. Electricity cannot be made fast, mortared up and ended, like London Monument, or the Tower, so that you shall know where to find it, and keep it fixed, as the English do with their things, forevermore; it is passing, glancing, gesticular; it is a traveller, a newness, a surprise, a secret .... [891-892]

*

Im "Economy"-Kapitel von *Walden* entwirft Thoreau ein Panorama gesellschaftlicher Entfremdungsmechanismen. Kaum einer der Hausbesitzer in Concord ist schuldenfrei; die angeblich unabhängigen Farmer verbringen den größten Teil ihres Lebens damit, für die Banken zu arbeiten; sie sind den Schwankungen eines unberechenbaren Marktes ausgeliefert, und die Anlage ihrer Häuser folgt dem Diktat von Markt und Mode. Statt sich in Freiheit zu verwirklichen, sargt sich der Farmer schon zu Lebzeiten ein bzw. baut sich sein Mausoleum. Der ursprüngliche Zweck des Hauses — dem Menschen Schutz vor den Elementen zu bieten — ist unter dem gesellschaftlichen Druck fast völlig verschüttet und aus dem Blick geraten.

Gegen ein derart pervertiertes Bauen setzt Thoreau seine eigene 'Ökonomie'. Einfach, billig und zweckmäßig, erfüllt die Hütte das Ideal einer von Markt- und Gesellschaftszwängen freien Behausung. In der Hütte ist die Utopie freien Wohnens umgesetzt, ein "Wunschraum" (Ernst Bloch) Wirklichkeit geworden. Gelungen ist dieser Versuch in dem Maße, wie Bauen und Wohnen sich an den 'Bauprinzipien' der Natur orientiert haben. Als Schutz vor Kälte und Regen entspricht die Hütte einem menschlichen Bedürfnis nach Wärme. Sie ist damit zugleich natürlich im Sinne des Einklangs mit einer kreatürlichen Not. Insofern sie die Elemente ausschließt, ist sie freilich auch gegen die Natur gerichtet. Zunächst einmal sind jedoch die Leitgedanken des 'natürlichen' Bauens festzuhalten, die Vorstellung eines Hauses, das *mit* der Natur entsteht und *in* ihr seinen Platz hat.

Die Natur ist für Thoreau wie für Emerson das ursprüngliche Haus des Menschen. Adam und Eva bedurften des gebauten Hauses ebensowenig wie der Kleidung. Mit dem Sündenfall ging die Harmonie von Mensch und Natur verloren. Im idealen Haus nun versucht der Mensch, die paradiesische Einheit mit der Natur wiederherzustellen. In der Evokation dieses Urzustands verbindet Thoreau Architektur- mit Kleidermetaphorik. Kleid und Haus sind ursprünglich eine zweite Haut bzw. eine Schale. Der Sündenfall drückt sich in dieser Metaphorik als Kluft zwischen Haut/Schale und Körper aus: Die Schale hat sich gewissermaßen gegenüber dem Körper und seinen Bedürfnissen verselbständigt. Nur in den Hütten der Armen, die sich keinen Luxus leisten können, zeigt sich noch etwas von der Schönheit eines Hauses, das "from within outward" (360) gewachsen ist, ansonsten ist der Mensch zum Opfer sekundärer Bedürfnisse geworden. In einer Tagebuchnotiz von 1859 beklagt Thoreau die Diskrepanz zwischen Schale und Bewohner, die für ihn wie für Rousseau die Pathologie des Lebens in der Zivilisation ausmacht: "what an interval there is, in what is called civilized life, between the shell and the inhabitant of the shell, — what a disproportion there is between the life of man and his conveniences and luxuries" (*J* 12:330). Das ist der 'Sündenfall', den es zu stornieren gilt.

In *Walden* entfaltet Thoreau seine Vorstellung von einem natürlichen Haus vor allem in den Bildern der Höhle, des Vogelnests und des (Fuchs-o.ä.) Baus. Dabei hebt er stets die Verschränkung pragmatischer und ästhetischer Züge hervor: Das zweckmäßigste, d.h. aus unseren Grundbedürfnissen erwachsende Gebäude entspricht auch am ehesten unserem Sinn für Schönheit. So bietet die Höhle nicht nur die einfachste Wohnung, sie besitzt auch einen großen ästhetischen Reiz; Thoreau erinnert an die Faszination, die Höhlen auf uns in der Kindheit ausgeübt haben — wir empfinden ein "natural yearning" (345), eine natürliche Sehnsucht, in der etwas von unseren primitiven Vorfahren, den Höhlenbewohnern, überlebt. Als er den Keller aushebt, stellt er erfreut fest, daß vor ihm ein Waldmurmeltier seinen Bau gegraben hat und er somit organisch die Bautätigkeit eines Tiers weiterführt. Solches Graben und Bauen bereitet "pleasure" (358).

Ebenso verhält es sich mit dem Vogelnest. Die Menschen sollten wie die Vögel ihre Behausung selbst bauen; nicht nur wäre dann die Chance größer, ein den eigenen Bedürfnissen entsprechendes Haus zu gewinnen, das Bauen würde darüber hinaus auch emotionalen und ästhetischen Genuß bereiten: "There is some of the same fitness in a man's building his own house that there is in a bird's building its own nest. Who knows but if men constructed their dwellings with their own hands ..., the poetic faculty would be universally developed, as birds universally sing when they are so engaged?" (358f.). Das fertige Haus sollte etwas von der Offenheit des Vogelnests bewahren. In einer Tagebuchnotiz, die er teilweise in *Walden* verarbeitet hat, erinnert Thoreau sich an ein unverputztes Haus auf einem Berg, durch das der Wind wie durch eine Äolsharfe strich; ein solches Haus mag einem reisenden Gott als Unterkunft dienen, hier könnte auch der Mensch sich selbst finden: "The house seemed high placed, airy, and perfumed, fit to entertain a travelling God.... all the music ... that swept over the ridge of the Caatskills, passed through its aisles. Could not man be man in such an abode?" (*PJ* 2:155). Solange wie möglich verrichtet Thoreau seine häuslichen Geschäfte draußen vor der Hütte, und als er im November endlich 'richtig' einzieht, genießt er die Luftigkeit und Kühle der Hütte vor dem Verputzen.

Mit dem Einsetzen der Kälte moduliert Thoreau in eine dunklere Tonart. Sie kündigt sich bereits im "Economy"-Kapitel an, wenn er meint, es wäre besser, der Mensch würde mehr Tage und Nächte draußen, ohne Barriere zwischen sich und Sonne und Sternen, zubringen. Das Dach erscheint als "obstruction" (345) — aber was wäre das Haus ohne Dach? Um seine Schutzfunktion zu erfüllen, muß das Haus überdacht und verputzt werden, und es wird dabei notwendigerweise etwas von seiner luftigen Offenheit verlieren. Wenn nun aber diese Offenheit wesentlich ist für ein erfülltes Menschsein, für eine poetische Existenz, was wird aus dem Poeten im Winter?

In einer nicht unmittelbar auf das Haus bezogenen, aber dennoch für unseren Zusammenhang wichtigen Bemerkung sinniert Thoreau über die mit dem Winter einhergehenden Veränderungen. Als der Schnee sich um die Hütte herum aufbaut, muß er seine alten Fußstapfen nutzen, um sich einen Weg zu bahnen: "For a week of even weather I took exactly the same number of steps, and of the same length, coming and going, stepping deliberately and with the precision of a pair of dividers in my own deep tracks, — to such routine the winter reduces us ..." (533). In der Reduktion des Menschen auf Routine kündigt sich der Tod der Seele an. Im Winter schrumpft der Mensch, und das Schrumpfen ist hier nicht, wie sonst in *Walden*, durch gesellschaftliche Zwänge verursacht, es gehört vielmehr zum Überleben. So gesehen braucht der Mensch ein Haus, ganz gleich ob es sich um ein natürliches, aus dem Innern des Bewohners gewachsenes oder ein von jemand anderem gebautes Haus handelt. Der Winter mit seiner Härte erzwingt die Einsicht in eine Spannung zwischen Mensch und Natur. Jedes Haus trägt das Mal einer Entfremdung, die jenseits von Markt und Mode mit der *conditio humana* gegeben ist.

Die einzige echte Alternative zum Haus ist *kein* Haus. Eine Tagebucheintragung — sie wurde bereits im Zusammenhang mit Thoreaus Logis bei Emerson erwähnt — springt von der Idee des Hauses zu der des Wanderns. Die Passage faßt zunächst einige der bisher genannten Aspekte zusammen und läßt dann das Haus abrupt hinter sich:

The charm of the Indian to me is that he stands free and unconstrained in nature — is her inhabitant — and not her guest — and wears her easily and gracefully. But the civilized man has the habits of the house. His house is a prison in which he finds himself oppressed and confined, not sheltered and protected. He walks as if he sustained the roof.... His muscles are never relaxed — It is rare that he overcomes the house, and learns to sit at home in it — and roof and floor — and walls support themselves — as the sky — and trees — and earth.
It is a great art to saunter. [*PJ* 1:304]

Der Gedankensprung vom Haus zum Wandern folgt der Logik von Thoreaus Reflexionen über das Haus. Die Notiz weist voraus auf den Essay "Walking" (publiziert im Juni 1862, einen Monat nach seinem Tod, aber weitgehend auf Tagebucheintragungen aus den Jahren 1850-52 fußend, der Zeit, als Thoreau an *Walden* arbeitete). Darin entwickelt Thoreau eine Philosophie des Wanderns und Spazierengehens. Beim Gehen sind auch die Gedanken in Bewegung, angeregt durch die körperliche Aktivität und die wechselnden Eindrücke der Szenerie. Am besten denkt es sich angesichts der wilden Natur. Geistige wie körperliche Gesundheit bedürfen der Wildnis als eines Tonikums. Nichts ist besser geeignet, den Geist anzuregen, als der Kontakt mit der nicht domestizierten Natur. Denken ist auf Wildheit angewiesen, im Haus dagegen verkümmert es. In einer pseudoetymologischen Reflexion leitet er das englische Wort *saunter* ('schlendern', 'bummeln') von französisch *sans terre* her: "without land or a home, which, therefore, in the good sense, will mean, having no particular home, but equally at home everywhere" (*TW* 5:205).

Denken, Dichten, authentisches Leben erscheinen in dieser Sicht unvereinbar mit Häuslichkeit. Am besten sollte man ohne Haus auskommen, oder, da das nicht praktikabel wäre, mit einer Unterkunft, die so leicht und temporär ist wie nur irgend möglich. Thoreau erinnert sich an das erste 'Haus', das er vor der Hütte am Walden Pond besaß; es war ein Zelt, mit dem er im Sommer zu Ausflügen aufbrach (390). Er bewundert den Wigwam der Indianer; das in den Baum geritzte Wigwam-Zeichen signalisierte nicht, wo man kampierte, sondern wie viele Tage man unterwegs gewesen war (344). Im kampierenden Nomaden scheint etwas auf von der Frühzeit, in der der Mensch die ganze Natur zur Unterkunft hatte. Der primitive Mensch hatte bei allen Entbehrungen doch den Vorteil, in der Natur beheimatet zu sein: "When he was refreshed with food and sleep he contemplated his journey again. He dwelt, as it were, in a tent in this world ..." (352). Mit dem Zelt visiert Thoreau die Schwundstufe oder — je nach Blickwinkel — Vorstufe des Hauses an. Der Nomade oder Wanderer läßt das Haus und die mit ihm verbundene Wertewelt der *domesticity* hinter sich.

Einen vergleichbaren Sprung, wenn auch in eine andere Richtung, vollzieht Thoreau im "House-Warming"-Kapitel von *Walden*. Der Titel sowie die einleitenden Absätze greifen zunächst den Tenor des "Economy"-Kapitels auf. Thoreau beschreibt, wie er in Erwartung der kalten Jahreszeit den Schornstein der Hütte baut und die erste Nacht am neuen Kamin verbringt. Er scheint höchst zufrieden mit sich selbst, seinem handwerklichen Geschick ebenso wie dem Ergebnis seiner Arbeit. Alles deutet darauf hin, daß das Experiment des alternativen Hauses gelungen ist. Doch dann wendet er sich abrupt von der Betrachtung der gerade fertiggestellten Hütte ab und projiziert die Vision eines Hauses, die nicht nur zum zeitgenössischen entfremdeten Bauen, sondern auch zu seinem eigenen Werk in scharfem Kontrast steht:

> I sometimes dream of a larger and more populous house, standing in a golden age, of enduring materials, and without ginger-bread work, which shall still consist of only one room, a vast, rude, substantial, primitive hall, without ceiling or plastering, with bare rafters and purlins supporting a sort of lower heaven over one's head, — useful to keep off rain and snow; where the king and queen posts stand but to receive your homage, when you have done reverence to the prostrate Saturn of an older dynasty on stepping over the sill; a cavernous house, wherein you must reach up a torch upon a pole to see the roof; where some may live in the fire-place, some in the recess of a window, and some on settles, some at one end of the hall, some at another, and some aloft on rafters with the spiders, if they choose.... A house whose inside is as open and manifest as a bird's nest, and you cannot go in at the front door and out at the back without seeing some of its inhabitants.... I might visit in my old clothes a king and queen who lived simply in such a house as I have described .... [516-517]

Thoreaus Traumvision evoziert eine Reihe zeitgenössischer und aktueller Bezüge. Zunächst ist an die Musterhaus-Bücher der Jahrhundertmitte zu denken, die offenbar in *Walden* karikiert werden. Sie versuchen den Leuten weiszumachen, was zu einer ordentlichen bürgerlichen Existenz im Sinne angemessener, 'konkurrenzfähiger' Statussymbole gehört. Bedeutsamer erscheint jedoch die Erinnerung an die mittelalterliche Halle und die alteuropäische Konzeption des 'ganzen Hauses'. Ein solches Haus dient zugleich als Schutzraum für die Großfamilie wie auch als Produktionsstätte. Die Beschreibung in *Walden* erinnert an eine dörfliche Gemeinschaft, in der die Menschen zusammen leben und ihren Geschäften nachgehen, wobei jeder den anderen im Blick haben kann. Um die Mitte des 19. Jahrhunderts wurde das Haus als Heimstatt und Produktionsort von der Arts and Crafts-Bewegung in England wiederentdeckt und als Gegenentwurf zur entfremdeten Arbeit im Zeichen der Industrialisierung propagiert. Schließlich ist der 'prophetische' Zug von Thoreaus Projekt zu nennen; *Walden* hat nachhaltig die von Frank

Lloyd Wright entwickelte Vorstellung vom 'natürlichen' Haus beeinflußt.[21]

Solche Verweise dürfen jedoch den existentiellen Kern der Sache nicht verdunkeln. In einem Essay mit dem Titel "The Landlord" hatte Thoreau bereits 1843 vermerkt: "nowhere on the earth stands the entire and perfect house. The Parthenon, St. Peter's, the Gothic minster, the palace, the hovel, are but imperfect executions of an imperfect idea" (*TW* 5:153). Das Walden-Experiment fügt dem die Erkenntnis hinzu, daß es ein solches Haus auch nicht geben wird. Die Hütte am See war der Versuch, praktische Bedürfnisse und Phantasie in Einklang zu bringen, doch die Phantasie schießt über die Wirklichkeit hinaus; selbst die luftige Hütte trägt das Mal des Scheiterns. Die Entfremdung des Menschen von der Natur ist letztlich nicht rückgängig zu machen, sie bestimmt seine Existenz. Das wahre Haus gerät erst beim Überspringen der Wirklichkeit in den Blick, es kann nur geträumt werden. In einem der Winter-Essays in *Walden* erinnert Thoreau sich an die Besuche seines Freundes Bronson Alcott, des wohl versponnensten und weltfremdesten unter den Transzendentalisten. Er beschreibt, wie sie gemeinsam spazierengehen und philosophieren ("we had sauntered and talked") und dabei die Welt hinter sich lassen. Alcott erscheint ihm als Inbild des freien Menschen ("freeborn, *ingenuus*"): als einer, der nur den Himmel als Dach über sich hat, und wo immer er geht, scheinen Himmel und Erde zusammenzutreffen. Und was tun die beiden? Sie bauen Luftschlösser: "There we worked, revising mythology, rounding a fable here and there, and building castles in the air for which earth offered no worthy foundation" (536). Selbst die utopische Hütte am See konnte die Phantasie nicht

---

[21] Richard N. und Jean Carwile Masteller, "Rural Architecture in Andrew Jackson Downing and Henry David Thoreau: Pattern Book Parody in *Walden*", *New England Quarterly* 57 (1984) 483-510. — Otto Brunner, "Das 'ganze Haus' und die alteuropäische 'Ökonomik'", *Neue Wege der Verfassungs- und Sozialgeschichte* (Göttingen: Vandenhoeck & Ruprecht, 1968), Kap. 6. — Theodore M. Brown, "Thoreau's Prophetic Architectural Program", *New England Quarterly* 38 (1965) 3-20. Vgl. Steven Fink, "Building America: Henry Thoreau and the American Home", *Prospects* 11 (1987) 327-65.

voll befriedigen, die Folgeschäden des Falls nicht heilen. Es gibt Schlösser, die in die Luft gehören. Thoreau verließ die Hütte am See nach etwa zwei Jahren; sie hatte ihren Zweck erfüllt: "I left the woods for as good a reason as I went there. Perhaps it seemed to me that I had several more lives to live ..." (579). Wie das Schalentier das zu eng gewordene Haus abstreift, muß auch das Ich, um leben — und das heißt: wachsen — zu können, die Hülle des alten Hauses abwerfen. Die 'Botschaft' von *Walden* ist dennoch kein Plädoyer fürs Nomadisieren. Thoreaus Zivilisationskritik richtet sich über weite Strecken gegen die Rastlosigkeit des zeitgenössischen Lebens, die Entwurzelung des Individuums im Zeichen der sich in den USA entwickelnden Massen- und Konsumgesellschaft: Wir haben keinen Boden unter den Füßen, wir hetzen Irrlichtern nach, wir haben den Bezug zur Realität verloren, das Ich hängt in der Luft. Angesichts eines Panoramas sinnlosen Umherhetzens verlangt Thoreau die Verankerung des Ichs. Dabei verbindet er Architekturmetaphern mit organischen Bildern wie dem des Wurzelschlagens. In "Life without Principle" (posthum veröffentlicht 1863) vergleicht er das Ich mit dem Haus; beide wollen fest gegründet sein: "We select granite for the underpinning of our houses and barns; ... but we do not ourselves rest on an underpinning of granitic truth, the lowest primitive rock" (*RP* 168). Wir müssen uns niederlassen, verlangt er in *Walden*, wir müssen durch den Morast der Meinungen und Vorurteile hindurch zum Boden der Realität durchdringen, der uns allein Halt geben kann: "Let us settle ourselves, and work and wedge our feet downward through the mud and slush of opinion, and prejudice, and tradition ... till we come to a hard bottom and rocks in place, which we can call *reality* ..." (400). Die Pflanzenmetapher kommt ins Spiel, wenn Thoreau 'Radikalismus' im Sinne einer Verwurzelung des Ichs im Boden der Realität fordert. Das Ich kann seine höheren Fähigkeiten nur entfalten, wenn es im Boden haftet: "The soil, it appears, is suited to the seed, for it has sent its radicle downward, and it may now send its shoot upward also with confidence" (335). Nach solchen Formulierungen wundert man sich fast nicht mehr, wenn der Verfasser von "Walking" an anderer Stelle die Vorzüge eines Lebens preist, das man geradezu als verhockt bezeichnen kann.

Thoreau war zeitlebens nur selten aus Concord und Neuengland herausgekommen, und er sieht darin einen Segen: "I cannot but regard it as a kindness ... that ... I have been nailed down to this my native region so long and steadily, and made to study and love this spot of earth more and more. What would signify in comparison a thin and diffused love and knowledge of the whole earth instead, got by wandering?" (*J* 5:496-497).

Das Thoreausche Subjekt konstituiert sich in der Spannung von Bauen und Demontage, Wohnen und Wandern. Beide — das stationäre wie das ambulante Prinzip — gewinnen ihre Dynamik aus einer Konfliktkonstellation. Im Haus mit festem Fundament kristallisiert sich ein stabiles Ich gegen die Fluktuationen der Meinungen und Projektionen, der eigenen wie der einer liberalen, marktorientierten Massengesellschaft heraus. My home is my castle. In den Vorstellungen von Zelt und Wandern wiederum besteht das Ich auf seinem zentralen Lebensimpuls, dem Drang zu Wandlung und Wachstum, ohne den es erstarren und absterben würde. Die beiden Spannungspole werden nicht immer miteinander vermittelt, sie stehen sich zuweilen schroff gegenüber, und insbesondere die Winter-Kapitel von *Walden* tragen Züge eines unglücklichen Bewußtseins. Dennoch ist der Tenor des Buches insgesamt optimistisch; er legt nahe, daß beides zugleich möglich sei. Wenn Thoreau seinem Schicksal dafür dankt, daß es ihn in Concord 'festgenagelt' habe, so rückt damit die Vorstellung von einem Wandern in den Blick, das aus der lokalen Verankerung Kraft gewinnt, das zugleich stationär und agil ist. Das unbehauste Ich braucht nicht heimatlos zu sein.

Wie solche Beheimatung vonstatten geht, wird in "Walking" angedeutet, wenn Thoreau feststellt: "I am not where my body is, — I am out of my senses. In my walks I would fain return to my senses" (*TW* 5:211). Das Wandern bedeutet eben nicht nur ein Hinausgehen, ein Verlassen des Hauses, sondern auch eine Rückkehr. Thoreau will zu seinem Körper, zu seinen Sinnen zurückkehren. Er versucht, die Vertreibung aus dem Paradies rückgängig zu machen und die verlorene Natur als Haus der Seele wiederzugewinnen. Dabei ist Natur nicht, wie so oft in der Romantik und über weite Strecken auch in *Walden*, als Symbol gefaßt, sondern als *physis*;

Thoreau will in seinen Körper zurück und zu dem, was ihm die Sinne bieten. Die Natur als ursprüngliches Haus des Menschen: Thoreau hat mit unglaublicher Ausdauer und Konsequenz seine physische Umgebung zum Gegenstand der Beobachtung und des Nachdenkens gemacht. Im Dokument dieses lebenslangen Projekts, dem *Journal*, kehrt geradezu formelhaft die Wendung "This reminds me of ..." wieder.[22] Thoreau beschreibt ein Naturphänomen und vergleicht es mit früheren Beobachtungen. Der Vergleich enthüllt Neues ebenso wie Bekanntes. Nicht, daß es keine Überraschungen gäbe, im Gegenteil; jeder Leser von *Walden* erinnert sich an die hervorragende Rolle, die der Überraschung zukommt. Aber die Überraschungen gewinnen ihr Profil oft aus vorangegangenen Wahrnehmungen, mehr noch, sie hängen eng mit Beobachtungs*gewohnheiten* zusammen. Gewohnheit und Routine können, wie die Winter-Kapitel nahelegen, den Tod des Selbst bedeuten, aber das systematische Studium der Natur erzeugt auch jene Schärfung der Sinne und des Geistes, die Unerwartetes erfahrbar macht. Thoreau hatte nach zwei Jahren das Bedürfnis, Walden zu verlassen, ebenso wichtig war aber auch, daß er zwei Jahre blieb.

Beobachten und Erinnern machen die Umwelt zur Welt. Eines der meistzitierten Aperçus aus *Walden* führt Bewegung und Stasis zusammen und signalisiert, wie aus Gewohnheiten dem Ich Wohnung erwächst: "I have travelled a good deal in Concord" (326). Einem solchen paradoxalen Ich kann jeder Ort zur Heimstatt werden, es ist überall zu Hause: "At a certain season of our life we are accustomed to consider every spot as the possible site of a house.... What is a house but a *sedes*, a seat?" (387).

*

---

[22] Zur Stellung des *Journal* im Gesamtwerk siehe Sharon Cameron, *Writing Nature: Henry Thoreau's "Journal"* (New York: Oxford University Press, 1985). Zum Folgenden vgl. H. Daniel Peck, *Thoreau's Morning Work: Memory and Perception in "A Week on the Concord and Merrimack Rivers", the Journal, and "Walden"* (New Haven, CT: Yale University Press, 1990).

In "Prudence" unterscheidet Emerson drei Klassen von Menschen je nach der Art ihrer Einstellung zur Welt. Die eine besitzt "common sense", die andere "taste". Der Angehörige einer dritten, privilegierten Gruppe sieht die Welt mit "spiritual perception", sein In-der-Welt-Sein gleicht dem Kampieren auf einer Vulkaninsel: "he pitches his tent on this sacred volcanic isle of nature, does not offer to build houses and barns thereon, reverencing the splendor of the God which he sees bursting through each chink and cranny" (358). Das Bild des Zelts auf der Vulkaninsel wird im Montaigne-Essay von *Representative Men* (1850) mit der Vorstellung vom Schiff oder Haus auf dem Wasser variiert, und wie in "Circles" verbindet sich damit der Gedanke, daß das Subjekt im Zuge seiner Selbstentfaltung tradierte Systeme und Dogmen sprengen muß: "The philosophy we want is one of fluxions and mobility.... We want a ship in these billows we inhabit. An angular, dogmatic house would be rent to chips and splinters in this storm of many elements. No, it must be tight, and fit to the form of man, to live at all.... We are ... houses founded on the sea" (696).

Die Heimat des Ichs liegt für Emerson jenseits der sinnlich faßbaren Natur. Ein Sich-Niederlassen im Hier und Jetzt, wie Thoreau es systematisch und mit großer Intensität betreibt, ist für ihn undenkbar. Die Seele strebt über die *physis* hinaus. Das Großartige der Dichtung und der Künste liegt darin, daß sie diesen 'zentrifugalen' Drang der Seele fördern: "These are auxiliaries to the centrifugal tendency of a man, to his passage out into free space, and they help him to escape the custody of that body in which he is pent up, and of that jail-yard of individual relations in which he is enclosed" ("The Poet", 460). Wenn Thoreau sich beim Bau der Hütte fragt, welche Grundlage ein Bauwerk in der Natur des Menschen hat, und wenn er die Seele im Körper und in der Natur verankern will, so erklärt Emerson in "Circles", daß wir kein Außen, keine umschließende Mauer in unserer Natur haben: "There is no outside, no inclosing wall, no circumference to us" (405). Bauten sind folglich als Hindernisse zu betrachten, die das freie Denken einreißt: "People wish to be settled; only as far as they are unsettled is there any hope for them" (413). Das glückliche Ich, so führt er in "Compensation" aus, wird nicht nur die 'Schale' verlassen, es wird unaufhörlich wachsen und sich wandeln, sich gleichsam täglich häuten, bis das 'Haus' nur noch als "a transparent fluid membrane" (301) erscheint. Emersons Sensibilität neigt zur Apokalypse, sie verweist auf die paulinisch-augustinische Frömmigkeit seiner kalvinistischen Vorfahren, der die Selbstfindung nur als Errettung aus dem Körper und der Natur möglich schien: Wir sind hier Fremde und Pilger, das Ziel der Seele ist nicht in dieser Welt. Zugleich zeichnen sich die Figuren eines Denkens ab, das allein in der radikalen Zerstörung tradierter Denksysteme und Theologien eine Chance für die Menschheit sieht. In der 3. *Unzeitgemässen Betrachtung* ("Schopenhauer als Erzieher") zitiert Friedrich Nietzsche die Vision des großen Denkers aus Emersons "Circles". Es ist ein apokalyptisches Bild, das die Konzeption des *unsettling* zu einem Holocaust vorantreibt: "Seht euch vor, sagt Emerson, wenn der grosse Gott einen Denker auf unsern Planeten kommen lässt. Alles ist dann in Gefahr. Es ist wie wenn in einer grossen Stadt eine Feuersbrunst ausgebrochen ist, wo keiner weiss, was eigentlich noch sicher ist und wo es enden wird."[23]

Emerson gehörte zu Nietzsches Lieblingsautoren. Dessen anti-idealistisches, anti-systematisches Programm greift in wesentlichen Punkten auf den amerikanischen Essayisten zurück. Den Systementwürfen von Idealismus und Theologie stellt Nietzsche ein 'nomadisierendes Denken' (Deleuze) entgegen, das sich nicht nur gegen jede Kodifizierung sträubt, sondern auch als Sprengsatz gegen bestehende Systeme eingesetzt wird. Zu seinen bevorzugten literarischen Ausdrucksformen gehören wie bei Emerson Essay und Aphorismus. *Menschliches, Allzumenschliches* wendet sich im Untertitel an "freie Geister", die Vorrede spricht von der "*grossen Loslösung*", vom Leben "*auf den Versuch* hin", als Wanderschaft und Ek-stasis: "Wie gut, dass er nicht wie ein zärtlicher dumpfer

---

[23] Nietzsche, Kritische Studienausgabe 1:426. — Vgl. Herwig Friedl, "Emerson and Nietzsche: 1862-1874", in *Religion and Philosophy in the United States of America*, ed. Peter Freese (Essen: Blaue Eule, 1987), Bd. 1, 267-287; Olaf Hansen, "Stanley Cavell Reading Nietzsche Reading Emerson", in *Nietzsche in American Literature and Thought*, ed. Manfred Pütz (Columbia, SC: Camden House, 1995) 279-295.

Eckensteher immer 'zu Hause', immer 'bei sich' geblieben ist!" Im "Wanderer"-Abschnitt beschwört Zarathustra die Einsamkeit und Fremdheit dessen, der die Wohnstätten verlassen hat, und der Verfasser der *Fröhlichen Wissenschaft* schätzt sich glücklich, kein Haus zu besitzen: "Ich würde mir kein Haus bauen (und es gehört selbst zu meinem Glücke, kein Hausbesitzer zu sein!)."[24] Zwar faßt er das Buch als Ganzes im Bild des Hauses, indem er das ursprünglich Emersons Essay "History" entnommene Motto durch einen eigenen Vierzeiler ersetzt: "Ich wohne in meinem eigenen Haus, / Hab Niemandem nie nichts nachgemacht ...." Im übrigen aber ist Nietzsche der unbehauste Denker par excellence.

Die Kehrseite der zerstörerischen Energie dieses Denkens ist eine Befreiung zu den Dingen hin. Das von den Gebäuden der Tradition emanzipierte Subjekt öffnet sich der Welt. Gilles Deleuze hat darauf hingewiesen, daß Nomadisieren nicht notwendigerweise auf Umherziehen angewiesen sei, es könne *in situ* stattfinden.[25] Damit rückt noch einmal Thoreau in den Blick. In seinem Bestreben, die Dynamik des Subjekts an die physische Welt rückzukoppeln, scheint die Möglichkeit eines zugleich vitalen und seßhaften Ichs auf. Eine gegen Idealismus und Metaphysik gewonnene Freiheit kann offenbar auch im Bild des Wohnens gefaßt werden.

Daß diese Position keinen romantisch-idealistischen 'Rückfall' darstellen muß, legen Heideggers Reflexionen über ein Wohnen als "Aufenthalt bei den Dingen" nahe. Wohnen hängt zutiefst mit dem Gewohnten zusammen. In der Selbstbescheidung des stillen, disziplinierten Beobachtens wird dem Ich die Kraft zuteil, die in den Dingen selbst liegt. Beim Bauen als Wohnen kommt es darauf an, die Dinge in ihrem Wesen zu lassen — der "*Weisung*" der Dinge zu folgen und einen Ort zu schaffen, in dem diese sich entfalten. Selbst als *techne* ist Bauen ursprünglich ein Hervorbringen, ein Erscheinenlassen.[26]

---

[24] Nietzsche, Kritische Studienausgabe Bd. 2, 15, 18, 19; Bd. 3, 513 (Nr. 240).

[25] Deleuze, "Nomad Thought", in *The New Nietzsche: Contemporary Styles of Interpretation*, ed. David B. Allison (Cambridge, MA: MIT Press, 1985) 149.

[26] Heidegger, "Bauen Wohnen Denken", 151, 159f.

Emerson und Thoreau waren keine Individualisten im landläufigen Sinne, vielmehr haben sie immer wieder die Grundzüge eines Ichs reflektiert, das sich in der Selbstrücknahme verwirklicht. Im rechten Bauen vollzieht sich eine Tätigkeit, die die Begrenztheit des privaten Ichs übersteigt. Authentisches Bauen schafft einen Raum, in dem ein Baumeister sich betätigt, der zugleich hinter, über und in uns steckt; nicht wir tun etwas, sondern, wie Emerson in "Worship" formuliert, durch uns hindurch geschieht etwas: "we are not to do, but to let do; not to work, but to be worked upon" (1061). Im vollendeten Haus triumphiert nicht das Ich, sondern der Baumeister, dessen Werk wir sind.

Ein derartiges Bauenlassen läuft nicht auf die Abdankung des Subjekts hinaus, denn das sich zurücknehmende Ich ist ein aktives Ich, das sich — wie Richard Poirier im Sinne des Neopragmatismus gegen Postmoderne und Dekonstruktionismus geltend macht — in der Tätigkeit des "troping" entfaltet: Welt und Sprache werden vorgefunden, aber das Ich gibt ihnen neue 'Wendungen' und entkommt dadurch der Gefahr, von ihnen vereinnahmt und fixiert zu werden.[27] Die Konzeption des "troping" verweist uns noch einmal auf die Figur des Wanderers, des — etymologisch betrachtet — verkörperten Tropus, für den die Windungen des Weges den Dingen neue Wendungen geben. Heidegger und Thoreau deuten die Möglichkeit einer Bewegung am Ort an. Denn Wohnen und Bauen, argumentiert Heidegger, sind nichts Gegebenes, sie sind immer neu zu denken: "Die eigentliche Not des Wohnens beruht darin, daß die Sterblichen das Wesen des Wohnens immer erst wieder suchen, daß sie *das Wohnen erst lernen müssen.*"[28]

---

[27] Poirier, *The Renewal of Literature: Emersonian Reflections* (New York: Random House, 1987), bes. 13-19.
[28] Heidegger, "Bauen Wohnen Denken", 162.

2. Thoreaus Haus- und Landwirtschaft

"Economy" ist nicht nur das erste, sondern zugleich das mit großem Abstand längste, 'unökonomischste' Kapitel von *Walden*. Ein Vergleich der verschiedenen Fassungen des Buches zeigt überdies, daß die ökonomische Thematik auch über das erste Kapitel hinaus für Thoreau immer mehr an Bedeutung gewann und sich schließlich über das ganze Werk erstreckte.[29] Damit vollzieht Thoreau eine Entwicklung nach, die bereits im 18. Jahrhundert einen Höhepunkt erreichte und für uns heute so selbstverständlich ist, daß wir sie nicht mehr bewußt registrieren: die Unterwerfung aller Lebensbereiche unter ökonomisches Denken im Sinne von Tauschwert, Kosten und Nutzen, Handel und Markt.[30] Wenn Adam Smith in seinem die Nationalökonomie begründenden Klassiker *The Wealth of Nations* (1776) die These vertritt, daß jeder Mensch durch Warentausch lebe und in gewissem Sinne ein Kaufmann sei, so bringt er damit die zwei Generationen früher von Daniel Defoe in *Robinson Crusoe* (1719) gestaltete Apotheose des Kaufmanns auf den Begriff. Das Glücksgefühl, von dem Robinson nach seiner Rettung bei der Nachricht von seinem durch Zins und Zinseszins beträchtlich gewachsenen Vermögen ergriffen wird, läßt — wie die Frage von 'Partnern' heute, was sie in ihre Beziehung 'investieren' wollen — erkennen, in welchem Maße sich im bürgerlichen Ethos Wirtschaft, Tugend und Glück verschränken.

In der Übertragung von Kosten-Nutzen-Begriffen auf Vorstellungen vom Glück wird auf paradoxe Weise der alte umfassende Sinn von Ökonomie restituiert. Die griechische *oikonomia* bezieht sich zunächst auf die Verwaltung des Hauses als der dem Menschen unmittelbar gegenwärtigen Lebenswelt. Der Haushalt wird dabei als mehr oder weniger autarke agrarische Produktionseinheit ver-

---

[29] Leonard N. Neufeldt, *The Economist: Henry Thoreau and Enterprise* (New York: Oxford University Press, 1989) 62.

[30] Zum Folgenden siehe Jochen Barkhausen, "Ökonomische Metaphern in der englischen Literatur der Aufklärung", in *Ökonomie: Sprachliche und literarische Aspekte eines 2000 Jahre alten Begriffs*, ed. Theo Stemmler (Tübingen: Narr, 1985) 69-83.

standen. Der neben *oikos* ('Haus') zweite Bestandteil des Wortes läßt deutlich die agrarischen Spuren erkennen und verweist zugleich auf die ethische Dimension des Begriffs: *nomos* geht auf das Verb *nemein* ('grasen') zurück, es umfaßt die Regeln, nach denen das Gemeindeland abgeweidet wird — Regeln, die im weitesten Sinne sicherstellen, daß die gemeinsamen Güter gerecht an alle verteilt werden, was wiederum eine wesentliche Voraussetzung für das Glück des Einzelnen wie für das Wohl des Ganzen ist.[31]

In seiner *oikonomia* entfaltet Aristoteles systematisch den Zusammenhang von Haushaltung, Gerechtigkeit und Glück. Die gerechte Verwaltung des Hauses verschafft den Mitgliedern jene Zufriedenheit, die sie zu tüchtigen, engagierten Bürgern macht. Die Polis wiederum verkörpert lebenspraktisch den Kosmos, jenes Ganze, auf das hin individuelles Streben gerichtet ist und aus dem es seinen Sinn empfängt. Damit ist ein Muster umrissen, das die europäische Ökonomik bis in die frühe Neuzeit bestimmt hat. Im Begriff des 'ganzen Hauses' verbinden sich Vorstellungen von Produktion, Besitz und Ressourcenverwaltung mit Ideen von Gerechtigkeit und Glück, die übers Private hinaus auf das Ganze der Gesellschaft und des Kosmos zielen.

Die Entwicklung des modernen Ökonomiebegriffs läßt sich vereinfacht als Verengung des Blickwinkels auf das Individuum skizzieren. Defoes große Fiktion entwirft den Bürger als Insulaner, den klassischen Theoretikern des Eigentums von Thomas Hobbes bis Adam Smith geht es um das Recht des *Einzelnen* auf wirtschaftliche Entfaltung, und die Appelle der heutigen Reklame ("Hol Dir ...") fordern jeden auf, von *seinem* Recht auf Konsum Gebrauch zu machen. Damit ist jedoch die ethische Dimension nicht verschwunden. Der Besitzindividualismus eines John Locke sieht im Privateigentum eine Quelle des Glücks, von der auch der Staat profitiert; Adam Smiths Grundlegung der Nationalökonomie erwächst aus seiner *Theory of Moral Sentiments* (1759) und verleugnet nie ihre moralphilosophischen Wurzeln. In der eingangs vermerkten Universalisierung kommerzieller Begriffe und Bilder erhält sich etwas von

---

[31] Reiner Manstetten, "Die Einheit und Unvereinbarkeit von Ökologie und Ökonomie", *Gaia* 4 (1995) 41.

der Ganzheitsvorstellung der alteuropäischen Ökonomik, noch in der aufs Intimste zielenden Verheißung der Konsumgesellschaft scheint eine Glücksvorstellung auf, die das Ich überschreitet.

In der frühen amerikanischen Republik wird der *homo oeconomicus* vor allem in zwei Varianten verkörpert, die sich mit den Namen Benjamin Franklin und Thomas Jefferson verbinden. Franklin kam aus kleinbürgerlichen Verhältnissen. Unter den Tugenden, die er in der *Autobiography* als Teil seines Projekts der Selbstvervollkommnung aufzählt, kommt dem Fleiß ("industry") und der Sparsamkeit ("frugality") besonderes Gewicht zu. Es sind, wie Max Weber dargelegt hat, die klassischen Tugenden des Bürgers; aus dem Kalvinismus stammend, bilden sie den ideologischen Motor des Kapitalismus. Mit einer den heutigen Leser frappierenden Selbstgefälligkeit resümiert Franklin seine Erfolgsstory zu Beginn der *Autobiography* als Aufstieg von "Poverty and Obscurity" zu "a State of Affluence" (*NA* 488). Dieser Wohlstand ist keineswegs Selbstzweck, vielmehr ist er unauflöslich mit dem Projekt moralischer Bildung verwoben. Die durch Fleiß und Sparsamkeit erwirtschaftete finanzielle Unabhängigkeit übersetzt sich in die Urteilsfähigkeit — die "*Sincerity* and *Justice*" — des freien, für das Ganze wirkenden Bürgers (*NA* 546). Arbeit, Eigentum, Tugend und Glück gehören zusammen.

Gegenüber dem 'kapitalistischen' Franklin repräsentiert der Südstaatler und Plantagenbesitzer Jefferson die agrarische Tradition. Sie verbindet Denkfiguren der englischen Aufklärung und der französischen Physiokraten mit einem aus der intensiven Lektüre der römischen Literatur gewonnenen pastoral-republikanischen Ideal. Zu den Grundrechten des Menschen gehören nach John Locke "life, liberty, and estate".[32] Mit "estate" ist vorzugsweise Landbesitz gemeint, wobei die naturrechtliche Argumentation moralisch untermauert wird: Das Land gehört einem in dem Maße,

---

[32] Zum Folgenden siehe William B. Scott, *In Pursuit of Happiness: American Conceptions of Property from the Seventeenth to the Twentieth Century* (Bloomington: Indiana University Press, 1977), bes. Kap. 2 und 3; C.B. Macpherson, *The Political Theory of Possessive Individualism* (Oxford: Oxford University Press, 1962).

wie man seinen Schweiß mit dem Boden mischt; durch *Arbeit* macht man sich das Land zu eigen. Gegenüber dem Adel, der riesige Wälder und Landstriche als Jagdgründe reklamiert, macht der Bürger geltend, daß nur der das Land wirklich, d.h. im moralischen Sinne sein eigen nennen dürfe, der es bearbeitet und produktiv nutzt.

Die Privilegierung des Landbesitzes gegenüber anderen Formen des Eigentums verstärkt sich im 18. Jahrhundert unter dem Einfluß der französischen Physiokraten, für die der Boden (und nicht, wie die Merkantilisten meinten, der Handel) die eigentliche Quelle des Reichtums einer Nation ist. Neben rein wirtschaftlichen Überlegungen spielen dabei wie in der englischen Tradition ethische und politische Gesichtspunkte eine wichtige Rolle. Wer den Boden bearbeitet, ist der Natur nahe und 'tankt' deren wohltätige Kräfte. Der Bauer, der sein Feld bestellt, arbeitet in 'Gottes Manufaktur', seine Tätigkeit ist eine Art Gottesdienst.

Für Jefferson ist der freie Bauer das Rückgrat einer Republik. In der berühmten Query XIX seiner *Notes on the State of Virginia* (1787) lehnt er die Industrialisierung ab und entwirft statt dessen die Vision der USA als einer agrarischen Republik mit dem freien Farmer als Schlüsselfigur und Garant: "Those who labor in the earth are the chosen people of God, if ever He had a chosen people, whose breasts He has made his peculiar deposit for substantial and genuine virtue" (*NA* 743). Wenn Emerson in seiner "Concord Hymn" die "embattled farmers" besingt, die 1775 mit ihrem Widerstand gegen die Engländer den Revolutionskrieg auslösten und damit eine neue Epoche der Weltgeschichte einleiteten, trifft er ins Herz eines amerikanischen Selbstverständnisses, das bis heute das Gute auf dem Lande, in der *small town*, ansiedelt, während die Städte mit Dekadenz und Korruption assoziiert werden. Selbst ein Hollywood-Produkt wie Ronald Reagan stilisierte sich in seinen Autobiographien zum Jungen vom Lande. Damit rückt der ideologische Aspekt des *agrarianism* entschieden in den Blick. Die Figur des Landmanns hatte schon bei den Römern einen mythisch-verklärenden Zug. Wie Cato und Vergil war auch der große Propagandist des Farmerideals in der frühen amerikanischen Republik ein *gentleman farmer*; Jefferson hatte seine Sklaven, seine

'Arbeit' beschränkte sich im wesentlichen auf die Verwaltung der Plantagen.

In Thoreaus Zeit nun klafften Ideal und Wirklichkeit besonders eklatant auseinander. Die in *Walden* vorgetragene Polemik gegen das Farmerleben ist nur zum Teil rhetorisch überspitzt, über weite Strecken trägt sie einer historischen Situation Rechnung, in der die Farmer in der Tat "the meanest of lives" (454) führten. Wenn aber der freie Bauer mitten im fortschrittlichen 19. Jahrhundert ein Leben in "quiet desperation" (329) führt, dann ist etwas grundsätzlich faul.

Thoreaus "Economy"-Essay wird entscheidend motiviert durch die Einsicht in die grundlegende Bedeutung des Ökonomischen für das Selbstverständnis der modernen Welt. Seine rhetorischen und gedanklichen Strategien sind außerordentlich vielfältig; sie umfassen ernsthafte und spielerische Auseinandersetzungen mit zeitgenössischer Nationalökonomie, parodistische Aneignung und inflationären Gebrauch kommerziellen Vokabulars, schließlich die Konfrontation des utilitaristisch verengten Ökonomie-Begriffs mit einem an die alteuropäische Tradition erinnernden Rekurs auf die Verschränkung von Haushalten, Gerechtigkeit und Glück. Was jedoch allererst ins Auge fällt, ist die aggressive Polemik gegen den Materialismus der Zeit und insbesondere gegen die Ideologie des Farmers. Die Farmer von Concord sind in seinen Augen nichts anderes als Leibeigene — "serfs of the soil" (326) —, die sich buchstäblich und spirituell zu Tode arbeiten. Zunächst deckt Thoreau den Widerspruch zwischen dem agrarischen Mythos und der zeitgenössischen Wirklichkeit auf. Ferner stellt er zentrale Begriffe bürgerlichen Wirtschaftens in Frage. Schließlich entwirft er eine alternative Ökonomik, die in einigen Punkten auf den pastoral-agrarischen Mythos zurückgreift und zugleich Grundzüge einer modernen ökologischen Ethik skizziert.

*

In den Jahren zwischen 1815 und 1850 verwandeln sich die USA von einem agrarischen in ein kommerzielles Wirtschaftssystem. Neben der Expansion der Manufakturen werden insbesondere die

Familien als Produktionseinheiten immer stärker in die Welt des Marktes einbezogen. An die Stelle weitgehend autarker Familienbetriebe tritt eine auf den Markt ausgerichtete Überschußproduktion. Die Kehrseite der wirtschaftlichen Expansion zeigt sich im Verlust der Unabhängigkeit. Die in Unternehmen umgewandelten Farmen können ihren erhöhten Kapitalbedarf nur durch Hypotheken decken, und die Fluktuationen des Marktes erfordern immer neue Umstellungen. In einer ländlichen Region wie Concord sind viele Farmer gezwungen, sich hoch zu verschulden oder ihre Betriebe aufzugeben.[33]

Die 'stille Verzweiflung', die Thoreau seinen Nachbarn zuschreibt, ist ebensowenig erfunden wie die in der Proliferation von Begriffen wie "enterprise", "industry" und "business" angedeutete Verwandlung der USA in ein Großunternehmen. Amerika ist, wie Thoreau später in "Life without Principle" von der Welt allgemein sagt, "a place of business" (*RP* 156), eine Stätte rastloser Betriebsamkeit ("busy-ness") und Geschäftemacherei, und wenn Concord je eine pastorale Idylle war, so ist sie einem *waste land* verlassener, heruntergekommener oder hochverschuldeter Farmen gewichen. Das von Jefferson beschworene Junktim von Landwirtschaft und Unabhängigkeit hat bedrückenden anonymen Mechanismen Platz gemacht, die einigen wenigen zu Reichtum verhelfen, viele jedoch an den Rand des Ruins treiben.

Die Kritik an den zeitgenössischen Verhältnissen dient Thoreau darüber hinaus als Ausgangspunkt für eine radikale Infragestellung der Prinzipien bürgerlicher Ökonomik. Im Zentrum seiner Polemik stehen dabei die Vorstellungen von Eigentum, Arbeit und Produktivität, wie sie von der Tradition des Besitzindividualismus à la Locke und der klassischen Nationalökonomie à la Adam Smith entwickelt wurden. Thoreau kommt zu dem Schluß, daß diese Konzepte schon auf der elementaren Ebene der Bedürfnisbefriedigung versagen und statt Freiheit neue Formen der Sklaverei erzeugen.

---

[33] William Gleason, "Re-Creating *Walden*: Thoreau's Economy of Work and Play", *American Literature* 65 (1993) 678-680. Vgl. Neufeldt, *The Economist*, Introduction.

Der Hauptschuldige ist in seinen Augen der Markt. Genau jenes Prinzip, das für Adam Smith als segensreiches Regulativ der Wirtschaft wirkt und die Produktivität des Einzelnen ebenso wie die der Gesellschaft steigert, führt Thoreau zufolge zu einer Entfremdung des Menschen von seinen eigentlichen Bedürfnissen, vom Mitmenschen und von der Natur. Unsere Bedürfnisse lassen sich auf ein einziges Grundbedürfnis zurückführen: "to keep warm, to keep the vital heat in us" (333). Daraus ergibt sich die Notwendigkeit, Nahrung, Kleidung und Wohnung zu beschaffen. "Food", "clothing", "shelter" — das sind die elementaren Bedürfnisse des Menschen, und die erste und wichtigste Aufgabe der Ökonomie müßte es sein, ihre Befriedigung möglichst kostengünstig zu sichern. Was geschieht tatsächlich? Unter dem Druck von Markt und Kommerz entsteht eine Fülle sekundärer Bedürfnisse; sie ziehen nicht nur beträchtliche Energien und Ressourcen auf sich, sie machen darüber hinaus für viele die Befriedigung der Grundbedürfnisse zu einem Problem. Aus Nahrung, Kleidung und Behausung, den "necessaries of life", werden Luxusartikel. Statt auf billige vegetarische Lebensmittel glaubt der Farmer zur Erhaltung seiner Arbeitskraft auf Fleisch angewiesen zu sein, während ihm schon sein Ochse das Gegenteil vorführt; die Schneiderin muß geradezu überlistet werden, damit man ein Hemd angefertigt bekommt, das der eigenen Vorstellung und nicht dem Diktat der Mode entspricht; die Häuser werden zu Statussymbolen und müssen entsprechend aufwendig gebaut und ausgestattet werden. Im Zeichen von Markt, Luxus und Mode geraten die elementaren Bedürfnisse aus dem Blick zugunsten eines breiten Spektrums von Scheinbedürfnissen, die eben dieser Markt erst erzeugt hat. Der größte Teil unserer Kraft und Sorge geht damit auf etwas, das im Grunde völlig überflüssig ist. Ein solches Wirtschaften spricht dem Grundsatz der angemessenen Kosten-Nutzen-Relation Hohn, es 'rechnet' sich nicht.

Auf dieser Ebene der Argumentation stellt Thoreau noch nicht die bürgerliche Ökonomik insgesamt in Frage, er verfährt raffinierter, indem er ihre inneren Widersprüche offenlegt, sich selbst als Geschäftsmann mit "strict business habits" (338) präsentiert und den 'Kollegen' vorführt, daß ihre Rechnung nicht aufgeht. Benjamin

Franklin — den Thoreau bewunderte — würde sich solch konsum- und verschwendungssüchtiger Nachfahren schämen. Die Hütte am Walden Pond ist dagegen wahrhaft 'ökonomisch'. Aus billigem Material, teilweise mit geborgtem Werkzeug und in Eigenarbeit errichtet, löst sie das 'Wohnungsproblem' auf einfachste Weise. Die Einrichtung ist karg und zweckmäßig, ebenso unaufwendig wird die Haushaltsführung gestaltet. Das Holz, das er zum Kochen und später zum Heizen braucht, schafft er selbst herbei und spaltet es; auf diese Weise wärmt es ihn *zwei*mal — draußen beim Holzhacken und drinnen am Kamin. Der Speisezettel beschränkt sich auf die Grundnahrungsmittel, das Essen wird möglichst draußen eingenommen. Auf alles, was unnötige Arbeit macht, wird verzichtet; selbst die Kalksteinbrocken, die (wohl zur Zierde) auf dem Tisch liegen, fliegen zum Fenster hinaus, als sich herausstellt, daß sie täglich abgestaubt werden müßten.

Die detaillierte Bilanz, die Thoreau am Ende zieht, trägt zweifellos parodistische Züge, und wie Franklins "bold and arduous Project of arriving at moral Perfection" (*NA* 540) hat sie den Charakter eines *jeu d'esprit*. Aber im Kern enthält sie ein ernstgemeintes und ernstzunehmendes Argument: Wir brauchen viel weniger, als wir annehmen, und wenn wir wirklich ökonomisch vorgehen, können wir unsere elementaren Bedürfnisse mit geringem Aufwand an Kosten und Arbeit befriedigen. Allerdings müssen wir uns dazu auf das besinnen, was *wir* brauchen, und nicht auf das, was *man* braucht.

Die in Luxus und Mode wirksame Fremdbestimmung ist vielleicht das sinnfälligste Indiz für die mit dem Markt einhergehende Entfremdung. Schwieriger zu fassen und zugleich fundamentaler ist die Entfremdung, die aus unseren falschen Vorstellungen von Arbeit und Eigentum rührt. Zunächst laufen Thoreaus Überlegungen auf eine Absage an das kalvinistische Arbeitsethos hinaus. Er stilisiert sich zu dem, was viele in Concord ohnehin in ihm sahen: zum Müßiggänger. Ein wesentlicher Teil der in "Economy" gezogenen Lehre betont, wie wenig Arbeit zur Sicherung des Lebens erforderlich ist; Thoreau genügten sechs Wochen im Jahr. Anders gewendet: Die Arbeit, der wir tagein, tagaus nachgehen, ist größtenteils überflüssig.

Das Programm des Müßiggängers ist jedoch nur die eine Seite, denn es gibt für Thoreau durchaus auch sinnvolle Arbeit. Eine erste Vorstellung davon versucht er im Zusammenhang mit dem Bau der Hütte zu vermitteln. Das Beschaffen von Material und Werkzeug, die Verbesserung der eigenen handwerklichen Fähigkeiten, das die Arbeit begleitende und unterbrechende Nachdenken und Beobachten deuten die Möglichkeit von Arbeit als Selbstverwirklichung an, allerdings nicht im Sinne eines kalvinistisch-bürgerlichen Leistungsethos. Leistung bemißt sich nach der für die Arbeit benötigten Zeit, die Zeit aber ist genau das, was in Thoreaus Bauen tendenziell außer Kraft gesetzt wird. Zeit ist für ihn *nicht* Geld, im Gegenteil, er zieht die Errichtung der Hütte in die Länge — "I made no haste in my work, but rather made the most of it" (356) — und verputzt sie erst, als die Kälte einsetzt. Solches Bauen ist "deliberate": nicht hastig, sondern 'abwägend' (lat. *deliberare*).

Diese Strategie hat mit herkömmlichem Wirtschaften nichts mehr zu tun, sie verweist aber auf den ursprünglichen Zusammenhang von Haushalten und Glück. Die eigentliche Kosten-Nutzen-Rechnung, die wir anstellen müßten, zielt nicht auf investiertes Geld oder investierte Arbeit, sondern auf das *Leben*, das wir in etwas stecken: "the cost of a thing is the amount of what I will call life which is required to be exchanged for it, immediately and in the long run" (347). Worauf es ankommt, ist so zu arbeiten, daß man dabei kein Leben unnötig 'ausgibt'. Leben aber bestimmt sich nach dem Maß an Bewußtheit und Freude, das jede Handlung begleitet. Wir sollten unsere Häuser bauen wie die Vögel ihre Nester; sie singen dabei.

*

Thoreau war mit seinem Bauen letztlich nicht zufrieden: "It would be worth the while to build still more deliberately than I did, considering, for instance, what foundation a door, a window, a cellar, a garret, have in the nature of man, and perchance never raising any superstructure until we found a better reason for it than our temporal necessities even" (358). Wie schwer das Ideal 'abwägender' Arbeit zu erfüllen ist, wird auch am Bohnenfeld, dem neben dem Hausbau zweiten großen ökonomischen Experiment von *Walden*, sichtbar. Rein finanziell kann Thoreau einen Gewinn verbuchen. Wenn er die Einkünfte vom Verkauf der Bohnen mit den Ausgaben für Wohnen, Kleidung und Nahrung verrechnet, bleibt ein Überschuß, und augenzwinkernd-triumphierend verkündet er: "I believe that that was doing better than any farmer in Concord did that year" (366). Aber wie beim Bau der Hütte stand auch beim Anbau der Bohnen mehr auf dem Spiel als eine Geschäftsbilanz. Es ging um nichts weniger als die Beziehung des Menschen zu sich selbst und zur Natur, und das Ergebnis ist ein Beitrag zur "economy of living", die er für "synonymous with philosophy" (363) erklärt.

Das "Bean-Field"-Kapitel beginnt mit Fragen nach dem Sinn des Experiments — Fragen, die Thoreau offenbar während der Arbeit durch den Kopf gingen, die aber auch Jahre danach, beim Schreiben, im Raum stehen: "What was the meaning of this so steady and self-respecting, this small Herculean labor, I knew not. I came to love my rows, my beans, though so many more than I wanted. They attached me to the earth, and so I got strength like Antaeus. But why should I raise them? Only Heaven knows" (446). Gegen Ende des Kapitels klingt ominös der Entschluß an, nicht noch einmal einen Sommer auf die Landwirtschaft zu verwenden: "I said to myself, I will not plant beans and corn with so much industry another summer ..." (453). Das Bild des zufriedenen, glücklichen Landmanns ist eingerahmt von Fragen und Unbehagen. Alle Aussagen, die in "The Bean-Field" zur rechten *agricultura* gemacht werden, stehen somit unter Vorbehalten, sie haben provisorischen Charakter. Als vorläufige sind sie gleichwohl, wie alles Provisorische in *Walden*, ernst zu nehmen.

Schon in der zitierten Passage aus dem Anfangsabschnitt klingt eine Tendenz an, die sich durch das ganze Kapitel zieht. Wenn Thoreau vermerkt, er habe viel mehr Bohnen angebaut, als er für seinen Bedarf benötigt hätte, so hat dies nichts mit Überschußproduktion zu tun, auch wenn am Ende ein Teil der Ernte verkauft bzw. gegen Reis eingetauscht wird. Der Verkauf erfolgt beinahe beiläufig — das Feld wurde nicht angelegt, um einen Gewinn zu erzielen. Es dient auch nur nebenbei der Befriedigung der eigenen

Bedürfnisse; Thoreau ißt keine Bohnen. Und das Gelände, das er für den Ackerbau ausgesucht hat, ist nur bedingt dafür geeignet, da es sich um vergleichsweise armen Boden handelt. Solche Ungereimtheiten fügen sich zu einer Strategie, die man als gezielte Entökonomisierung bezeichnen kann. Das Feld wurde weder unter dem Gesichtspunkt der Bedürfnisbefriedigung noch unter dem der Produktivität angelegt und bearbeitet. Was aber hat es dann 'gebracht'?

Zumindest teilweise läuft die geschilderte Landarbeit auf eine Erneuerung des agrarisch-pastoralen Mythos hinaus. Im Kontakt mit der Erde gewinnt der *agricola laboriosus* wie der Titan Antaeus Kraft aus der Erde. Selbst wenn die Arbeit zur Plackerei wird, hat sie, indem sie den Menschen an die Scholle bindet, eine moralische Qualität: "labor of the hands, even when pursued to the verge of drudgery, is perhaps never the worst form of idleness. It has a constant and imperishable moral ..." (447). Die Bearbeitung des Bodens treibt den Menschen über die Begrenzung des Ichs hinaus, sie ist eine Form der Selbsttranszendierung. Freilich muß sie — wie der Bau der Hütte — mit Bedacht und ohne Hast geschehen. Dank fehlender technischer Hilfsmittel (außer den einfachsten wie etwa der Hacke) braucht Thoreau viel länger als der normale Farmer, und das ist gut so, denn das verlangsamte Tempo ermöglicht eine Nähe zum Land und den Früchten, die das Ich in einen größeren Zusammenhang einbettet: "As I had little aid from horses or cattle, or hired men or boys, or improved implements of husbandry, I was much slower, and became much more intimate with my beans than usual" (447). Allenthalben erscheinen in "The Bean-Field" Bilder von Verbindung, Nähe, Intimität. Sogar das, was die Mühsal der Landarbeit ausmachen kann — die stete Wiederholung der gleichen Tätigkeiten, Reihe um Reihe, Tag um Tag —, integriert das Ich in Rhythmen und Zusammenhänge, die schließlich alle Trennung aufheben: "It was no longer beans that I hoed, nor I that hoed beans ..." (449).

Damit gewinnt der Ackerbau etwas vom Festlich-Sakralen zurück, das er in der pastoralen Tradition der Dichtung seit der Antike hatte. Mit Stolz und Mitleid denkt Thoreau an jene Mitbürger, die in die Stadt gefahren sind "to attend the oratorios"

(449). Die Arbeit in 'Gottes Manufaktur' kommt einem Festgottesdienst gleich, sie wird, wie in der alten Mythologie und Dichtung, "a sacred art" (454). Die im Landbau als Meditation, heiliger Kunst und Fest anvisierte Aufhebung des Ichs in der Natur verstößt eklatant gegen die Denktradition des Besitzindividualismus. Zu den Begriffen, die Thoreau zu einer ganzen Palette von Spitzen und boshaften Wortspielen provozieren, gehört der des *improvement*. Nach Locke und Harrington wird das Land durch die produktive Nutzung des Bodens, durch Arbeit 'verbessert' und für die Zivilisation gewonnen. In diesem Sinne stehen auch die "improvements", die Judge Temple in James Fenimore Coopers erstem Lederstrumpf-Roman, *The Pioneers* (1823), ins Werk setzt, für Zivilisation schlechthin. Das Wort hat, wie Emerson in einem Brief an Carlyle andeutet, in Neuengland eine besondere Aura: "I occupy or *improve*, as we Yankees say, two acres only of God's earth" (*CEC* 184). Es bezeichnet im einzelnen wie im ganzen das, was der Mensch aus der Natur herausholt bzw. ihr hinzufügt. Gegenüber der rousseauistischen Position, derzufolge die Zivilisation sich gegenüber den tiefsten menschlichen Bedürfnissen zerstörerisch verhält, geht der Fortschrittsglaube, das Herzstück amerikanischer Ideologie, davon aus, daß der Mensch *von Natur aus* ein zivilisatorisches Wesen ist, das nichts so läßt, wie man es vorfindet, sondern sich 'natürlich' in Erfindungen, Arbeit, Fortschritt und Errungenschaften entfaltet.[34]

Thoreau wird nicht müde, über die meisten 'Errungenschaften' Hohn und Spott auszuschütten. Man preist die Erfindung des Telegraphen, weil man nun mit Maine und Texas kommunizieren könne — "but Maine and Texas, it may be, have nothing important to communicate" (364). Der Nutzen der Eisenbahn steht in keinem Verhältnis zu den Kosten; für die Fahrkarte muß man ungefähr so lange arbeiten, wie man für dieselbe Strecke zu Fuß braucht; die sozialen Opfer, die für den Bau gebracht werden müssen, sind unermeßlich; die Eisenbahnfahrt bringt den Reisenden um das Glück des Fußmarsches, und überhaupt: "if we stay at home and

---

[34] Everett Carter, *The American Idea: The Literary Response to American Optimism* (Chapel Hill, NC: University of North Carolina Press, 1977).

mind our own business, who will want railroads?" (396). Kurzerhand erklärt er die meisten Errungenschaften für illusionär: "As with our colleges, so with a hundred 'modern improvements'; there is an illusion about them; there is not always a positive advance" (363).

Im Verlauf des Bohnen-Experiments wird Thoreau die 'Bekanntschaft' mit dem Unkraut genauso wichtig wie die mit den Bohnen. Damit ist das Prinzip des *improvement* schon im Ansatz außer Kraft gesetzt. Auf die gängigen Vorstellungen von Fortschritt und Zivilisation anspielend, nennt er seinen Bohnenacker ein "half-cultivated field" (448); als solches steht es nicht im Gegensatz zur Wildnis, vielmehr vermittelt es zwischen ihr und der Sphäre des Menschen. So gesehen ist es völlig in Ordnung, daß die Unkräuter sich immer wieder Teile des Feldes zurückerobern und die *woodchucks* eine erhebliche Menge Bohnen 'ernten'.

Arbeit und Ernte stehen in einem Zusammenhang, der das Einzelinteresse übersteigt. Die Rabiatheit, die auch Thoreau etwa beim Roden und Jäten an den Tag legt, wird durch ein Bewußtsein von den Naturkräften ausgeglichen, die für das Gedeihen der Pflanzen von weit größerer Bedeutung sind. Gegenüber Regen, Wind und Sonne nimmt sich der Beitrag des Menschen bescheiden aus: "This broad field which I have looked at so long looks not to me as the principal cultivator, but away from me to influences more genial to it, which water and make it green. These beans have results which are not harvested by me. Do they not grow for woodchucks partly?" (454f.). Gleichermaßen verweist auch der eigene Ertrag auf Ernten, mit denen menschliches Schaffen nichts zu tun hat: "who estimates the value of the crop which Nature yields in the still wilder fields unimproved by man?" (448). Wir sollten von der Sonne lernen, die mit ihren Strahlen ohne Unterschied unsere Felder, Prärien und Wälder wärmt.

Eine solche Sicht könnte wahrhaft freie Bauern schaffen. Thoreau beansprucht, unabhängiger als jeder Farmer in Concord gewesen zu sein, zum einen, weil sein Wirtschaften nicht unter dem Zwang zur Produktivität stand, zum anderen, weil er nicht am Boden als Eigentum hing, sondern sein Projekt von vornherein als vorläufig — "transient" (366) — konzipierte. Profit- und Besitzdenken haben die Landwirtschaft von einer 'heiligen Kunst' zur elenden Plackerei verkommen, den Farmer zu einem armseligen 'Sklaven des Bodens' werden lassen, der voller Sorge seiner Arbeit nachgeht und den Markt und die Banken bedient. Besitz*losigkeit* macht frei. In einer Formulierung, die den Lockeschen Eigentumsbegriff und darüber hinaus die ganze agrarische Ideologie auf den Kopf stellt, reklamiert er für sich die zivilisatorische Leistung dessen, der aufs Land 'scheißt': "I enhanced the value of the land by squatting on it" (373). Wenn James Russell Lowell in seiner vernichtenden Kritik Thoreau vorwarf, er sei keineswegs autonom, sondern ein Parasit der Zivilisation gewesen — "He squatted on another man's land; he borrows an axe ..."[35] —, so beschreibt er damit zutreffend Thoreaus juristischen Status, als *squatter* auf Emersons Land, verkennt aber völlig den darin enthaltenen bewußten Verzicht auf Besitz. Die 'Verbesserung', die der *squatter* dem Boden antut, beschränkt sich aufs 'Düngen', ansonsten aber läßt er das Land in Frieden und gewinnt als Lohn den Seelenfrieden dessen, der keinen Besitz zu sichern und zu mehren hat.

In der Vernetzung des Ichs mit der Natur zeichnet sich ein im modernen Sinne ökologisches Bewußtsein ab. Ansätze zu einem solchen Bewußtsein finden sich in der amerikanischen Literatur eine Generation früher in Judge Temples Sorge um die rücksichtslose Ausbeutung der Wälder. Der Vergleich mit dem Zivilisationsgründer in Coopers *The Pioneers* läßt freilich ahnen, *welche* Art von ökologischer Sensibilität sich in Thoreaus Werk artikuliert. Judge Temple verurteilt den Raubbau an Wäldern und Wild, er erläßt Gesetze zum Schutz der Natur mit dem Ziel, die Grundlagen menschlicher Zivilisation langfristig zu sichern. Die Natur ist für ihn eine Ressource, mit der *im Interesse des Menschen* sorgsam umgegangen werden muß. Diese anthropozentrische Orientierung zeigt sich in Temples großer Schilderung seiner ersten Begegnung mit der Wildnis und des Wandels, den das Land seitdem erfahren hat (Kap. 21). Der Zivilisationsgründer sah die Natur als Dornrös-

---

[35] Lowell, "Thoreau" (1865), Nachdr. in *Walden and Resistance to Civil Government*, ed. William Rossi, Norton Critical Edition, 2. Aufl. (New York: Norton, 1992) 340.

chen, das es wachzuküssen galt — als eine Arena menschlicher Selbstentfaltung, in der mit Häusern, Straßen und Gesetzen dauerhafte menschliche Gemeinschaft begründet werden kann —, während sie, solange sie "unimproved and wild" daliegt, nur das unstete, halbbarbarische Leben von Jägern wie Lederstrumpf und Chingachgook ermöglicht.

Die Sicht der Natur als Existenzgrundlage des Menschen spielt auch in der modernen ökologischen Bewegung eine bedeutende Rolle. Einer ihrer bedeutendsten Vertreter, Wendell Berry, signalisiert mit dem Titel seines Hauptwerks, *The Unsettling of America*, eine Position, die auf den ersten Blick eher derjenigen Lederstrumpfs oder Thoreaus als der des Richters entspricht. Berry verurteilt die Kommerzialisierung der Landwirtschaft und plädiert für eine sakramentale, durch quasi-religiöse Achtung gekennzeichnete Einstellung zur Natur. Sein Gegenentwurf orientiert sich jedoch nicht an der Figur des Jägers oder *squatters*, vielmehr greift er bewußt auf das Jeffersonsche Ideal zurück. Thoreau hat Berry zufolge viel für die Schärfung unseres Bewußtseins für die Interdependenz von Mensch und Natur getan, mit seinen Lösungsversuchen hat er sich jedoch ins Abseits manövriert: "It's the connection between nature and culture, the wild and the domestic, that concerns me (agriculture *is* such a connection ...) and I don't think Thoreau can help much with that."[36] Thoreau war in erster Linie "an observer and understander and advocate of nature" — darin liegt sein unschätzbares Verdienst —, für die drängenden Fragen nach dem Fortbestand der Zivilisation hat jedoch Jefferson mehr zu bieten.

Berry spielt gegenüber der Natur die Rolle des Ehemanns (*husbandry* ist ein altes Wort für 'Landwirtschaft'), Thoreau hingegen — wie Emerson in seinem Nachruf formulierte — die eines "bachelor of thought and Nature" (*EW* 10:424). Während Berry eine langfristige, verantwortungsvolle Partnerschaft anvisiert, deren Loyalität durch Vorstellungen von Besitz und dauerhaftem Nutzen

---

[36] Herman Nibbelink, "Thoreau and Wendell Berry: Bachelor and Husband of Nature", in *Wendell Berry*, ed. Paul Merchant (Lewiston, ID: Confluence Press, 1991) 151.

gefestigt wird, sieht Thoreau gerade im Temporären, in der "transitoriness" seiner Art von Agrikultur den Schlüssel zum Erfolg seines Experiments. Nur: *War* es ein Erfolg? Die 'Erfolgsmeldungen' des "Bean-Field"-Kapitels sind von Fragen und Äußerungen des Mißbehagens flankiert, die auf ungelöste Spannungen deuten. Thoreau beklagt, daß er sich einen Sommer lang allzu intensiv der Landwirtschaft gewidmet habe, statt sich auf das 'Säen' von Tugenden zu konzentrieren (453). Wenn er am Beginn des letzten Abschnitts feststellt: "We are wont to forget that the sun looks on our cultivated fields and on the prairies and forests without distinction" (454), tadelt er sich damit offenbar selbst, denn im "Economy"-Kapitel wirft er sich vor, die Bohnen nicht 'im rechten Licht' bearbeitet und damit nach seinen eigenen Kriterien versagt zu haben: "We might try our lives by a thousand simple tests; as, for instance, that the same sun which ripens my beans illumines at once a system of earths like ours. If I had remembered this it would have prevented some mistakes. This was not the light in which I hoed them" (330f.). Die eigentliche, wahrhaft 'herkulische' Arbeit des "Bean-Field"-Kapitels liegt im Erarbeiten einer 'solaren' Sicht: einer Betrachtungsweise, die das Ich vollständig in den Kosmos integriert. Eine solche Sicht ist zugleich hochaktuell und uralt. Sie begründet die biozentrische Variante der modernen ökologischen Bewegung.

In der Perspektive der von Max Oelschlaeger und anderen vertretenen *deep history* markiert der Übergang vom Paläolithikum zum Neolithikum einen tiefgreifenden Wandel im Verhältnis von Mensch und Natur.[37] An die Stelle der Verehrung weiblicher Gottheiten treten patriarchalische Kosmologien, die das kreative Prinzip in den Mann verlegen und die Natur zum Material maskuliner Schöpferkraft degradieren. Die Ideologie des *pastoralism* entfaltet

---

[37] Zum Folgenden siehe Louise H. Westling, *The Green Breast of the New World: Landscape, Gender, and American Fiction* (Athens: University of Georgia Press, 1996), Kap. 1-3. Eine positivere Sicht vertreten Lawrence Buell, *The Environmental Imagination: Thoreau, Nature Writing, and the Formation of American Culture* (Cambridge, MA: Harvard University Press, 1995), und David M. Robinson, "'Unchronicled Nations': Agrarian Purpose and Thoreau's Ecological Knowing", *Nineteenth-Century Literature* 48 (1993) 326-340.

eine ambivalente Einstellung zu 'Mutter Natur'. Die Natur wird als bedrohlich und anziehend, zerstörerisch und verlockend zugleich empfunden. Die Mythen und Kosmologien der neuen Kulturen zielen auf die Kontrolle der Natur zum Zweck der Zivilisation. Die westliche Entwicklung ist bis heute durch die Folgen der 'Neolithischen Revolution' geprägt, Judge Temple hat eine lange Vorgeschichte. Für die amerikanische Entwicklung ist auf die enge Verknüpfung der Pastorale in Literatur und Kunst mit dem Projekt der Westexpansion hingewiesen worden. Die "pastoral vision" setzt eine kontrollierte Landschaft voraus, sie ist Ausdruck einer "imperialist nostalgia", des Triumphs über die Wildnis ebenso wie der Sehnsucht nach jener Unschuld, die im Prozeß der Kolonisation verlorenging.

In diesem Kontext tritt das Erregende von Thoreaus Projekt deutlich hervor. Indem er sein Unternehmen dem Irrtum entgegensetzt, an dem wir alle 'laborieren', geht er gegen eine seit Jahrtausenden dominante Bewußtseinstradition an. Die scheinbar spielerische Verlegung des Seh-Zentrums vom Ich zur Sonne verweist auf die biozentrische Ökologie unserer Tage und deren neuplatonisch-mystische Wurzeln. In der neuplatonischen Tradition wird der ganze Kosmos als *ein* Lebewesen gesehen, zu dem alle Einzelwesen sich wie Teile oder Organe zu einem Körper verhalten. Plotin spricht von Sonne und Sternen als unseren Brüdern, Franz von Assisi preist in seinem Sonnengesang den Bruder Sonne, die Schwester Mond und die Sterne, den Bruder Wind und die Luft, die Schwester und Mutter Erde. Unser Schlagwort von der Versöhnung von Ökonomie und Ökologie hat hier seine Wurzeln, aus solchen Überlegungen bezieht es seine Integrität und die Würde einer Denktradition, die in den Weltreligionen nie ganz verlorengegangen ist. Wenn Thoreau beim Hacken der Bohnen vergißt, *wer* hier arbeitet, und wenn ihm dabei "an instant and immeasurable crop" (449) zufällt, so artikuliert er einen jener großen Momente, in denen der Mensch nach Plotin mit seinem eigenen Mittelpunkt den Mittelpunkt aller Dinge berührt.[38]

---

[38] Manstetten, "Die Einheit und Unvereinbarkeit von Ökonomie und Ökonomie", 49.

Wie aber kann diese 'Ernte' in die Ernte überführt werden, mit der eine Gesellschaft auf Dauer satt wird? Thoreau führt das Unbehagen, das er nach seinem Landwirtschaftsexperiment empfand, auf ein Versagen des moralischen Sinnes zurück: zuviel *industry*, zuwenig *virtue*. Aber die das Kapitel beschließende Vision des "true husbandman", der sorglos wie die Eichhörnchen seinen Geschäften nachgeht und nicht nur, wie es die Bibel fordert, seine ersten, sondern auch noch seine letzten Früchte opfert, signalisiert, daß er sich aus der Ökonomie verabschiedet hat. Gerade mit dem Abschwung ins Poetische spricht er freilich unmittelbar zu einer Zeit wie der unseren; die Verbindung von Ökologie und Ökonomie ist auch heute kaum mehr als ein Traum.

*

Zu den einflußreichsten Theorien des historischen Fortschritts gehörte der von der schottischen Philosophie des 18. Jahrhunderts entwickelte *stadialism*, demzufolge die Zivilisation sich in drei bis vier Phasen entwickelte, von Jagd und Fischfang über Weidewirtschaft und Ackerbau bis zum Handel. Flankiert und verstärkt durch die teleologische Geschichtskonzeption der jüdisch-christlichen Tradition führten die Modelle der bis weit ins 19. Jahrhundert an den Colleges dominanten schottischen Schule zu einer Identifikation der USA mit Fortschritt.[39]

Mit seiner Kritik am Farmer kehrt Thoreau diese Vorstellungen um. Schon der Übergang vom 'Menschen' zum Farmer bedeutet einen Abstieg, und mit der Weiterentwicklung zu Handel und Industrie wird Geschichte vollends zur Katastrophe, gewissermaßen zur Einlösung des mit dem Sündenfall ergangenen Fluchs: "trade curses every thing it handles" (378). Die Kommerzialisierung macht selbst das noch zunichte, was dem Farmer an Würde geblieben sein mag; sie führt zur völligen Entfremdung von der Natur, den Früchten der Arbeit und schließlich vom eigenen Ich. Wie Mehltau legt

---

[39] Angela Miller, *The Empire of the Eye: Landscape Representation and American Cultural Politics, 1825-1875* (Ithaca, NY: Cornell University Press, 1993), Kap. 4; Carter, *The American Idea*.

sich der Mechanismus des Marktes auf das Leben; die Heidelbeere, die in der Stadt verkauft wird, ist keine mehr: "A huckleberry never reaches Boston" (461).

Die Welt des Arbeitens, Kaufens und Verkaufens ist eine gefallene Welt. In "Life without Principle" entwirft Thoreau ein überwältigendes Panorama der Welt des Geschäfts als eines *waste land*. Schon die Titel, die er für die Vortragsfassungen verwendete — "Life Misspent", "What Shall It Profit?" —, suggerieren eine Gleichung von Profit und Verdammnis. Nichts ist bezeichnender für den Verfall der moralischen Substanz als der Goldrausch von Kalifornien. Hier versuchen Menschen zu ernten, ohne vorher zu säen. Kalifornien wiederum ist nur das Kind Neuenglands, es ist das Symptom eines Verfalls, der die USA insgesamt erfaßt hat. Das kalifornische Gold und alles, wofür es steht, wird mit der Seele erkauft. Da nun aber unsere Welt zu einem "place of business" geworden ist, kann die Antwort nur in einer entschiedenen Distanzierung liegen; hier gibt es keine Kompromisse: "You cannot serve two masters" (*RP* 169).

Aristoteles meinte, zum Glück gehöre die Verfügung über ein gewisses Maß an Gütern. Nur wer etwas besitze, könne aktiv Gerechtigkeit üben und damit die Voraussetzung eines glücklichen Lebens schaffen; der Arme könne zwar versuchen, Ungerechtigkeit zu vermeiden, es fehlten ihm aber die Mittel, Gerechtigkeit zu *praktizieren* und folglich glücklich zu sein. Jeffersons Formulierung von der "pursuit of happiness" als einem unveräußerlichen Menschenrecht in der Declaration of Independence geht auf diese alte Denkfigur zurück. Sie bindet das Glück des Bürgers an Besitz. Bereits in der griechischen Philosophie wird jedoch auch darüber nachgedacht, in welchem Verhältnis die Güter zum Ich stehen. Aristoteles ordnet das individuelle Erwerbsstreben dem Wohlergehen der Polis unter. In dem möglicherweise pseudoplatonischen, das ganze Altertum hindurch hoch geschätzten Dialog *Alkibiades I* findet sich bereits eine Problematik zugespitzt, die in unserer Zeit Erich Fromm auf die Formel von *Haben oder Sein* gebracht hat. Darin wird das eigentliche Selbst des Menschen, sein innerstes Wesen, als Seele definiert und von allem geschieden, dessen sie sich bedient. Zu letzterem gehören der Körper ebenso wie die den Körper versorgenden materiellen Güter. Über Epiktet zu Meister Eckhart läßt sich die weitere Entwicklung dieser Denkfigur als drastische Verengung und zugleich Aufwertung dessen beschreiben, was zum Innersten des Ichs gehört. Das Eigentliche des Menschen ist in der Mystik jener Grund der Seele, der mit Gott zusammenfällt. Ihn freizusetzen verlangt in Meister Eckharts Terminologie den Verzicht auf "eigenschaft", auf all das im Körper *und* in der Seele, was nicht für Gott empfänglich ist.[40]

Thoreaus Weg erscheint in dieser Perspektive als Fortführung einer Tendenz, die den Bereich des Habens aus dem des Seins hinausdrängt. Seine Polemik gegen Handel und Besitz, in "Life without Principle" zugespitzt zur Antinomie von Profit und Seelenheil, läuft auf einen Rückzug aus jeglicher Ökonomie und Ökonomik hinaus. Sein Mentor Emerson hingegen bietet das Faszinosum eines Denkens, das zum einen die Verengung des eigentlichen Selbst auf eine als göttlich gedachte Seele nachvollzieht, zum anderen aber die Sphäre der Wirtschaft als Ausdruck eben dieser Seele bejaht.

---

[40] Reto Luzius Fetz, "Dialektik der Subjektivität. Die Bestimmung des Selbst aus der Differenz von Ich und Mein, Sein und Haben: Alkibiades I, Epiktet, Meister Eckhart", in *Geschichte und Vorgeschichte der modernen Subjektivität*, ed. Reto Luzius Fetz und Roland Hagenbüchle (Berlin: de Gruyter, im Druck).

3. Emersons geschäftstüchtige Seele

Für Emerson schließen Seele und Wirtschaft einander nicht nur nicht aus, das eine verweist vielmehr auf das andere. Der von Thoreau verdammte Materialismus enthüllt sich dem Emersonschen Blick als eine Form des Idealismus, umgekehrt lassen sich zentrale Merkmale der Seele mit ökonomischen Begriffen und Metaphern erfassen. Der Geschäftsmann hat eine Seele, die sich auch und gerade in seinem Handeln als Geschäftsmann zeigt. Zugleich ist die Seele überaus 'geschäftstüchtig'. Unter solchem Blickwinkel ergibt sich für Emerson eine wesentlich differenziertere Beurteilung der zeitgenössischen USA, ohne daß er dabei die transzendentalistische, der platonischen und mystischen Tradition nahestehende Einschätzung der Seele als Wesenskern des Menschen aufgeben müßte.

Nichts ist bezeichnender für Emersons Einschätzung der materiellen Zivilisation als seine Reaktion auf die Eisenbahn. In "The Young American", einem 1844 vor der Mercantile Library Association gehaltenen Vortrag, entfaltet er ein großes Panorama der *improvements*, die Amerika in den letzten Jahren erlebt hat. Der Vortrag ist ein Loblied auf das Amerika der Ingenieure, Farmer und Geschäftsleute, die das Land durch ihre Arbeit zu dem ihren gemacht haben: "I look on such improvements ... as directly tending to endear the land to the inhabitant" (216). Zu den wichtigsten Errungenschaften gehört die Entwicklung der Verkehrswege, allen voran der Bau der Eisenbahn. Emerson bezeichnet sie als "a magician's rod, in its power to evoke the sleeping energies of land and water" (213).

Nach der Auflistung der technischen Neuerungen wendet Emerson sich dem Aufschwung des Handels zu. Als Handelsnation erweist sich Amerika in seiner ganzen Modernität. Es waren der Triumph des merkantilen Denkens und des Handels, die den alten feudalistischen Gesellschaften den Garaus machten und eine auf die Freiheit des Einzelnen gegründete Gesellschaftsform vorbereiteten. Wie die schottischen Aufklärungsphilosophen sieht Emerson den Handel als entscheidendes Symptom und Mittel in der Geschichte der Freiheit. In Wendungen, die aus Adam Smiths *The Wealth of Nations* stammen könnten, rechtfertigt er die Egoismen der

Individuen als unbewußte Instrumente des Allgemeinwohls. Der Spekulant, der Getreide hortet, rettet die Bevölkerung vor der nächsten Hungersnot, und er tut dies effektiver als jede Sozialgesetzgebung. Noch die völlig verblendeten Egoisten arbeiten gegen ihre privaten Interessen für das Wohl des Ganzen, und die Regierung täte gut daran, nicht in die Allianz von Privategoismen und der unsichtbaren Macht — "this beneficent tendency" (219) —, die alles zum Guten lenkt, einzugreifen. Amerikas epochale Rolle liegt darin, daß es im Unterschied zu Europa der Entfaltung individuellen Erwerbsstrebens nicht nur keine Fesseln anlegt, sondern sie vielmehr ausdrücklich ermuntert.

1838 berichtet Emerson von einem Nachmittagsspaziergang mit Thoreau nach Walden, auf dem Thoreau sich darüber beklagt habe, daß alles Land von Eigentümern in Beschlag genommen werde und er sich kaum noch frei bewegen könne; Gottes Erde gehöre allen und niemandem, und keiner habe das Recht, ihn auf seinen Wanderungen auf einen schmalen Streifen Straße zu begrenzen. Seiner Tagebuchnotiz zufolge hat Emerson dagegen die Institution des Privatbesitzes verteidigt: "I defended of course the good Institution as a scheme not good but the best that could be hit on for making the woods & waters & fields available to Wit & Worth, & for restraining the bold bad man" (*JMN* 7:144).

Emerson hat an seiner positiven Einschätzung der Welt von Besitz und Geschäft konsequent festgehalten. In *English Traits* führt er in Essays über "Wealth" und "Aristocracy" die großen Vermögen und die Aristokratie auf "somebody's natural superiority" (861) zurück. Während er in früheren Äußerungen — etwa in "Man the Reformer" (1841) — den Akzent auf die stimulierende Wirkung legt, die der *Erwerb* von Eigentum für den Einzelnen mit sich bringe, wohingegen ererbtes Vermögen die Entfaltung von Kreativität und Unternehmungsgeist eher behindere, kann er jetzt sogar den über Jahrhunderte im englischen Adel vererbten Anwesen etwas abgewinnen. Der Erhalt solch riesiger Vermögen erfordert den gleichen Einsatz an Phantasie und Energie wie ihr Erwerb. Der Essay "Wealth" in *The Conduct of Life* enthält ähnliche Thesen zur wohltätigen Macht des Reichtums. Die "Saxons" werden als starke Rasse bewundert, sie sind "the merchants of the world" (991), die mit ihrer unerschöpflichen Energie das Gesicht der Erde verändert haben und — so die implizite These — in Amerika nun ihre volle Kraft entfalten können. Noch der späte Essay "Success" in *Society and Solitude* (1870) hebt mit einem Lobpreis amerikanischer Technologie und Expansion an, das wie ein Echo der entsprechenden Passagen in "The Young American" klingt: "We count our census, we read our growing valuations, we survey our map, which becomes old in a year or two. Our eyes run approvingly along the lengthened lines of railroad and telegraph" (*EW* 7:267).

Im Gilded Age, der Zeit der Industriekapitäne und 'Räuberbarone', machten Bankpräsidenten sich Emerson-Zitate zu eigen und hängten sie eingerahmt in ihr Büro. Man kann verstehen, wie es zu einer solchen, zum Teil bis heute selbst in der seriösen Kritik andauernden Rezeption kam.[41] Dennoch haben die Bankpräsidenten (und einige Kritiker) Emerson gründlich mißverstanden. Denn einem Phänomen etwas abgewinnen heißt bei Emerson noch lange nicht, daß es damit in sich gerechtfertigt wäre. In der oben zitierten Tagebuchstelle verteidigt er den Privatbesitz als das Beste, was *zur Zeit* zu haben ist. Die Glorifizierung von Handel und Geschäft in "The Young American" betont die Rolle der Wirtschaft als einer Arena, die das schöpferische Potential des Einzelnen aufs Äußerste herausfordert. Der Handel ist "a very intellectual force" (220). Der Reichtum hat, wie es in "Wealth" heißt, seine Quelle in "applications of the mind to nature" (989), er weckt Geist und Seele und hält sie 'auf Trab'. Das Eigentum ist eine "intellectual production", der Handel ein "game of skill", das Geld ist "representative" (996f.). Die Verwaltung der englischen Adelsgüter erfordert eine "creative economy" (862). Solche Aussagen summieren sich in der Tat zu einer Legitimation von Besitz, Wohlstand und Handel, aber es ist eine Legitimation im Sinne einer theologischen Rechtfertigungslehre, wonach der, der gerechtfertigt ist, nicht mehr derselbe ist wie vorher.

---

[41] Siehe z.B. Sacvan Bercovitch, *The Rites of Assent: Transformations in the Symbolic Construction of America* (New York: Routledge, 1993), Kap. 9. Vgl. dagegen George Kateb, *Emerson and Self-Reliance* (Thousand Oaks, CA: Sage Publications, 1995).

Immer wieder deckt Emerson die unbewußte Metaphysik des Materialismus auf. Dabei fasziniert ihn gerade das, was Thoreau abstößt: das 'Unsolide', das in allem Wirtschaften herrscht. Der Kapitalist gründet seine Investition auf ein Phantasiegebilde, der Goldgräber und Spekulant in Kalifornien hat keinen Boden unter den Füßen. Doch jenes Bodenlose, das für Thoreau Ausgangspunkt einer großangelegten Denunziation des Geschäftemachens wird, besitzt für Emerson eine doppelte Wahrheit. Zum einen erzeugen die 'substanzlosen' Ideen der Spekulanten und Goldgräber einen Boom, der langfristige und handfeste Folgen hat, auch wenn die unmittelbar Beteiligten oft Schiffbruch erleiden, zum anderen erweist sich gerade im Substanzlosen die intellektuelle und moralische Qualität des Materiellen.

Nirgends wird dies deutlicher als am Geld. In seiner *Philosophie des Geldes* (1900) hat Georg Simmel (unter Hinweis auf den kalifornischen Goldrausch) das Geld als das "absolute Abstraktum" charakterisiert; es ist eine "Fiktion", "das Mittel schlechthin" und als solches "das Symbol des Typus Mensch."[42] In diesem Sinne trägt es für Emerson, wie er in "The Young American" vermerkt, keinen Wert in sich, es empfängt ihn vielmehr durch den, der es ausgibt: "Money is of no value; it cannot spend itself. All depends on the skill of the spender" (224). Entsprechend heißt es später in "Wealth": "Wealth is mental; wealth is moral" (998). Der Kapitalist, so konstatiert Emerson in "The Transcendentalist", baut sein Imperium auf eine unbekannte Größe, "a mass of unknown materials and solidity", die Fundamente seines "mental fabric" (194f.) sind genauso wacklig wie die seines stolzen, aus Stein gebauten Hauses, kurz: Der Materialist ist im Grunde ein Idealist.

Freilich sieht er sich nicht als solchen, und darin liegt letztlich sein Versagen. Er geht seinen Geschäften engherzig und gierig nach, der Handel wird als "system of selfishness" betrieben — "a system of distrust, of concealment, of superior keenness, not of giving but of taking advantage" (137f.). Die Kritiker der Besitz-

---

[42] Simmel, *Philosophie des Geldes*, ed. David P. Frisby und Klaus Christian Köhnke, Gesamtausgabe, Bd. 6 (Frankfurt a.M.: Suhrkamp, 1989) 232, 234, 265.

verhältnisse beklagen zu Recht, daß der Status quo ihnen die Chance nimmt, jene Kräfte zu entfalten, mit denen ihre Vorfahren zu den Vermögen kamen. Die Hymne auf das materialistische Amerika in "The Young American" moduliert in die Prophezeiung, daß das gegenwärtige System, das so viel Gutes gebracht hat, vergehen und einem besseren Platz machen wird. Der Handel hat seine Aufgabe als Träger der Freiheit erfüllt, jetzt ist er tendenziell zu einem Instrument der Entfremdung geworden. Die zahlreichen Reformexperimente signalisieren das Ende des Status quo und den Anbruch einer neuen Zeit: "Trade was one instrument, but Trade is also but for a time, and must give way to somewhat broader and better, whose signs are already dawning in the sky" (221f.).

"Economy is a high, humane office, a sacrament, when its aim is grand" (144), heißt es in "Man the Reformer". Thoreau und andere übersehen das humane und sakramentale Potential der Wirtschaft, aber sie haben insofern recht, als dieses Potential tatsächlich nicht ausgeschöpft wird. Hier nun setzt für Emerson die Aufgabe der Kultur ein. Während Thoreau gleichsam das Kind mit dem Bade ausschüttet und sich aus der Ökonomie und damit (in Emersons Sicht) aus Amerika und der Welt verabschiedet, hat kulturelle Arbeit jenes Humanum freizulegen, das dem Geschäftstreiben zugrunde liegt. In *The Conduct of Life* folgt auf den Essay "Wealth" unmittelbar der Essay "Culture", und die Anordnung ist hier wie generell in Emersons Essay-Zyklen kein Zufall, sie folgt vielmehr einer argumentativen Logik. Die Welt des Besitzes verlangt nach Kultur als ihrem Korrektiv: "culture corrects the theory of success" (1015). Die Kultur führt den Einzelnen über sich hinaus, sie läßt ihn sich selbst in größeren Zusammenhängen sehen und kann somit den im Zeichen des Wirtschaftsliberalismus entfesselten Egoismen entgegenwirken; sie bildet, so Emersons Hoffnung und Programm, ein Gegengift gegen "[t]his goitre of egotism" (1016). Erziehung im weitesten Sinne — Emerson nennt im einzelnen "books, travel, society, solitude" (1019) — muß der Wirtschaft ihre Destruktivität nehmen, indem sie einen kultivierten Amerikaner hervorbringt.

Emersons und Thoreaus Einstellungen zur Sphäre der Wirtschaft sind somit nicht einfach antithetisch zu fassen. Auch Emerson findet vieles am Wirtschaftsgebaren seiner Landsleute unappetitlich.

Selbst in "Wealth" scheint es, als könne er seinen Gegenstand nur mit spitzen Fingern anfassen: "There are few measures of economy which will bear to be named without disgust ..." (1002). Gegenüber Thoreau besteht er jedoch auf dem latenten Idealismus des Kapitalisten und damit auf der Möglichkeit und Notwendigkeit, die Ökonomie gewissermaßen zu erlösen. Auch und gerade im Unternehmer, Spekulanten, Farmer, Händler wirkt die Seele, im Guten wie im Schlechten. Dem Thoreauschen Gestus des Verzichts und Sich-Versagens setzt Emerson ein Erziehungsprogramm entgegen, das die kleinliche, egoistische Ökonomie in jene größere und 'generöse' überführt, die Seele und Welt gleichermaßen durchwaltet: "The interest of petty economy is this symbolization of the great economy; the way in which a house, and a private man's methods, tally with the solar system, and the laws of give and take, throughout nature ..." (1000). Die 'solare' Perspektive, die für Thoreau in "The Bean-Field" sogar noch ein alternatives Landwirtschaftsprojekt trivial und irrelevant erscheinen läßt — in Emersons Betrachtung 'rechtfertigt' sie die Ökonomie. Das wirtschaftliche Handeln des Einzelnen verweist in all seiner Begrenztheit oder gar Widerwärtigkeit auf die Ökonomie der Seele und damit, wie sich zeigen wird, zugleich auf das Ganze des Kosmos: "The counting-room maxims liberally expounded are laws of the Universe. The merchant's economy is a coarse symbol of the soul's economy" (1010).

*

Aus mehreren Gründen lohnt es sich, die Parallelisierung von kaufmännischer und seelischer Ökonomie am Ende von "Wealth" genauer zu betrachten. Zum einen wird erkennbar, daß sich Emersons Vorstellungen an der modernen wirtschaftsliberalen Variante und nicht an der alteuropäischen Ökonomik des 'ganzen Hauses' orientieren. Zum anderen vollzieht die Passage eine Denkbewegung, in der auch für Emerson die Seele über jede Ökonomik hinaustreibt und in einen Gegensatz zur Geschäftswelt tritt, der kaum entschiedener sein könnte als der von Thoreau formulierte:

The merchant's economy is a coarse symbol of the soul's economy. It is, to spend for power, and not for pleasure. It is to invest income; that is to say, to take up particulars into generals; days into integral eras, — literary, emotive, practical, of its life, and still to ascend in its investment. The merchant has but one rule, *absorb and invest*: he is to be capitalist: the scraps and filings must be gathered back into the crucible; the gas and smoke must be burned, and earnings must not go to increase expense, but to capital again. Well, the man must be capitalist. Will he spend his income, or will he invest? His body and every organ is under the same law.... The bread he eats is first strength and animal spirits: it becomes, in higher laboratories, imagery and thought; and in still higher results, courage and endurance. This is the right compound interest; this is capital doubled, quadrupled, centupled; man raised to his highest power. [1010]

Der Kaufmann wie die Seele investieren Einkommen mit dem Ziel der Kapitalvermehrung. Im Prozeß der Gewinnmaximierung verwandeln sich die investierten Güter, gehen in höheren Einheiten auf, das Kapital wirft Zins und Zinseszins ab und vermehrt sich hundertfach. Im Endeffekt steigert sich die Macht des Investors ins Unermeßliche. In Absorption, Expansion, Aufstieg und Verwandlung erweist sich die Seele wie der Kaufmann als Kapitalist; beide sind rastlos tätig, in ihren Händen bleibt nichts so, wie es vorgefunden wird.

Wie weit Emerson die Gleichsetzung der Seele mit dem Kaufmann im Sinne des modernen Kapitalisten — und nicht des Hausvaters alter Prägung — treibt, zeigt die reiche Verwendung ökonomischer Metaphern in den Essays, die vorrangig von der Seele handeln. Stets wird dabei die Fähigkeit der Seele betont, sich Fremdes anzueignen, Heterogenes in Energiequellen zu konvertieren, die der eigenen Stärkung, Expansion und Verwandlung zugute kommen. Täglich erschließt sich die Seele, wie es in "Spiritual Laws" heißt, "new magazines of power and enjoyment" (321); in "The Over-Soul" ist die Rede von den "chambers and magazines of the soul" (385), die noch nicht annähernd entdeckt, geschweige denn erschlossen seien. Dabei erweist sich die Kraft der Seele in der Fähigkeit, ihr feindlich oder indifferent Gegenüberstehendes so zu verwandeln, daß es ihr zur Nahrung werden und ihrer Selbstentfaltung zugute kommen kann. Dieser Gedanke gewinnt um so größeres Gewicht, als Emerson in den späteren

Essays zunehmend jene Hindernisse und Grenzen in den Blick nimmt, die dem Ich entgegenstehen. "Fate" entwirft ein zunächst düster wirkendes Panorama von Schicksalsmächten, die menschliche Entfaltung einzugrenzen scheinen. Der Optimismus von "Self-Reliance" scheint einer großen Ernüchterung gewichen. Doch gerade hier zeigt sich die Kontinuität des Emersonschen Denkens, denn die Seele beweist ihre größte Kraft in der Fähigkeit, auch noch die existentiellen Grenzen als "magazines and arsenals" (960) zu erkennen, Freiheit und Notwendigkeit als ein Kontinuum zu durchschauen, in dem das Ich seine Macht überhaupt erst voll entfalten kann. Nietzsches *amor fati* präfigurierend verwandelt Emersons starkes Ich das Schicksal in eine Ressource, zu "ore and quarry" (960); je fremder und abweisender jenes Gegenüber zunächst erscheint, um so größer ist der Triumph des Subjekts, wenn es sich noch das Härteste im Schmelztiegel des Geistes anverwandelt: "Every solid in the universe is ready to become fluid on the approach of the mind, and the power to flux it is the measure of the mind" (964).

Das starke Ich duldet kein Anderes, ist aber ständig auf Anderes angewiesen, um zu wachsen und sich auszudrücken. Dabei gehen Gewinn und Verlust ineinander über, denn das Beharren der Seele auf ihrem Lebensgesetz schafft nicht nur Neues, es läßt auch alles Geschaffene gleich wieder obsolet werden. Die Seele lebt im Hier und Jetzt; wie der Kaufmann seine Ressourcen 'absorbiert', um neue Projekte zu realisieren, 'verschlingt' sie die Vergangenheit: "This one fact the world hates, that the soul *becomes*; for that for ever degrades the past, turns all riches to poverty ..." ("Self-Reliance", 271). Die ökonomischen Implikationen der 'Degradierung' des Bestehenden werden in "Circles" explizit gemacht. Die kapitalistisch-kaufmännische Sicht erschließt ständig neue Potentiale, zugleich verurteilt sie alles Vorgefundene zum bloßen Durchgangsstadium auf dem Weg zu neuen und höheren Formen der Selbstverwirklichung. Kreativität und Zerstörung gehen Hand in Hand, dem 'kaufmännischen' Blick enthüllt sich der medial-transitorische Charakter der Dinge.

In diesem entscheidenden Punkt konvergiert die Sicht des Kaufmanns mit der des Philosophen. Beide 'durchschauen' die

Dinge, nehmen ihnen ihre Festigkeit und verwandeln sie in Energiepotentiale. Platon trifft sich mit dem cleveren Geschäftsmann, beide sind auf Wachstum aus, beiden erweist sich die Welt als ebenso unerschöpflich wie vergänglich. In einer den Schluß von "Wealth" antizipierenden Passage des Platon-Essays in *Representative Men* definiert Emerson den Intellekt als alles verwandelnde Kraft: "[Plato] represents the privilege of the intellect, the power, namely, of carrying up every fact to successive platforms, and so disclosing, in every fact, a germ of expansion" (655f.). Mit seiner "self-evolving power" wiederum, als "endless generator of new ends", nobilitiert *und* entwertet der Geist die Dinge, er enthüllt "the centrality and the evanescence of things" (658).

Der Begriff der Dinge umfaßt das Nicht-Ich im weitesten Sinne, er schließt Sachen und Personen ein. In welchem Maße die Gewinnstrategien der Seele das Innerste auch der Beziehung von Mensch zu Mensch erfassen, zeigen die vom Tod des Sohnes ausgelösten Meditationen in "Experience". Sie wirken auf den ersten Blick höchst befremdlich; die Kälte der geschäftlichen Kalkulation, die noch den Verlust des Kindes in einen Aktivposten ummünzt, hat mancher Leser nur mit der dem Autor von Zeitgenossen (und von ihm selbst!) bescheinigten Kontaktschwäche und Gefühlskälte erklären können. Doch der Trost, den Emerson schließlich gewinnt, ist hart erarbeitet und besitzt vielleicht eine größere Würde als mancher Gefühlsausbruch.[43]

"Experience" entfaltet zunächst Bilder jener "lords of life", die uns umhüllen und uns auf uns selbst zurückwerfen. Der triumphale Gestus von "Self-Reliance" ist einer zutiefst melancholischen Sicht menschlicher Existenz gewichen. Wir bewegen uns wie in einer Glasglocke, ohne wirklichen Kontakt zu anderen und zur Natur. Bereits der erste Absatz erfaßt den Menschen als Mangelwesen in Bildern und Begriffen wirtschaftlicher Depression: "Did our birth fall in some fit of indigence and frugality in nature, that ... though we have health and reason, yet we have no superfluity of spirit for new creation? We have enough to live and bring the year about, but

---

[43] Zum Folgenden vgl. Richard Poirier, *Poetry and Pragmatism* (Cambridge, MA: Harvard University Press, 1992) 47-75.

not an ounce to impart or to invest" (471). Unserer Unfähigkeit, schöpferisch zu sein und einen Überschuß zu produzieren, entspricht das Unvermögen, von außen wirklich betroffen zu werden; wir können weder geben noch empfangen. Der Tod des Sohnes trifft Emerson wie der Verlust eines "beautiful estate, — no more" (473). Unsere phantomhafte Existenz kann selbst den schwersten persönlichen Schicksalsschlag nur vage registrieren; er zieht an uns vorbei, ohne uns zu berühren: "So it is with this calamity; it does not touch me ..." (473).

Ebenso irritierend, vielleicht sogar zynisch, erscheint Emersons Umwertung dieses Verlusts in ein Plus gegen Ende seiner Reflexionen. Der Umschlag kündigt sich in einem Wortspiel an, das wiederum Ökonomisches andeutet, ihm aber eine neue Wendung gibt: "We thrive by casualties." Die Formulierung wirkt zunächst platt, schon der nächste Satz enthüllt jedoch eine zusätzliche Bedeutungsdimension: "Our chief experiences have been casual" (483). Unsere wesentlichen Erfahrungen sind "casualties" nicht nur im Sinne von Unfällen und Verlusten, sie sind auch 'Zufälle': Wir haben nichts mit ihnen zu tun, sie 'fallen uns zu'. Unsere Indifferenz hat als Kehrseite den Reichtum, den wir nicht erzeugt haben, mit dem wir aber täglich beschenkt werden. Der Verlust des Sohnes läßt mich deshalb kalt, weil er mir nie gehört hat. Bereits die *Journal*-Eintragung einen Tag nach seiner Geburt drückt ein Bewußtsein von der relativen Bedeutungslosigkeit des Vaters als des Erzeugers aus: "... I see nothing in it of mine; I am no conscious party to any feature, any function, any perfection I behold in it. I seem to be merely a brute occasion of its being & nowise attaining to the dignity even of a second cause no more than I taught it to suck the breast" (*JMN* 5:234). Das Kind gehört weder dem Vater noch der Mutter, vielmehr kommt es als Überschuß aus einer Kraft, die ebenso unerschöpflich wie unpersönlich ist. Indem Emerson den Sohn aus dem Bereich des persönlichen Besitzes ausgrenzt, kann er ihn als Geschenk empfangen. Die affirmativen Töne, mit denen "Experience" endet, sind getragen von der Haltung dessen, der die Dinge aus der Sphäre des Eigentums entlassen hat und sie erst so auf rechte Weise, als Geschenk einer Macht empfangen kann, der er selbst seine Existenz verdankt. Damit tritt eine Ökonomie des

Überflusses in den Blick, eine 'Produktion', der das Ich sich in dem Maße überlassen kann, wie es sich vom Druck eigener Produktivität entlastet weiß. Die neue Kosten-Gewinn-Rechnung entspricht der Haltung der "expectation": einer Offenheit für die Fülle des Seins, das uns ständig beschenkt: "All I know is reception; I am and I have: but I do not get, and when I have fancied I had gotten anything, I found I did not" (491).

Die Ökonomie des Menschen ist aufgehoben in einer kosmischen Ökonomie — 'aufgehoben' im dreifachen Hegelschen Sinne des Wortes von 'außer Kraft gesetzt', 'bewahrt' und 'transzendiert'. Die Begrifflichkeit von Gewinn und Verlust, Arbeit und Produktivität gilt nach wie vor, aber sie erscheint in einem neuen Licht. Nirgends wird der Umschlag von der menschlichen in die kosmische Ökonomie deutlicher als in "Compensation", einem Essay, der in der heutigen Emerson-Rezeption im Hintergrund steht, dessen Lektüre für das Verständnis seines Denkens jedoch unerläßlich ist.[44] Schon der Titel faßt das Gesetz der Welt mit einem ökonomischen Begriff, der Essay 'rechtfertigt' die Mentalität des Kaufmanns in einer Ökonomik, die den Einzelnen mit der Welt verbindet und ihn zugleich zu sich selbst zurückführt.

Mit "compensation" ist zunächst das Prinzip der Polarität gemeint, das in Mensch, Gesellschaft und Natur waltet: die Gegensätze von Licht und Dunkel, Hitze und Kälte, Ebbe und Flut etc. Jedes Ding hat ein Entgegengesetztes, auf das es angewiesen ist und mit dem es reagiert. Die Mechanismen von Polarität, Dualismus und Reaktion herrschen nicht nur in der Natur, sondern auch in der menschlichen Sphäre. Jede Begabung wird durch einen Mangel ausgeglichen, jeder Gewinn muß mit Verlust bezahlt werden, wobei das *give and take* neben der quantitativen eine moralische Seite hat: "for every thing you gain, you lose something.... If the gatherer gathers too much, nature takes out of the man what she puts into his chest; swells the estate, but kills the owner" (287f.). Die Hinweise auf die Sphäre des Wirtschaftens kommen nicht von ungefähr, denn

---

[44] Selbst Jonathan Bishop, *Emerson on the Soul* (Cambridge, MA: Harvard University Press, 1964), tut sich in seinem ansonsten einsichtsreichen Buch mit dem Begriff der *compensation* schwer (S. 72-77).

das Gesetz der Kompensation ist ein ökonomisches. Wie in der Ökonomik des Aristoteles geht es um die gerechte Verwaltung der Güter, um "equity" und "justice": "Things refuse to be mismanaged long.... Justice ist not postponed. A perfect equity adjusts its balance in all parts of life" (288f.). Die Feststellung, daß das Gesetz der Kompensation *sofort* greift, richtet sich unter anderem gegen konventionell-christliche Auffassungen vom Jüngsten Gericht; jede Tat wird *auf der Stelle* belohnt oder bestraft, und nicht erst nach dem Tod. Aktion und Reaktion, Schuld und Sühne, gehören wie Ebbe und Flut als Teile ein und desselben Phänomens zusammen. Der Verbrecher schädigt sich selbst *im Moment* der Tat, Arbeit trägt ihren Lohn *in sich*, Faulheit wird *umgehend* bestraft, der Preis, den jedes Ding hat, ist *sofort* fällig, und zwar nicht aufgrund des Eingreifens einer metaphysischen Instanz, sondern dank einer innerweltlichen Gesetzmäßigkeit. Die Welt selbst ist durch und durch moralisch.

Das Gesetz der Kompensation hat die Unerbittlichkeit eines Naturgesetzes, es fällt mit dem Kausalitätsgesetz zusammen. Mühelos pendelt Emerson zwischen menschlich-sozialer Sphäre und dem Bereich der Natur hin und her. Die Aussagen über Ursache und Wirkung — "Cause and effect, means and ends, seed and fruit, cannot be severed" (290) — haben den gleichen Status wie die über Arbeit und Lohn, Schuld und Strafe. Die Verschränkung der naturgesetzlichen und ethischen Dimensionen ist keine gedankliche Spielerei, sie wird von Emerson bewußt und dezidiert vorgenommen, teils argumentativ-begrifflich, wenn er die 'strenge Ethik' — "the stern ethics" (296) — der menschlichen Beziehungen zum Naturgesetz erklärt, teils bildhaft-mythologisch, wenn er auf die griechische Nemesis-Vorstellung verweist. Die Sonne wird auf Kurs gehalten durch die Furien, und die Diener der Gerechtigkeit würden unerbittlich zuschlagen, wenn sie ihre Bahn verließe: "The Furies ... are attendants on justice, and if the sun in heaven should transgress his path, they would punish him" (292).

Emersons Kompensations-Prinzip erinnert an die altgriechische Vorstellung von der Welt als von einem Willen durchwaltet. Das Urprinzip, auf das die ionischen Naturphilosophen die Vielfalt der Erscheinungen zurückzuführen suchten, wurde analog zu einem

Monarchen gefaßt, der die Welt regiert und für Gerechtigkeit sorgt. Die scheinbar wertneutrale Feststellung, daß gleiche Ursachen gleiche Wirkungen haben, hat durchaus normativen Charakter, die Vorstellung von Kausalität erwächst aus dem Vergeltungsprinzip und hat ihren Ursprung in dem Gedanken, daß zwischen Strafe und Schuld, Lohn und Verdienst 'Gleichheit' besteht.[45] Das Mythologem der von den Rachegöttinnen überwachten Sonne findet sich im berühmten Fragment des Heraklit: "Die Sonne wird ihre Maße nicht überschreiten, wenn aber doch, dann werden Erinnyen, der Dike Helferinnen, sie zu fassen wissen." Die Notwendigkeit trägt moralische Züge, sie ergibt sich aus einem die Welt durchdringenden, Gerechtigkeit erzwingenden göttlichen Willen. Bei Empedokles fallen Ananke (Notwendigkeit) und Dike (Gerechtigkeit) zusammen. Die Vorstellung, daß das den Weltprozeß regierende Gesetz der Wille Gottes und folglich eine Norm sei, begleitet die philosophische Reflexion über die Naturgesetze bis in die Neuzeit; sie findet sich bei Galilei, Gassendi, Descartes, bei Spinoza, Malebranche und Locke, die alle die Gesetzmäßigkeit im Verhalten der Dinge als die Vollstreckung eines göttlichen Befehls deuten. Sie liegt Goethes berühmter Bemerkung zugrunde, Ursache und Wirkung seien "ein unteilbares Phänomen", und sie verfolgt noch die Debatten über das Kausalitätsprinzip im 20. Jahrhundert, wenn etwa von Otto Reik argumentiert wird, Kausalitäts- und Willensprinzip seien identisch.

Emerson faßt das Urprinzip der Welt in einer Reihe von Begriffen, der wichtigste aber ist der der Seele. Wie Thales am Beginn der griechischen Naturphilosophie versteht er die Seele als ein Bewegendes, Schaffendes. Auf einem anderen Weg als Thoreau schließt auch Emerson das Zentrum des Ichs mit dem Zentrum der Welt zusammen. Beide, die Seele der Welt wie die des Individuums, besitzen eine auf Tätigkeit zielende Kraft; *psyche* und *arete*, *anima* und *virtus*, *soul* und *virtue* fallen in eins. Dabei bewahrt *virtue* sowohl die engere, neuere Bedeutung von Tugend im Sinne von richtigem Verhalten nach sittlichen Normen wie auch die ältere

---

[45] Zum Folgenden siehe Hans Kelsen, "Die Entstehung des Kausalgesetzes aus dem Vergeltungsprinzip", *Erkenntnis: The Journal of Unified Science* 8 (1939/40) 69-130. Die Zitate finden sich auf S. 81 (Heraklit) und 107 (Goethe).

Vorstellung von Tatkraft. *Virtus* geht zurück auf *vir*, das Wort bezeichnet ursprünglich die dem Mann eigene Kraft. Das Innerste der Welt wie des Individuums ist eine rastlos tätige, unerschöpfliche und ihrem Wesen nach moralische Kraft. Ihr Wirken zeigt sich im steten Wechsel von Werden und Vergehen, in der Fülle des Seins ebenso wie in der Flüchtigkeit der Dinge. Sie drückt sich in jedem Geschöpf, jeder Handlung aus, sie ist auf Dinge und Handlung angewiesen, fällt jedoch mit keinem einzigen Konkretum zusammen, vielmehr strebt sie ständig über alles Gewordene zu neuen, höheren Formen.

Im Haushalten der Seele waltet somit ein Spannungsverhältnis zwischen dem bewegenden und schaffenden Prinzip einerseits, den von ihm hervorgebrachten Formen andererseits: Die Güter, die sie sammelt, die Werke, die sie schafft, bilden nur Durchgangsstadien, sie werden gleich wieder 'ausgegeben', 'absorbiert' und 'investiert'. Die Seele fällt im Innersten mit keinem ihrer Werke zusammen, sie bleibt vielmehr mit sich identisch. Der Kern der Seele ist deshalb dem Gesetz der Kompensation enthoben: "The soul is not a compensation, but a life. The soul *is*" (299). Unter völlig anderen Voraussetzungen als Thoreau, aber nicht weniger scharf grenzt Emerson die Bereiche von Sein und Haben voneinander ab. Die von der Seele generierten Werke und Güter beziehen ihre Würde und Kraft aus ihrem Status als vorübergehender Objektivationen eines Willens, der seinerseits weder als Werk noch als Gut zu begreifen ist, sondern als Sein. Das Sein aber kennt keine Kosten-Nutzen-Bilanz, kein *give and take*; selbsttätig folgt es nur seinem eigenen Gesetz: "Being is the vast affirmative, excluding negation, self-balanced, and swallowing up all relations, parts, and times within itself" (299).

Als Prinzip einer rastlosen Tätigkeit, die alles Bestehende in einem Prozeß steter Expansion aufgreift und wieder abstößt, erweist sich die Seele als Kapitalist. Nichts bleibt so, wie es vorgefunden wird, alles wird reinvestiert, aus allem wird Kapital geschlagen. Die Voraussetzung für den Erfolg der Seele aber ist ihre relative Indifferenz gegenüber allem, was sie schafft und wirkt. Alles wird ihr zum bloßen Stoff, zur Quelle, aus der Profit geschlagen werden kann.

An diesem Punkt setzt Emerson zu einer Analyse des zeitgenössischen Wirtschaftsgebarens an, die um so vernichtender ist, als sie den Status quo ernst nimmt. Die dunklen Töne von "Wealth" — die Andeutungen von "disgust" in der Behandlung des Themas — beruhen auf der Enttäuschung über die Diskrepanz zwischen dem 'idealen' und dem 'tatsächlichen' Kapitalisten. Nicht, daß er kommerziell und kapitalistisch orientiert ist, weckt Emersons Unbehagen und Ekel, das Problem liegt vielmehr darin, daß der Kapitalist sein eigenes Gesetz vergißt und sich ständig mit den Gütern identifiziert. Der Kaufmann ist ein schlechter Kaufmann, er wirtschaftet miserabel. Statt auf seine Kreativität verläßt er sich auf das Erworbene, sieht es als Wert statt als Instrument. Im Anhäufen von Reichtum erstickt der Materialist eben die Seele, die diesen Reichtum schuf. Das Innerste der Seele bleibt lebendig, indem es sich seine Armut bewahrt, dem Gesetz des Seins und nicht des Habens treu bleibt. Die zeitgenössische Ökonomie aber kann solange nicht zum Sakrament werden, wie sie kein großes Ziel hat, sondern egoistisch und kleinkariert betrieben wird, zur Befriedigung eigensüchtiger Interessen und zum eigenen Vorteil und nicht dem des Ganzen. Damit bringt sich die Seele um jene 'Expansion', die als Verheißung am Grunde auch des "business" liegt und den Einzelnen mit der *anima mundi* zusammenschließen könnte.

Der selbstzerstörerische Zug solchen Wirtschaftens zeigt sich drastisch an jener das 19. Jahrhundert überschattenden historischen Figur, die wie keine andere das zur Macht gelangte Bürgertum verkörpert: Napoleon. Der Napoleon von *Representative Men* ist 'repräsentativ' insofern, als er "the class of business men in America, in England, in France, and throughout Europe" (727) vertritt. Das Ziel dieser Klasse ist materieller Erfolg: "To be the rich man, is the end" (728). Emerson zeichnet zunächst mit einiger Bewunderung die Karriere Napoleons nach, seine unerschöpfliche Energie und Effizienz, seine überragende Intelligenz, seinen praktischen Sinn, und setzt dann zu einer massiven Kritik an. Nun gehört es zum argumentativen Muster der Essays in *Representative Men*, daß auf die Darstellung der heroischen Züge die Aufreihung von Schwächen und Defiziten folgt; selbst Platon und Shakespeare haben das Ideal des ganzen Menschen nur teilweise erfüllt. In keinem der anderen Porträts geht Emerson jedoch zu einer derart aggressiven Demontage über wie in seinem Napoleon-Essay. Dabei ist er nicht im landläufigen Sinne moralisch entrüstet, gewichtiger als die charakterlichen Schwächen erscheint der Verrat, den Napoleon an sich selbst und der Menschheit übt, indem er sich und sie um jenes Glückspotential bringt, das auch und gerade im Treiben der Bourgeoisie steckt. Durch seinen Egoismus hat er Menschheitshoffnungen zerstört; er illustriert die Verengung der Seele, die eine ganze Zivilisation bestimmt und ihren Untergang heraufbeschwört. Das ist die 'Moral' seiner Geschichte: "Every experiment, by multitudes or by individuals, that has a sensual and selfish aim, will fail.... As long as our civilization is essentially one of property, of fences, of exclusiveness, it will be mocked by delusions. Our riches will leave us sick; there will be bitterness in our laughter; and our wine will burn our mouth. Only that good profits, which we can taste with all doors open, and which serves all men" (745).

Sein und Haben, Seele und Güter treten bei Emerson in eine Opposition, die nicht weniger radikal erscheint als bei Thoreau, aber doch durchgängig anders motiviert ist und andere Strategien hervortreibt. Seine Kritik an der Welt der Geschäfte läßt sich zusammenfassen in dem Gedanken, daß der Geschäftsmann nicht geschäftstüchtig genug ist, sich vielmehr ständig um die Chance wahren Profits bringt, indem er seine Ziele egoistisch verengt und zu niedrig ansetzt. Nicht der Geschäftsmann an sich, der *schlechte* Geschäftsmann ist das Problem; nicht "property", sondern das *Beharren* auf dem Eigentum bringt das Ich um seine Entfaltung.

In seinem Nachruf auf Thoreau beklagt Emerson, der Freund habe es versäumt, seine überragenden Fähigkeiten Amerika zugute kommen zu lassen, und sich statt dessen als "captain" von "huckleberry-parties" betätigt (*EW* 10:448). Dem Ausweichen Thoreaus in die Natur setzt er ein Programm entgegen, das jenes befreiende Potential aktiviert, das letztlich am Grunde des Kaufens und Verkaufens, von Handel und Industrie, am Grunde der modernen Zivilisation und Amerikas liegt. Der wahrhaft geschäftstüchtige Kaufmann wird großzügigere Vorstellungen von Nutzen und Profit entwickeln und die "petty economy" egoistischen Gewinnstrebens in die "great economy" der Seele und der Welt überführen. Denn das kleinkarierte Treiben ist eine entfremdete Form der Ökonomie der Seele. Darin liegen Tragik und Chance zugleich — Tragik insoweit, als die Verdinglichung des Expansionsdrangs einem perversen Mechanismus entspringt, der menschliches Bemühen selbstzerstörerisch macht, aber auch eine Chance, wenn es gelingt, die Welt der Geschäfte als *unsere* Welt zu erkennen, die wir als von uns produzierte auch ändern können.

Das ist die große Aufgabe von Erziehung und Kultur. Beide sind dem Materialismus nicht entgegengesetzt, sie entfalten vielmehr die in ihm schlummernde Verheißung. In *The Conduct of Life* geht folgerichtig der Schluß von "Wealth" bruchlos in den Anfang von "Culture" über. "Wealth" endet mit einer Vision wahrhafter Geschäftstüchtigkeit, und die ersten Absätze von "Culture" skizzieren die Umrisse eines Erziehungsprojekts, dessen Abscheu gegenüber dem "goitre of egotism" nicht zu einer Absage an den Individualismus führt, sondern — gleichsam Locke radikalisierend — ein wahrhaft wohlverstandenes Eigeninteresse fordert, das die selbstverstümmelnden Faktoren und die der Entfaltung im Wege stehenden Hindernisse wegräumt und die Seele endlich ihre ganze Macht ausspielen läßt: "This individuality is not only not inconsistent with culture, but is the basis of it.... He only is a well-made man who has a good determination. And the end of culture is not to destroy this, God forbid! but to train away all impediment and mixture, and leave nothing but pure power" (1016f.). Nicht auf die Projektion eines Wunschraums jenseits der Gesellschaft kommt es an, wichtiger wäre es, den Kaufmann dazu zu bringen, seine Türen zu öffnen. Dann würde ihm das zuteil, was Emily Dickinson später 'üppige Armut' — "sumptuous Destitution" — nennt.[46] Damit könnte er das Geschäft seines Lebens machen.

---

[46] Dickinson, "In many and reportless places". Vgl. Richard Wilbur, "Sumptuous Destitution", in *Emily Dickinson*, ed. Richard B. Sewall, Twentieth Century Views (Englewood Cliffs, NJ: Prentice-Hall, 1963) 127-136; Roland Hagenbüchle, "'Sumptuous — Despair': The Function of Desire in Emily Dickinson's Poetry", *Amerikastudien* 41 (1996) 603-621.

4. Das Haus im Zwiespalt

Die Ambivalenz, mit der Emerson dem Geschäftstreiben seiner Landsleute gegenüberstand, wurde nachhaltig verschärft durch die großen nationalen Ereignisse der vierziger und fünfziger Jahre. 1845 annektierten die USA die Republik Texas, 1846-48 eroberten amerikanische Truppen Mexiko, im Frieden von Guadalupe Hidalgo verzichtete Mexiko auf Texas (nördlich des Rio Grande), New Mexico und Alta California — ein riesiges Gebiet, aus dem die Staaten Kalifornien, Arizona, New Mexico, Nevada, Utah sowie Teile von Colorado und Wyoming hervorgingen. Damit war die Westexpansion der USA im wesentlichen abgeschlossen. 1850 kam es in der Sklavereifrage zu einem Kompromiß, der einen sich abzeichnenden Bruch zwischen Nord- und Südstaaten verhindern sollte und unter anderem vorsah, daß Kalifornien als sklavenfreier Staat in die Union aufgenommen und es den übrigen Territorien überlassen wurde, ob sie sich für oder gegen die Sklaverei entscheiden würden. Zu den wichtigsten Bestimmungen gehörte der Fugitive Slave Act.

In den Nordstaaten und insbesondere Massachusetts hatten Gegner der Sklaverei ein ausgeklügeltes und effizientes Transportnetz entwickelt — die Underground Railroad —, mit dessen Hilfe flüchtige Sklaven aus dem Süden vor den Behörden versteckt und über die kanadische Grenze geschmuggelt wurden, wo sie dem Zugriff der amerikanischen Justiz entzogen waren. Aufgrund des Fugitive Slave Act wurden Sklaven nun auch im Norden konsequent verfolgt. Die Sklavereigegner, die Abolitionisten, reagierten mit einem Aufschrei der Entrüstung und intensivierten ihre Agitation gegen die Sklavenhalter des Südens und die mit ihnen kollaborierenden Industriellen und Kaufleute im Norden. Anstatt die Lage zu beruhigen, verschärfte der Kompromiß die Spannungen. Im Juni 1858, knapp drei Jahre vor dem Ausbruch des Bürgerkriegs, faßte Abraham Lincoln zum Abschluß der Republican State Convention von Illinois die nationale Lage im Bild des Hauses, das mit sich selbst uneins ist und nicht bestehen kann. Matthäus 12.25 bzw. Markus 3.25 paraphrasierend sagte er einen Entscheidungskampf voraus: "'A house divided against itself cannot stand.' I believe this government cannot endure, permanently half *slave* and half *free*. I do not expect the Union to be *dissolved* — I do not expect the house to *fall* — but I *do* expect it will cease to be divided" (*NA* 1573).

Unterdessen zeichnete sich ein weiterer, wenn auch weniger spektakulärer Riß im Haus der Nation ab. Zu den führenden Abolitionisten gehörten seit den dreißiger Jahren Frauen, und einige dieser Frauen stellten rasch eine Verbindung zwischen der Rechtlosigkeit der Sklaven und der Situation der Frau her. Dabei erhielten sie kräftigen, unbeabsichtigten Nachhilfeunterricht von ihren männlichen Mitstreitern. 1840 nahm Elizabeth Cady Stanton mit Lucretia Mott und weiteren Delegierten aus den USA an der World Anti-Slavery Convention in London teil. Bereits am ersten Sitzungstag beschloß die Versammlung, keine weiblichen Delegierten mit Rederecht zuzulassen. Verärgert über diese Maßnahme faßten Stanton und Mott den Entschluß, so bald wie möglich einen Kongreß zu organisieren, der sich ausschließlich mit der Situation der Frau befassen würde. So fand im Juli 1848 in Seneca Falls (New York) der erste Kongreß über Frauenrechte statt. Dabei wurde eine Declaration of Sentiments verabschiedet, die als Kontrafaktur der Declaration of Independence formuliert war und den Gleichheitsgrundsatz für jene Hälfte der Menschheit einforderte, der die unveräußerlichen Menschenrechte vorenthalten wurden. Die Frauen waren, so die Jeffersons Text parodierende Eröffnungswendung, aus der "family of man" ausgeschlossen, man hatte sie entmündigt, entrechtet und auf eine eng umschriebene "sphere of action" festgelegt, in der sie sich nicht entfalten konnten.[47]

Stantons Erfahrung auf dem Londoner Kongreß war symptomatisch für die Verlegenheit, in die das Engagement der Abolitionist*innen* die Sklavereigegner brachte. Niemand hatte etwas dagegen, daß Frauen den männlichen Agitatoren im Stillen zuarbeiteten, wenn sie jedoch selbst in der Öffentlichkeit das Wort ergriffen, überschritten sie die Grenze der häuslichen Sphäre, die ihnen eine patriarchalisch geprägte Kultur zugewiesen hatte.

---

[47] *The Feminist Papers: From Adams to de Beauvoir*, ed. Alice S. Rossi (New York: Bantam Books, 1974) 415, 417.

Konservative Abolitionisten zögerten nicht, Frauen auf Versammlungen das Wort zu verbieten. In diesen Auseinandersetzungen schärfte sich das Bewußtsein von Stanton und anderen Abolitionistinnen für die Parallelen zwischen der Lage von Frauen und Sklaven. Angelina Grimké, mit ihrer Schwester Sarah eine der bekanntesten Abolitionistinnen der 1830er Jahre, spricht für viele von ihnen, wenn sie in einem Brief an Catherine Beecher feststellt: "The investigation of the rights of the slave has led me to a better understanding of my own."[48]

Die Transzendentalisten reagierten auf die Spannungen im 'Haus der Nation' verschieden, aber durchweg wach und intensiv. Emerson stellt noch 1843/44 in Tagebuchnotizen, die auf den Vortrag "The Young American" hinführen, die emanzipatorische Rolle von Handel und Geschäft heraus und verknüpft sie mit der Mission Amerikas, aber wenige Jahre später muß er einsehen, daß es nicht zuletzt die wirtschaftlichen Interessen der Nordstaaten sind — deren Industrie profitierte von den billigen Rohstoffen der Südstaatenplantagen —, die das Sklavensystem stabilisieren. Tugend und Recht werden, wie er 1847 in der "Ode, Inscribed to W.H. Channing" festhält, der unheiligen Allianz von Kapitalisten in Nord und Süd geopfert.

Aus Protest gegen den Mexican War, in dem er ein Unternehmen zur Ausdehnung des Sklavenhaltergebiets sieht, verweigert Thoreau, einer der Aktivisten der Underground Railroad in Concord, dem Staat Massachusetts die Kopfsteuer und läßt sich ins Gefängnis sperren. Den Kansas-Nebraska Act von 1854, mit dem die Position der Sklavenhalter weiter gestärkt wurde, nimmt er zum Anlaß für eine zornige Rede über "Slavery in Massachusetts"; während man sich über die Sklaverei im Süden und Westen aufrege, stehe in Wahrheit das eigene Haus — Massachusetts mit seiner Unterstützung der Südstaatler — in Flammen. Im Oktober 1859, weniger als zwei Jahre vor dem Ausbruch des Bürgerkriegs, begrüßt er den Überfall auf das Waffenarsenal von Harpers Ferry

---

[48] *Feminist Papers*, 320. — Vgl. Jean Fagan Yellin, *Women and Sisters: The Antislavery Feminists in American Culture* (New Haven, CT: Yale University Press, 1989).

(Virginia), mit dem John Brown das Signal für einen allgemeinen Sklavenaufstand geben wollte.

Unterdessen hat Margaret Fuller "The Great Lawsuit" (1843) veröffentlicht, ein Plädoyer für die Frauenemanzipation, das sie im Jahr darauf zu *Woman in the Nineteenth Century* ausbaut. Es ist kein Zufall, vermerkt Fuller, daß gerade im Abolitionismus ein Bewußtsein für die im Namen von "woman's sphere" praktizierte Unterdrückung der Frau entwickelt wurde, schließlich habe man es mit einer ähnlichen Sklaverei zu tun. Niemand dürfe sich wundern, wenn Frauen, daran gehindert, am gemeinsamen Haus mitzubauen, zu aggressiven Methoden griffen: "Men and women have been obliged to build up their house anew from the very foundation. If they found stone ready in the quarry, they took it peaceably, otherwise they alarmed the country by pulling down old towers to get materials" (*MFW* 49).

Wenn Emerson, Thoreau und Fuller sich, wie die zitierten Äußerungen belegen, temperamentvoll in die nationalen Diskussionen einschalteten, so lagen ihre Stellungnahmen doch selten auf einer Linie mit den großen Reform- und Protestbewegungen. Auf Zeitgenossen wie auf spätere Beobachter haben ihre Beiträge zuweilen eher wie eine *Absage* an soziales und politisches Engagement gewirkt. Überdies kann von einer einheitlichen Position keine Rede sein, es kam im Gegenteil zu erheblichen Spannungen. Emerson fand Thoreaus Gefängnisnacht geschmacklos, umgekehrt hatte Emerson sich aus Thoreaus Sicht allem rhetorischen Gedonner zum Trotz letztlich mit dem Status quo arrangiert. Fullers Feminismus fand Emerson faszinierend und unheimlich zugleich, während Fuller ihrem Mentor mangelnden Kontakt mit dem Hier und Jetzt vorwarf. Die Frage, wo die Trennwände im geteilten Haus verliefen, war für die Transzendentalisten ebenso schwer zu beantworten wie die nach ihrer Überwindung. Eines aber sollte im folgenden klar werden: Sie machten es sich nicht leicht, sondern stellten sich den Problemen mit der ihnen eigenen Verve und Intelligenz.

a) Emersons 'andere Sklaven' und Thoreaus Nacht im Gefängnis

Nachdem Emerson bereits 1844 für die Women's Anti-slavery Association in Concord eine später von Thoreau als Pamphlet veröffentlichte Rede über die Sklavenemanzipation auf den Westindischen Inseln gehalten hatte, veranlaßten ihn die Ereignisse im Gefolge des Fugitive Slave Act zu dramatischen Appellen an das Gewissen seiner Landsleute.[49] Im Mai 1851 hielt er auf Bitten einer Bürgerinitiative eine flammende Rede, in der er den Fugitive Slave Act, Daniel Webster und die Handhabung des Gesetzes durch die Behörden verdammt. Am meisten schockierte ihn die Kollaboration der wohlhabenden, christlichen und gebildeten Schicht Bostons, die eigentlich der Barbarei Widerstand hätte entgegensetzen müssen. Aber gerade diese Kreise waren es, die sich unter Websters Führung zu Handlangern der "filthy law" machten und damit Schande über sich und die Zivilisation brachten.

Die große Resonanz auf seine Rede bewog Emerson zu weiteren Auftritten, die Zustimmung und heftige Attacken gleichermaßen auf sich zogen. Allerdings wurde keine seiner politischen Reden von Emerson selbst zum Druck gegeben; soweit sie erhalten sind, ist man auf Textauszüge in der Presse angewiesen bzw. auf Manuskripte, die posthum veröffentlicht wurden. Darin drückt sich die Ambivalenz dessen aus, der zwar unter starkem politischen und moralischen Druck an die Öffentlichkeit geht, dabei aber seine eigentliche Wirkungssphäre verläßt. In der intensivsten Phase politischer Agitation trägt er in sein Tagebuch ein:

> I waked at night, & bemoaned myself, because I had not thrown myself into this deplorable question of Slavery, which seems to want nothing so much as a few assured voices. But then, in hours of sanity, I recover myself, & say, God must govern his own world, & knows his way out of this pit, without my

---

[49] Zum Folgenden siehe Len Gougeon, *Virtue's Hero: Emerson, Antislavery, and Reform* (Athens: University of Georgia Press, 1990), Kap. 5; Maurice Gonnaud, *An Uneasy Solitude: Individual and Society in the Work of Ralph Waldo Emerson*, Übers. Lawrence Rosenwald (Princeton, NJ: Princeton University Press, 1987), Kap. 12.

desertion of my post which has none to guard it but me. I have quite other slaves to free than those negroes, to wit, imprisoned spirits, imprisoned thoughts, far back in the brain of man, — far retired in the heaven of invention, &, which, important to the republic of Man, have no watchman, or lover, or defender, but I. — [*JMN* 13:80]

Zu Emersons Katerstimmung dürften die Anfeindungen, denen er in der Presse ausgesetzt war, erheblich beigetragen haben, darüber hinaus aber lag ihm die Rolle des ins politische Tagesgeschäft verstrickten Redners grundsätzlich nicht. Wenn er die Schuldgefühle abgeschüttelt hat und bei Besinnung ist — "in hours of sanity" —, weiß er, daß seine Lebensaufgabe woanders liegt. Die abolitionistische Agitation mutet ihn wie Fahnenflucht an, er empfindet sich als Deserteur, der die 'anderen Sklaven', die "imprisoned thoughts", deren Befreiung seine eigentliche Aufgabe wäre, im Stich gelassen hat.

Was hier mit schlechtem Gewissen formuliert wird, ist eine Haltung, die Emerson während seiner gesamten Karriere offensiv vertreten hat und die keineswegs auf sein Temperament reduziert werden kann: Der Intellektuelle hält sich nicht deshalb aus politischen Konflikten heraus, weil Politik ein 'schmutziges Geschäft' ist, sondern weil er über etwas zu wachen hat, das vor aller politischen Aktion liegt und diese erst ermöglicht. Jede soziale und politische Reform oder Revolution — Emerson verwendet "reform" und "revolution" oft synonym — ist Ausfluß eines Gedankens. Was nun bei der Umsetzung in die Praxis regelmäßig geschieht, ist die Verdinglichung des Gedankens in Rezepten, Programmen und Institutionen, die ein Eigenleben führen und auf den humanen Impuls, der ihnen zugrunde lag, zurückschlagen. Der Beitrag des Intellektuellen zur politischen Kultur liegt darin, den Reform*impuls* wachzuhalten und zu regenerieren. Soweit er sich in ein bestimmtes Projekt einspannen läßt — und sei es eine Bewegung von der Größe und dem prinzipiellen Charakter der Sklavenemanzipation —, verliert er sich an eine verdinglichte Gestalt, in Emersons Terminologie: an eine 'Form'.

In den dreißiger und vierziger Jahren wimmelte es von Reformern und Revolutionären. Emerson selbst gibt in seiner 1844 gehaltenen Rede über "New England Reformers" einen Überblick über die brodelnde Szene der vorausgehenden zwanzig Jahre — die religiösen Abspaltungen, die Fülle der "projects for the salvation of the world" (591), die Diätapostel, Gegner von gesäuertem Brot, militante Anwälte der Tierwelt, Homöopathen, Hydropathen, Mesmeristen und Phrenologen bis hin zu den Gegnern der Ehe und anderer Säulen der Gesellschaft. Da ist kaum ein Gebildeter, so schreibt er 1840 an Carlyle, der nicht mit "a draft of a new Community" (*CEC* 283) in der Westentasche herumläuft.

Emerson hat diese Experimente und Kampagnen zugleich wohlwollend und distanziert verfolgt. Diejenigen, die das Privateigentum abschaffen wollen, haben ihr Recht im Protest gegen die Feigheit derer, die sich auf ihren Gütern ausruhen und nach dem Staat zu deren Schutz rufen. Gegenüber dem "conservative", der sein "system of property and law" ("The Conservative", 177) mit Zähnen und Klauen verteidigt, vertritt der "reformer" einen legitimen Lebensimpuls, und von einer Regierung, die sich im wesentlichen damit begnügt, den Status quo des Besitzbürgertums zu stabilisieren, kann man nur wünschen, daß sie möglichst kleingehalten wird zugunsten des Individuums. Das starke Individuum, so die in "Politics" und anderswo vertretene These, macht Eigentum, Staat und Regierung überflüssig: "the less government we have, the better.... The antidote to this abuse of formal Government, is, the influence of private character, the growth of the Individual.... The appearance of character makes the State unnecessary" (567f.). Das wahre *Laisser-faire* würde den Wirtschaftsliberalismus, der letztlich nur der Besitzstandswahrung und -mehrung, nicht aber der Entfaltung des Individuums dient, überwinden. Die Reformer folgen mit ihren Experimenten und Programmen der fundamentalen Einsicht, daß der Status quo in Staat und Gesellschaft keine Substanz hat, sondern ein Epiphänomen ist, das durch jeden Einzelnen aufgewogen und außer Kraft gesetzt werden kann. In "New England Reformers" führt Emerson eines seiner Lieblingsbilder, das sogenannte hydrostatische Paradoxon an; es besagt, daß der Druck in einer ruhenden Flüssigkeit von der Form des Gefäßes unabhängig ist, die Wassermenge in einer Wanne beispielsweise durch die gleiche Füllhöhe in einem Röhrchen ausgeglichen werden kann: "The familiar experiment, called the hydrostatic paradox, in which a capillary column of water balances the ocean, is a symbol of the relation of one man to the whole family of men.... as a man is equal to the church, and equal to the state, so he is equal to every other man" (606).

Der Kardinalfehler der Politiker und Sozialreformer liegt darin, daß sie diese Einsicht immer wieder vergessen, im Vollzug ihrer Maßnahmen das Individuum aus dem Blick verlieren und ihrerseits Formen schaffen, in denen das Ich stillgestellt wird. Die meisten kaprizieren sich auf *ein* Projekt, verabsolutieren es gegenüber dem Ganzen und verfallen damit dem, was Emerson im *Journal* "The lie of One Idea" (*JMN* 5:446) nennt. Überdies betreiben sie ihre Kampagnen egoistisch, spannen andere für ihre Zwecke ein und erzeugen damit einen Konformitätsdruck, der Selbstentfaltung verhindert statt fördert. Die aggressiven und auf den ersten Blick befremdlichen Attacken gegen den "foolish philanthropist" in "Self-Reliance" rühren von der Beobachtung, daß die zahlreichen Wohltätigkeitsprojekte — "your miscellaneous popular charities; ... the thousandfold Relief-Societies" (262f.) — zu einer Masche verkommen, bei der jeder mitmachen muß, will er nicht schief angesehen werden.

Am verheerendsten ist jedoch die schon am Kaufmann beobachtete Verkehrung von Mitteln und Zwecken. Die Mittel, die Wohltäter und Reformer anwenden, verselbständigen sich und verletzen das Ich, statt es zu stärken: "man is more often injured than helped by the means he uses." Das Vertrauen in die Kraft des Ichs wird durch Vertrauen auf Programme und Patentlösungen ersetzt. So löst ein Gefängnis ein anderes ab. Emersons Respekt vor der Brook Farm-Kommune, an der viele seiner transzendentalistischen Freunde beteiligt waren, schlägt deshalb im Tagebuch in Skepsis und Ablehnung um: "I do not wish to remove from my present prison to a prison a little larger. I wish to break all prisons. I have not yet conquered my own house." Die Skepsis wiederum treibt ihn zur Besinnung auf die im hydrostatischen Paradoxon sinnfällige Einsicht, die der Intellektuelle nicht verlieren darf — "that one man is a counterpoise to a city, — that a man is stronger than a city, that his solitude is more prevalent & beneficent than the concert of crowds" (*JMN* 7:408).

Der Gestus der Verweigerung hat allem äußeren Anschein und allen gelegentlichen Depressionen zum Trotz nichts Resignatives. Was Emerson den Reformern und Politikern vorwirft, ist mangelnder Glaube. Wie der Konservative sich auf Besitz und *law and order* verläßt, weil er sich selbst nichts zutraut, so signalisiert auch der Reformaktionismus etwa eines Charles Fourier mit seinem ausgeklügelten Haushalts-, Arbeits- und Wohnsystem mangelndes Vertrauen in die Kraft des Einzelnen. Die Zweifel der in "Lecture on the Times" apostrophierten Intellektuellen an einem solchen Ansatz begründen sich im Glauben an die unerschöpflichen Ressourcen des Individuums: "Their unbelief arises out of a greater Belief; their inaction out of a scorn for inadequate action" (166). Die Reformer folgen ursprünglich einem legitimen Impuls, dem "moral sentiment", aber in der Praxis verfallen sie in Kleinmut: "The Reformers affirm the inward life, but they do not trust it, but use outward and vulgar means" (162). So liegt die Bedeutung der experimentellen Kommunen weniger in dem, was sie geleistet haben, als im Verweis auf die schöpferische Kraft, aus der sie kommen, und in der Ahnung von der eigentlichen Revolution, die sich in ihnen ankündigt: "This is the value of the Communities; not what they have done, but the revolution which they indicate as on the way" (224).

Bejahung und Ablehnung der Reformexperimente folgen bei Emerson wie in seiner Analyse des Materialismus dem Gesetz der Seele, die sich in stets neuen Formen objektiviert, ohne sich an sie zu verlieren. Der Titel von "Man the Reformer" ist mit Bedacht gewählt. Die Veränderung der sozialen Umwelt gehört zu den genuinen Impulsen des Menschen, aber nicht auf das Reformprojekt kommt es an, sondern auf die Erhaltung jenes menschlichen Drangs zur Veränderung, der durch das jeweilige Projekt meist schon im Ansatz verraten wird zugunsten neuer Formen der Verdinglichung und Entfremdung.

Damit rückt die Aufgabe des Intellektuellen gegenüber dem Sozialrevolutionär und politischen Aktivisten in den Blick. Er hat darauf zu achten, daß die Programme nicht ihren Bezug zum Menschen verlieren, sondern in ihrem instrumentellen und damit vorübergehenden Charakter durchschaubar bleiben. Er hat den eigentlichen Zweck der politischen Kampagnen und sozialen Experimente in Erinnerung zu rufen: die Hindernisse, auf die die Seele stößt, aus dem Weg zu räumen. Der 'Posten' des Intellektuellen ist am Zentrum des Ichs, jener unerschöpflichen Kraftquelle, die über alles Gemachte hinauszielt. Diese Quelle gilt es frei zu halten und vor der Blockade durch Einzelprojekte und -programme zu bewahren. Das Innerste des Ichs manifestiert sich als wirkende Kraft, als *virtue*. Der Intellektuelle hat die Priorität des Ichs gegenüber den Werken, die *virtue* gegenüber dem von ihr Hervorgebrachten sicherzustellen: "The power, which is at once spring and regulator in all efforts of reform, is the conviction that there is an infinite worthiness in man which will appear at the call of worth, and that all particular reforms are the removing of some impediment" (146).

Das starke Ich drückt sich in Werken aus. Doch alles, was es schafft, ist zugleich sinnvoll und überflüssig — sinnvoll als Ausdruck seines Gestaltungswillens, überflüssig insofern, als es aus dem 'Überfluß' des Ichs kommt und hinweggespült wird. Die Seele lädt sich gleichsam selbst auf, ihre Kraftquelle ist "self-supplied" (596). Damit erweist sich das Ich als handelnde Instanz *vor* aller Aktion. In subtilen Reflexionen, die erst vom Neopragmatismus unserer Tage eingeholt werden, definiert Emerson das Ich als schon im Innersten handelnd und hebt die gängige Dichotomie von Gedanke und Tat, Kontemplation und Aktion auf. Jeder sichtbaren Handlung liegen Gedanken voraus, die Gedanken wiederum entspringen der Selbsttätigkeit der Seele. Die Lokalisierung der *virtus* nicht nur vor der Tat, sondern auch noch vor dem Gedanken, folgt der Einsicht, daß Verdinglichung nicht erst in den Werken anfängt. Schon jeder Gedanke birgt die Gefahr, das Ich zu fixieren und zu fesseln: "Every thought is a prison also" ("Intellect", 424). Der Gedanke ist ein potentielles Gefängnis deshalb, weil in ihm die Bewegung der Seele zum Stillstand kommt. Emersons Überlegungen versuchen demgegenüber, Handlung nicht nur als Folge des Denkens, sondern als ihr vorausliegende Bewegung des Geistes im Blick zu haben. Handlung markiert einen Übergang, das Überschreiten einer Grenze, nicht das Gerinnen in konkreter Aktion; Handlung ist eigentlich, wie es in "The American Scholar" heißt, die 'Präambel' des Gedankens: "Action is with the scholar subordinate, but it is essential.... The preamble of thought, the transition through which it passes from the unconscious to the conscious, is action" (60). Jeder Einzelgedanke, jede Einzelhandlung, trägt in sich bereits die Gefahr des Konformismus und damit des Selbstverlusts. Indem der *scholar* dieser Gefahr entgegenwirkt, ist er in hohem Maße aktiv. Das ist *seine* Arbeit.[50]

Der Intellektuelle hat die Kreativität der Seele gegenüber allen ihren Äußerungen, auch den geistigen, zu sichern. Ein solches Wächteramt erfordert höchste Aufmerksamkeit, seine Ausübung stellt selbst eine Form der Aktion dar, in der *seer* und *doer* zusammenfallen. Unter solchen Vorzeichen trägt Emersons Entscheidung für die Schriftstellerei nichts Resignatives, sie ist vielmehr Ausdruck eines Glaubens an jenen dunklen Grund, jene "holy and mysterious recesses of life" (146), die sich dem Begreifen entziehen, aus denen aber alles Denken und Handeln kommt.

Das Gefühl der Zerknirschung, das Emerson beim nächtlichen Nachdenken über seinen politischen Aktionismus überkommt, läßt sich deshalb nicht mit dem Hinweis auf eine temperamentsmäßige Abneigung gegenüber dem rauhen Wind der Politik erledigen. Vielmehr wendet Emerson ein Kernprinzip seines Denkens auf sein eigenes Engagement an. Handeln legitimiert sich durch die Rückbeziehung auf die Energie der Seele; das Ich ist stark in dem Maße, wie es sich in seinen Werken entfaltet und dem Druck von Konformität und Entfremdung standhält. Genau in diesem Punkt meint Emerson an seinen eigenen Maßstäben versagt zu haben. Er hatte sich auf fremdes Terrain begeben und war damit der Kraft verlustig gegangen, die ihn, wenn er *sein* Werk tut, treibt. Solange das Ich auf *seinem* Feld tätig ist, wachsen ihm ständig neue Kräfte zu: "Do your work, and you shall reinforce yourself" ("Self-Reliance", 264). Der Intellektuelle aber, der sich in die politische Agitation einschaltet, ist wie ein Antaeus, der den Kontakt zur Erde

---

[50] Poirier, *The Renewal of Literature*, Prologue; Harold Bloom, "Emerson: Power at the Crossing", in *Ralph Waldo Emerson: A Collection of Critical Essays*, ed. Lawrence Buell, New Century Views (Englewood Cliffs, NJ: Prentice-Hall, 1993) 148-158. Vgl. Merton M. Sealts, Jr., *Emerson on the Scholar* (Columbia, MO: University of Missouri Press, 1992).

verliert. Prägnant formuliert Emerson diesen Zusammenhang, wenn er nach seiner Rede von 1844 in einem Brief an Carlyle bemerkt: "Though I sometimes accept a popular call, & preach on Temperance or the Abolition of slavery, as lately on the First of August, I am sure to feel before I have done with it, what an intrusion it is into another sphere & so much loss of virtue in my own" (*CEC* 373). Die Sphäre des Intellektuellen liegt vor allem öffentlichen Engagement, in der Stille, aus der die Seele ihre Kraft bezieht. Und sein Handeln besteht in der Befreiung der 'gefangenen Gedanken' — jener 'anderen Sklaven', von denen die, die auf den Plantagen schwitzen und bluten, 'nur' eine Folge sind.

*

Ende Juli 1846, in der Zeit seines Walden-Experiments, ließ Thoreau sich wegen Steuerverweigerung vom Ortspolizisten von Concord ins Gefängnis sperren. Bereits am nächsten Morgen wurde er freigelassen, weil ein Mitglied der Familie die Steuer für ihn bezahlte.[51] Die in *Walden* eher beiläufig berichtete Episode wurde zum Anlaß für den Essay "Resistance to Civil Government" (1849), ein fulminantes Plädoyer für die Rechte des Einzelnen gegenüber den Ansprüchen des Staates. Der von späteren Herausgebern gewählte Titel "Civil Disobedience" wurde zum Schlachtruf politischer Protestbewegungen in aller Welt. Mahatma Gandhis Widerstand gegen die Kolonialherrschaft, die britische Labour Party, die Résistance gegen die Nazi-Okkupation, Martin Luther Kings Feldzug gegen die Rassendiskriminierung, die gegen den Vietnamkrieg gerichteten Protestmärsche der sechziger und frühen siebziger Jahre: Allen diente das von Thoreau formulierte Prinzip des zivilen Ungehorsams als Inspirationsquelle. Dabei ist die Argumentation des Essays keineswegs einsinnig-agitatorisch auf den organisierten Widerstand gerichtet, sie treibt vielmehr die in Emersons Reflexionen über die Frage des politischen Engagements angelegten Spannungen auf die Spitze.

---

[51] Walter Harding, *The Days of Henry Thoreau: A Biography* (New York: Dover, 1982) 199-205.

Über weite Strecken stehen Thoreaus Gedanken denen des Anarchismus nahe. Wie William Godwin, der erste bedeutende Theoretiker des Anarchismus, sieht er im Staat — der wiederum als Oberbegriff für alle institutionellen Strukturen steht — eine Maschine zur Durchsetzung von Machtinteressen. Der Staat hat kein Gewissen, er ist ein seelenloses Räderwerk, das von einigen wenigen manipuliert wird.[52] Der Einzelne kann dieser Maschinerie nur unter Aufgabe seines Gewissens dienen. Der Mexican War und der Fugitive Slave Act illustrieren für Thoreau die Brutalität, mit der "trade and commerce", die Kapitalisten des Südens und Nordens, sich über moralische Skrupel hinwegsetzen und Militär und Justiz zur Durchsetzung ihrer am Profit orientierten Politik einsetzen. Ein Staat, der solches Unrecht ausübt, besitzt keine Legitimation: "I cannot for an instant recognize that political organization as *my* government which is the *slave's* government also" (*RP* 67). Dabei muß sich der Widerstand sinnvollerweise in erster Linie gegen die richten, die in unmittelbarer Nähe Unrecht ausüben, d.h. Zielscheibe des Protests sind für einen Bürger von Massachusetts weniger die Plantagenbesitzer im Süden als vielmehr die Farmer und Kaufleute, die hier in Neuengland das Sklavereisystem stützen. Statt eine Kampagne nach der anderen gegen den Süden zu organisieren, sollten die Abolitionisten ihrer eigenen Regierung die Unterstützung versagen und sich notfalls ins Gefängnis stecken lassen; das wäre der Anfang vom Ende der Sklaverei in Amerika. Der Steuerboykott als praktische Umsetzung einer Verweigerungsstrategie: Hier liegen die Ansätze zur Theorie des gewaltfreien Widerstands, an die Gandhi und andere anknüpften.

Die Sklavereifrage dient Thoreau jedoch schon zu Beginn des Essays als Aufhänger für Gedanken über die grundsätzliche Problematik des Verhältnisses von Individuum und Staat. Das aus dem Gedankengut der Jeffersonians stammende Motto der *Democratic*

---

[52] Zum Anarchismus in Spätaufklärung und Romantik — insbesondere bei Godwin — siehe Raimund Schäffner, *Anarchismus und Literatur in England: Von der Französischen Revolution bis zum Ersten Weltkrieg* (Heidelberg: Winter, 1997), Teil III.

Review — "That government is best which governs least" — verschärft er im ersten Absatz zu der Maxime: "That government is best which governs not at all." Von Anfang bis Ende durchzieht den Essay die Utopie einer staats- und herrschaftslosen Gesellschaft. Der Staat gehört abgeschafft, weil er seinem Wesen nach — und nicht nur in Einzelfällen wie der Durchsetzung des Fugitive Slave Act — den Interessen des Individuums zuwiderläuft.

Emerson hatte wenige Jahre zuvor in "Politics" ähnlich argumentiert und einen Zustand anvisiert, in dem der Staat überflüssig wird. Sein Plädoyer für "the influence of private character" (567) und Thoreaus Bestehen auf dem, was er "a true respect for the individual" (*RP* 89) nennt, klingen wie Echos von Godwins Vision, in der Institutionen ersetzt werden durch die uneingeschränkte Autorität des privaten Urteils. Alle drei sind sich jedoch auch darin einig, daß der staatslose Zustand ein Ziel ist, das nicht von heute auf morgen zu erreichen ist. Godwin gründete seine Hoffnung auf die "perfectibility" des Menschen, die sich erst in einem langen Entwicklungsprozeß entfaltet; Emersons "wise man", der den Staat obsolet macht, ist das Produkt mühsamer Selbsterziehung. Im gleichen Sinne relativiert Thoreau die zu Beginn seines Essays aufgestellte Forderung nach Abschaffung der Regierung durch den Zusatz "when men are prepared for it", und das Bild des gerechten Staates, das er am Ende skizziert, ist ausdrücklich als Vision und Utopie gekennzeichnet.

Eines aber verlangt Thoreau auf der Stelle: daß man einem Staat, der erkennbar Unrecht praktiziert, sofort die Unterstützung entzieht und dafür, wenn es sein muß, ins Gefängnis geht. Eine solche Strategie mutet Emerson nicht nur selbstmörderisch an — "This prison is one step to suicide" (*JMN* 9:447) —, sie ist in seinen Augen auch unverantwortlich, denn sie gibt den Staat auf, statt an seiner Humanisierung zu arbeiten. Wir stoßen hier auf die gleiche Diskrepanz, die in der Haltung der beiden zur Geschäftswelt sichtbar wurde. Emerson setzt auf kulturelle Arbeit und strebt eine Annäherung des Ichs an die ihm entfremdeten Formen durch deren Beseelung an. Für Thoreau läuft ein solches Vorgehen auf ein Paktieren mit dem Teufel hinaus; zwischen dem Gewissen und dem Staat gibt es keine Vermittlung, keinen Kompromiß. In einem Staat, der die Sklaverei stützt, gehört der aufrechte Mann ins Gefängnis: "Under a government which imprisons any unjustly, the true place for a just man is also a prison" (*RP* 76). Und insofern die Sklaverei nur der Extremfall einer allgemeinen inhumanen Tendenz des Staates ist, steht der integre Bürger eigentlich immer mit einem Bein im Gefängnis.

In einem zentralen Punkt hält Thoreau jedoch an einer Position fest, die mit Emersons Auffassung übereinstimmt. Jedes politisch-soziale Engagement muß dem moralischen Sinn des Einzelnen entspringen, es darf sich nicht in Egoismen verengen und in Programmen verfestigen. In "Reform and the Reformers", seinem Beitrag zu einer Vortragsreihe von 1844 in der Bostoner Amory Hall, die dem Thema "Reform" gewidmet war, zieht er mit Emerson an einem Strang; beide legen den Akzent auf "self-culture", die Erneuerung des Individuums. Oft ist es die Unfähigkeit zur Einsicht in die eigenen Fehler, die das Bedürfnis erzeugt, andere und die Gesellschaft zu kritisieren. Zunächst müßten die Reformer selbst reformiert werden, ehe sie sich auf Mitmenschen und Gesellschaft stürzen. Vollends pervertiert wird der Anspruch der Weltverbesserer in seinen organisierten Formen, die neuen Anpassungsdruck und neue Entfremdungsmechanismen erzeugen. Legitime Erneuerung setzt beim eigenen Ich an und zielt zunächst ins eigene Herz: "Is not our own interior white on the chart? Inward is a direction which no traveller has taken.... And, O ye Reformers! if the good Gods have given ye any high ray of truth to be wrought into life, here in your own realms without let or hindrance is the application to be made" (*RP* 193).

Die Rede von der Notwendigkeit, vor allem anderen das eigene Innere zu reinigen, verweist auf Hawthornes im selben Jahr erschienene allegorische Erzählung "Earth's Holocaust", die die Vergeblichkeit aller Reformen angesichts eines als "foul cavern" apostrophierten Herzens vorhersagt. Thoreaus Frage nach den weißen Flecken auf unserer inneren Landkarte kehrt wörtlich in der "Conclusion" von *Walden* wieder (577). In *Walden* finden sich auch bereits am Beginn polemische Töne gegen jeden Reformaktionismus, der nicht zuvor das Ich in Ordnung gebracht hat. In Formulierungen, die an "Reform and the Reformers" ebenso wie an Emersons Tagebuchnotiz über die "imprisoned thoughts" anklingen, stellt er der äußeren Sklaverei die Tyrannei der eigenen Gedanken gegenüber und legt das Gewicht eindeutig auf letztere: "It is hard to have a southern overseer; it is worse to have a northern one; but worst of all when you are the slave-driver of yourself" (328).

Wie vertragen sich solche Bemerkungen mit der fünf Jahre zuvor veröffentlichten Aufforderung zum zivilen Ungehorsam? Und wie passen sie zu der 1854, im Erscheinungsjahr von *Walden*, auf einer Abolitionistenversammlung gehaltenen Rede über "Slavery in Massachusetts", einer flammenden Attacke auf die Behörden, die weit über Vorstellungen von passivem Widerstand hinausgeht und die Mitbürger zum Gesetzesbruch auffordert? In welchem Verhältnis schließlich steht das Insistieren auf dem Primat der geistigen Emanzipation zur Bejahung der Gewalt in "A Plea for Captain John Brown" (1859)?

Schon in einem seiner ersten zur Veröffentlichung gedachten Werke, "The Service", wird das Spannungsfeld sichtbar, in dem sich politisch-soziales Engagement für Thoreau bewegt. Den aufrechten Mann zeichnet Tugend — "virtue" — aus, und die Tugend ist zugleich innerlich und militant. Auf der einen Seite ist der "brave man" dem Treiben um ihn herum enthoben, er lauscht in sich hinein, um die "incessant impulses of the soul" wahrzunehmen (*RP* 3). Das Haus, an dem er baut, liegt im Innern, es ist kein Turm zu Babel: "He was not builded by that unwise generation, that would fain have reached the heavens by piling one brick upon another, but by a far wiser, that builded inward and not outward, having found out a shorter way, through the observance of a higher art" (*RP* 4). In Formulierungen, die auf "Resistance to Civil Government" ebenso wie auf *Walden* vorausweisen, setzt Thoreau tugendhaftes Handeln mit dem Marschieren nach einer Musik gleich, die nicht von dieser Welt zu sein scheint: "A man's life should be a stately march to an unheard music ..." (*RP* 11). Die Bilder von Musik und Sphärenharmonie nehmen jedoch rasch eine Wendung, die den tapferen Mann in diese Welt zurücklenkt und ihm aktives Handeln bis hin zur Gewaltanwendung nicht nur zugesteht, sondern auch abverlangt: "War is but the compelling of peace" (*RP* 9).

In den martialischen Tönen von "The Service" kündigt sich der Thoreau an, der Ende der 1850er Jahre die Militäraktionen eines John Brown ausdrücklich gutheißt. Das Individuum darf sich nicht mit der Ideenschau begnügen, es ist dazu verpflichtet, sich erkanntem Unrecht zu verweigern und gegebenenfalls zur Waffe zu greifen. Ebenso wichtig aber ist dabei, daß alles Handeln an die Integrität des Ichs gebunden bleibt. Nicht das ist entscheidend, was man zu einer bestimmten Zeit leistet, vielmehr kommt es darauf an, was für ein Mensch man zu dieser Zeit ist. Die Sklavereifrage verblaßt gegenüber der Notwendigkeit für den Einzelnen, sich selbst aus seinem Innersten heraus zu artikulieren. Die Seele aber ist durch und durch dynamisch, ihr jeweiliger Ausdruck auch im sozialen Protest ist an den Augenblick gebunden und kann im nächsten Moment überholt sein. Die in "Resistance to Civil Government" formulierten Gedanken tragen deshalb nicht den Charakter eines Rezepts oder Programms, sie wollen nicht bekehren, sondern vielmehr den Adressaten dazu aufrütteln, seine eigene moralische Sensibilität zu aktivieren, die sich dann in eigenen Gedanken und Aktionen ausdrücken kann.

Der politische Protest ist somit zugleich verbindlich und irrelevant — verbindlich als Verpflichtung für jeden, sein eigenes Gewissen zu befragen und danach zu handeln, überflüssig als konkrete Handlungsanweisung, denn was zu tun ist, muß jeder für sich herausfinden: "This, then, is my position at present. But one cannot be too much on his guard in such a case, lest his action be biassed by obstinacy, or an undue regard for the opinions of men. Let him see that he does only what belongs to himself and to the hour" (*RP* 84). Noch der massivste Protest zeugt von der Vorsicht dessen, der fürchtet, von anderen und nicht zuletzt auch von seiner eigenen Verbohrtheit ("obstinacy") vereinnahmt zu werden. Was immer spätere Oppositionelle und Bürgerrechtler aus dem Essay gemacht haben, er ist zunächst einmal und vor allem das, was Thoreau am Anfang von "Life without Principle" von jedem Autor verlangt: "a strong dose of myself" (*RP* 155).

b) Margaret Fuller und der 'Engel im Haus'

Margaret Fuller lehnte Thoreaus "The Service" für *The Dial* ab und ließ sich in ihrer Entscheidung auch durch eine Intervention Emersons nicht beirren. Dabei enthält der Essay sowohl gedanklich wie in seiner Bildlichkeit Elemente, die Fullers Verbindung von Transzendentalismus und Feminismus zuarbeiten. Thoreau bezeichnet den tapferen Mann als "a perfect sphere, which cannot fall on its flat side, and is equally strong every way." Das Bild des Ichs als Kugel suggeriert die Geschlossenheit und Vollkommenheit dessen, der auf sich selbst vertraut, weil er sein Gesetz in sich trägt. Das eigene Gesetz wiederum fällt mit dem des Kosmos zusammen; indem wir uns der eigenen 'Schwerkraft' überlassen, befinden wir uns in Harmonie mit der Welt: "only by resigning ourselves implicitly to the law of gravity in us, shall we find our axis coincident with the celestial axis, and by revolving incessantly through all circles, acquire a perfect sphericity" (*RP* 6). Der zweite, mit "What Music Shall We Have?" überschriebene Teil entfaltet die Vorstellung des 'sphärischen' Ichs in musikalischen Metaphern. Tugend und Musik gehören zusammen: "There is as much music in the world as virtue" (*RP* 9). Wie Emerson in "Self-Reliance" geht auch Thoreau davon aus, daß das seiner selbst gewisse, starke Individuum letztlich nicht zerstörerisch wirken, sondern sich wie der Planet oder Stern auf einer Bahn bewegen werde, die in einem harmonischen Verhältnis zu anderen und zum Ganzen steht. Die sphärische Qualität des Einzelnen deckt sich mit der Sphäre, in der er seine Bahn zieht; der 'Klang' seiner Tugend trägt zur *harmonia mundi* bei.

Thoreaus Assoziation von Tugend, individueller "sphericity" und kosmischer Harmonie evoziert die von den Griechen bis in die frühe Neuzeit wirksame Vorstellung von der Musik, welche die Planeten auf ihren Bahnen erzeugen. Die Abstände zwischen den Planeten markieren musikalische Intervalle, zusammen ergeben sie die *concordia* der Welt. In den christlichen Versionen dieser Kosmologie erscheint die Welt als von Gott komponierte Symphonie; der Mensch wird der Gnade teilhaftig in dem Maße, wie er auf Gottes Musik hört. Moralische Verfehlungen wirken sich als

Dissonanz aus, umgekehrt stellt der Triumph der Tugend Harmonie her.[53]

Das 'sphärische', durch *virtus* ausgezeichnete Individuum steht im Einklang mit der Symphonie der Welt. In *Woman in the Nineteenth Century* greift Fuller auf eben diese Gedanken zurück. Das Buch ist ein Plädoyer für die Überwindung der durch die Diskriminierung der Frau entstandenen 'Dissonanz'. Zuvor ist jedoch festzuhalten, auf welche sozialen Bedingungen sie mit ihrem feministischen Engagement reagiert. Dabei wird sich zum einen zeigen, daß Fuller wie Emerson und Thoreau einen scharfen Blick für die konkreten Verhältnisse besitzt. Zum anderen wird deutlich werden, wie sie im Spektrum der zeitgenössischen Reformvorschläge einen Ansatz entwickelt, von dem auch der heutige Feminismus profitieren kann.

Gegenüber der Kolonialzeit verschlechtert sich die rechtliche, politische und wirtschaftliche Lage der Frau in den ersten Jahrzehnten des 19. Jahrhunderts.[54] Mit der Industrialisierung büßt der Haushalt seine Funktion als Produktionsstätte ein; indem Bereiche wie Juristerei und Medizin professionalisiert und zur Männerdomäne werden, schrumpfen die Möglichkeiten, einen Beruf außerhalb des Hauses auszuüben, so daß für Frauen schließlich nur noch Krankenpflege und Grundschulunterricht als Karrieren übrig bleiben. Der Wirkungsbereich der Frau konzentriert sich auf das Haus, auf die Sorge um Mann und Kinder. Kompensiert wird diese Beschränkung durch die ideologische Verherrlichung des "angel in the house" (nach dem Titel des populären, 1854-62 in England erschienenen und alsbald in Boston nachgedruckten Gedichtzyklus von Coventry Patmore). Das Heim wird zum Bollwerk gegen die rauhe Welt von Politik, Industrie und Handel stilisiert, in ihm können die Gefühle gepflegt werden, kann Intimität sich entfalten. Der

---

[53] Leo Spitzer, *Classical and Christian Ideas of World Harmony: Prolegomena to an Interpretation of the Word "Stimmung"* (Baltimore: Johns Hopkins Press, 1963), Kap. 2.

[54] Zum Folgenden siehe Gerda Lerner, *The Majority Finds Its Past: Placing Women in History* (Oxford: Oxford University Press, 1979), Kap. 2; Barbara Welter, *Dimity Convictions: The American Woman in the Nineteenth Century* (Athens: Ohio University Press, 1976), Kap. 2.

frühviktorianische Frauenkult besteht auf einer scharfen Trennung von männlicher und weiblicher Sphäre; die Tugenden der Frau können sich nur entfalten, wenn das Heim gegenüber der Welt von Wirtschaft und Politik abgeschottet ist.

Die vor allem von Feministinnen unseres Jahrhunderts vertretene Ansicht, die Ideologie der "woman's sphere" habe ausschließlich der Unterdrückung der Frau gedient, hat in der historischen Forschung der letzten Jahrzehnte einer differenzierteren Betrachtung Platz gemacht.[55] Das Heim besitzt im Rahmen der republikanischen Ideologie den Status eines vorpolitischen Raums, in dem den Kindern die bürgerlichen Tugenden eingepflanzt werden, ohne die eine Republik nicht funktionieren kann. Auch im 19. Jahrhundert haben die Frauen die Beschränkung auf die häusliche Sphäre nicht nur als Entmündigung erfahren, sondern auch als Basis, von der aus moralische Kreuzzüge zur Reform der Gesellschaft und schließlich auch zur Verbesserung der sozialen und politischen Lage der Frauen selbst geführt werden können. Ohne seine Funktion als Unterdrückungsinstrument in Abrede zu stellen, kann man heute im Kult von Frau und Heim eine Durchgangsphase sehen, aus der der Feminismus des 19. Jahrhunderts wichtige Impulse bezieht.

Ebenso ambivalent wie die im 19. Jahrhundert zur Diskriminierung der Frau entwickelten Rechtfertigungsstrategien wirken im Rückblick die Ansätze zu ihrer Emanzipation. Fullers *Woman in the Nineteenth Century* steht zwar in den USA der Jahrhundertmitte als feministische Abhandlung einzigartig da, die Argumentation des Buches ist jedoch vielfältig mit früheren und zeitgenössischen Debatten der Frauenfrage verflochten, und zugleich antizipiert sie zentrale

---

[55] Nancy F. Cott, *The Bonds of Womanhood: "Woman's Sphere" in New England, 1780-1835* (New Haven, CT: Yale University Press, 1977). Zum Folgenden vgl. Brigitte Georgi-Findlay, "'Like a Child Brought Up by His Father': Weibliche Erziehung in der amerikanischen Literatur", *Erziehungsideale in englischsprachigen Literaturen: Symposion zum 70. Geburtstag von Kurt Otten*, ed. Dieter Schulz und Thomas Kullmann (Frankfurt a.M.: Lang, im Druck); Dietmar Schloss, *Die tugendhafte Republik: Gesellschaftskonzeptionen in der amerikanischen Literatur des späten achtzehnten Jahrhunderts* (Habilitationsschrift Heidelberg, 1996), Teil III.

Spannungen in den feministischen Bewegungen unseres Jahrhunderts. In der Geschichte des Feminismus seit dem 18. Jahrhundert lassen sich idealtypisch zwei Varianten unterscheiden, die auch noch die heutigen Diskussionen prägen: ein aufklärerisch-egalitärer Ansatz, der den naturrechtlich begründeten Gleichheitsgedanken für die Frau einklagt, und ein religiös inspirierter Feminismus, der an den Unterschieden der Geschlechter festhält, gerade daraus aber eine besondere Autorität der Frau ableitet.

Das zentrale Dokument des Aufklärungs-Feminismus ist Mary Wollstonecrafts *A Vindication of the Rights of Woman* (1792). Für Wollstonecraft wie später für Simone de Beauvoir zielt die Emanzipation der Frau vor allem auf die Befreiung aus traditionellen Vorstellungen von Weiblichkeit. Autoritäten wie Rousseau — namentlich das 4. Buch von *Émile* (1762) — und die zahlreichen Anstandsbücher entwerfen Erziehungsprogramme, in denen die Frau als ein fragiles, auf den Mann hin angelegtes Wesen gesehen wird, das nur indirekt — durch Schmeichelei, Koketterie, Verstellung, Lüge, verführerische Kleidung und Kosmetik — Macht ausüben und seine Interessen wahrnehmen kann. Worauf es ankäme, wäre die Aufhebung der rechtlichen, politischen und vor allem kulturellen Mechanismen zur Degradierung der Frau. Erziehung hätte dafür zu sorgen, daß auch die Frau ihre rationalen Fähigkeiten entwickeln und zu einem dem Mann ebenbürtigen Partner werden kann.

Während konservative Anstandsbücher in den frühen USA als Ziel weiblicher Erziehung die liebevolle und unterwürfige Gefährtin des Mannes propagieren, fordern Benjamin Rush, Charles Brockden Brown und Judith Sargent Murray zum Teil bereits vor dem Erscheinen von Wollstonecrafts Werk eine auch auf die Entwicklung des Intellekts ausgerichtete Erziehung. In Wendungen, die proto-transzendentalistisch anmuten und manche Formulierungen Fullers vorwegnehmen, sieht Murray die Aufgabe der Erziehung nicht in der Verinnerlichung einer überkommenen Rolle, vielmehr müsse der jugendliche Drang nach Höherem gefördert werden.[56]

---

[56] Aufsätze von Murray finden sich in der *Heath Anthology of American Literature*, ed. Paul Lauter, 2. Aufl. (Lexington, MA: D.C. Heath, 1994), Bd. 1, 1003-1020.

Den patriarchalischen Konzepten von weiblicher Schwäche und Abhängigkeit setzt sie Vorstellungen von Selbstwertgefühl und Selbstvertrauen — "self-estimation" und "self-complacency" — entgegen und reklamiert für die Frau Bestandteile des alten republikanischen *virtus*-Begriffs.

Der aufklärerische Feminismus arbeitet durchgängig mit dem Gleichheitspostulat und überführt die patriarchalische Gesellschaft ihrer inneren Widersprüche, indem er argumentiert, daß die Frauen durch Erziehung und Kultur in die Rolle von Sklaven abgedrängt werden. Wenn Frauen und Männer gleichermaßen mit Vernunft, Geist und Seele begabt sind, hat die Unterdrückung der Frau keinerlei Legitimation und muß abgeschafft werden. Trotz der Ende des 18. Jahrhunderts einsetzenden Polemik gegen Wollstonecraft und ihre Gesinnungsgenossinnen ist diese Argumentation nie verlorengegangen, sie wird aber in der ersten Hälfte des 19. Jahrhunderts durch einen religiös bestimmten Feminismus überlagert, dessen Quellen sich in der amerikanischen Geschichte in die früheste Kolonialzeit, zur Antinomian Crisis der 1630er Jahre, zurückverfolgen lassen.[57]

Schon wenige Jahre nach ihrer Gründung machte die Massachusetts Bay Colony eine schwere innere Krise durch. 1634 eröffnete die kürzlich aus England eingewanderte Anne Hutchinson in Boston einen Gesprächskreis von Frauen, um mit ihnen über die Predigt vom vergangenen Sonntag zu diskutieren. Dabei begnügte sie sich nicht damit, der Sonntagspredigt ein paar erbauliche Gedanken nachzuliefern, vielmehr stellte sie das, was die Pfarrer verkündet hatten, grundsätzlich in Frage. Sie verurteilte die für das Selbstverständnis der Kolonisten zentrale Bundestheologie mit ihrer Verschränkung von Gnade und guten Werken; in der Betonung der Gesetze und der moralischen Normen sah sie einen Verrat am Primat der Gnade und des Glaubens. Die Gemeinschaft der Heiligen sei eine unsichtbare Gemeinschaft; die ihr angehörten, erkenne man nicht an ihren Werken, sie bezögen ihre Glaubensgewißheit

---

[57] Zum Folgenden siehe Amy Schrager Lang, *Prophetic Woman: Anne Hutchinson and the Problem of Dissent in the Literature of New England* (Berkeley: University of California Press, 1987), Kap. 2.

vielmehr unmittelbar von Gott, durch direkte Erleuchtung, durch das "inner light".

In Mrs. Hutchinson nimmt ein Typus weiblichen Einspruchs gegen den dominanten amerikanischen Traum Gestalt an, der in Variationen später wiederkehrt. Anne Hutchinson forderte den Status quo und die ihn absichernde Ideologie heraus, indem sie sich auf einen direkten Draht zu Gott berief. Sie untergrub die staatstragende öffentliche Moral und die Autorität ihrer Hüter unter Berufung auf eine Autorität, die nicht von dieser Welt ist, kurz: Sie reklamierte für sich die Rolle der Prophetin. Eine weitere Provokation lag darin, daß sie vor Frauen *und* Männern, in "promiscuous assemblies" sprach und an die Öffentlichkeit ging. Damit durchbrach sie die für jedes patriarchalische System zentrale Trennung von männlicher und weiblicher Sphäre. Entsprechend hart reagierten die Behörden: Hutchinsons Lehren wurden als Ketzerei verurteilt, sie und ihre Familie wurden exkommuniziert und verbannt.

Mit ihrer Verbindung von Transzendenz und Militanz liefert Anne Hutchinson ein Muster, das im 19. Jahrhundert im Umfeld von Abolitionismus und Feminismus eine enorme Sprengkraft entfaltete. Zu den profiliertesten Abolitionistinnen und Feministinnen gehörten Sarah und Angelina Grimké. Zum Teil argumentierten die Grimké-Schwestern wie andere amerikanische Sozialreformer auf der Grundlage der Unabhängigkeitserklärung und der Verfassung und machten den Gleichheitsgrundsatz für Sklaven und Frauen geltend. Der aufklärerisch-naturrechtliche Gleichheitsgrundsatz erklärt jedoch nicht die Emphase, die man in den Reden der Grimké-Schwestern allenthalben spürt. Eine viel wichtigere Kraftquelle war für die bibelfesten Quäkerinnen die Heilige Schrift. Wie bei Mrs. Hutchinson wird der Angriff auf gesellschaftliche Hierarchien und Trennungslinien gerechtfertigt im Rückgriff auf einen transzendenten Bezugspunkt. Die Frau — so argumentiert Angelina — wurde wie der Mann als Gottes Ebenbild geschaffen, eine Partnerin in "majesty and glory".[58] Mit dem Sündenfall wurde sie entthront, und damit beginnt die Unterdrückungsgeschichte der Frau. Nun

---

[58] *The Feminist Papers*, 321.

aber gilt es, die Frau wieder in ihre ursprünglichen Rechte einzusetzen. Immer wieder verweisen die Grimkés auf heroische Frauen in der Bibel, wobei sie sich vor allem mit den Prophetinnen identifizieren. In ihrem Appell an die Frauen des Südens läßt Angelina eine biblische Ahnengalerie starker, prophetischer Frauen Revue passieren, von Miriam, der Schwester von Moses und Aaron, über Deborah, Jael, Hulda und Esther im Alten Testament bis hin zu Elisabeth, Hannah und der Frau des Pilatus im Neuen Testament.

Die Prophetin will nichts für sich, sie ist nur das Gefäß, das "frail vessel", das Gott mit seinem Geist füllt, nur die Botin, die eine Nachricht überbringt. Die Abolitionistinnen auf der Rednertribüne hatten für ihre Anhänger die Aura der Entrückten, die wie aus einer anderen Welt sprachen; sie erschienen als "Enthusiastinnen" im eigentlichen Sinne (gr. *en-theos*), als von Gott Heimgesuchte. Nicht um Selbstverwirklichung ging es ihnen, sondern um Selbstverleugnung im Dienst an einem Höheren. Auf ihre Gegner — darunter auch viele Abolitionisten — wirkten sie darum freilich nur noch arroganter und aggressiver. Der Gestus der Selbstverleugnung lief ja nicht auf einen Rückzug ins Private hinaus, im Gegenteil, wie die biblischen Propheten klagten die Frauen öffentlich die Einlösung religiös-moralischer Prinzipien im Hier und Jetzt ein. Sie verlangten Änderungen, und zwar auf der Stelle. Die Berufung auf eine transzendente Autorität führte direkt zum politischen Engagement.

*

Bereits 1836 beklagt Fuller in einem Brief: "we women have no profession except marriage, mantua-making and school-keeping" (*MFL* 6:279). Diesen 'Karrieren' fügt sie in einer Rezension von 1845 noch die der Krankenpflegerin hinzu (*MFW* 210). Mit der Klage über die begrenzten Berufsmöglichkeiten der Frau knüpft sie an die egalitär-aufklärerische Gesellschaftskritik an, die in *Woman* in dem berühmten Ausruf gipfelt: "let them be sea-captains, if you will" (115). Die Forderung, Frauen diesen Beruf zugänglich zu machen, muß als besonders provokante Attacke auf die Ideologie von "woman's sphere" wirken, nicht nur weil die Seefahrt wie kaum ein anderer Bereich als Männerdomäne galt, sondern auch deshalb, weil der Kapitän traditionell eines *der* Modelle männlicher Autorität darstellt; von ihm leiten sich unsere Vorstellungen von Regierung als der Kunst ab, das 'Staatsschiff' zu lenken. Im Sinne der von Wollstonecraft und ihren Mitstreiterinnen formulierten Polemik entlarvt Fuller die Emotionalität der Frau, ihre Anfälligkeit für Schmeichelei und ihre Neigung, auf List und Verstellung zurückzugreifen, als die von einer patriarchalischen Gesellschaft produzierten Geschlechter-Stereotypen, die durch ein gegenläufiges Erziehungsprogramm und eine freiere Berufswahl außer Kraft zu setzen wären. An die Stelle der Einengung auf das Haus müsse "a much greater range of occupation" (116) treten; schon die frühkindliche Erziehung sollte die Mädchen ermutigen, alle ihre Anlagen zu entfalten, statt sie von vornherein auf die Rolle von Ehefrau und Mutter einzuschränken.

Die gegenwärtige Erziehung hält Frauen künstlich im Zustand der Unmündigkeit. Empört zitiert Fuller gängige Redensarten wie "Tell that to women and children" (17) und "You cannot reason with a woman" (19). Die Verachtung, die aus solchen Wendungen spricht, ist die gleiche wie die, der sich die Sklaven ausgesetzt sehen. In *Summer on the Lakes* bringt Fuller im Zusammenhang mit der Haltung der Weißen gegenüber den Indianern den für die Herrschenden nicht mehr durchschaubaren Mechanismus von Erniedrigung und Verachtung auf eine griffige Formel; sie spricht von "the aversion of the injurer for him he has degraded" (*MFS* 72). Die Frau wird auf den Mann hin erzogen, ihre intellektuellen Fähigkeiten liegen brach, und dann wird ein Herrschaftsanspruch auf eine Unterlegenheit gegründet, die zuvor künstlich erzeugt worden ist.

Ihre materielle Basis hat die Gleichsetzung von Frau, Sklave und Kind in den Besitzverhältnissen sowie im Rechtssystem. Alle drei gelten als Eigentum, als "article of property" (38), sie sind ohne Verfügungsgewalt über sich selbst. Die rechtliche Entmündigung verstößt eklatant gegen den Gleichheitsgrundsatz der amerikanischen Unabhängigkeitserklärung und der Französischen Revolution und hat die Ausbeutung der Frau zur Folge. Im Sinne des Aufklärungsfeminismus polemisiert Fuller gegen die Kluft zwischen

Legalität und moralischen Prinzipien, sie verweist auf zahlreiche Fälle, in denen "profligate and idle men" vom Einkommen ihrer Frauen leben und ihnen dann noch, wenn die weiblichen 'Heloten' sich endlich zu einer Trennung durchgerungen haben, völlig legal die Kinder wegnehmen (16f.). Die angeblich zum Schutz der Frau eingerichtete häusliche Sphäre erweist sich allzu oft als Ort dumpfer Plackerei und Ausbeutung.

Ihren sinnfälligsten Ausdruck findet die moralische Verkommenheit des gegenwärtigen Systems in der Prostitution. Dieselben Leute, die im "Cult of True Womanhood" die Reinheit der Frau zelebrieren, dulden in den Städten Bordelle, weil sie davon ausgehen, daß der Mann, der zu Hause nicht auf seine Kosten kommt, seine sexuellen Bedürfnisse anderweitig befriedigen muß. Der Prozeß der Degradierung und Deklassierung der Frau erreicht in der Prostitution ein Äußerstes, hier geht es auch nicht mehr nur um die Frau, sondern um die moralische Substanz der Gesellschaft im ganzen. Herr und Knecht sind Teile *eines* Systems; die Erniedrigung der Frau schlägt auf den Mann zurück und nimmt auch ihm seine Würde.

Wie die Diagnose bewegen sich auch die Strategien, die Fuller zur Behebung der Misere vorschlägt, zunächst im Rahmen von Gedankengängen, die von Wollstonecraft her vertraut sind. Gegen die Stereotypen einer auf "woman's sphere" gerichteten weiblichen Erziehung muß das gestärkt werden, was Fuller die "Minerva side" (76) der Frau nennt: ihre intellektuellen Fähigkeiten, die bisher zugunsten eines von Fragilität, "delicacy" und "propriety" ausgehenden Weiblichkeitsideals unterdrückt werden. Von den Männern ist dabei wenig Unterstützung zu erwarten; symptomatisch ist der Vater, der seine kleine Tochter vergöttert, ihr aber eine anspruchsvolle Ausbildung vorenthalten wird, weil sie sonst überfordert und für ihre Rolle im Haus verdorben wäre. Die Redensart von "women and children" faßt einen überwältigenden Konsens zusammen: "not one man, in the million, ... no, not one in a hundred million, can rise above the belief that woman was made *for man* ..." (19).

Wie Judith Sargent Murray zwei Generationen früher fordert Fuller deshalb die Frau auf, ihr Schicksal selbst in die Hand zu nehmen. Gegenüber den gängigen Proklamationen von "Woman's

'Sphere', Woman's 'Mission', and Woman's 'Destiny'", die die Bestimmung der Frau darin sehen, den Mann zu erfreuen — "to please, or, at least, not to disturb a husband" (104) —, muß die Frau sich ihres Eigenwerts bewußt werden. In Formulierungen, die an Murrays Begriff der "self-complacency" erinnern, entwirft Fuller ein Bild der Frau, die auf sich selbst vertraut. Nicht zuletzt wohl im Blick auf ihre eigene Situation rechtfertigt sie die Stellung der alleinstehenden Frau. Die meist belächelten alten Jungfern praktizieren eine "self-dependence", die Bewunderung statt Spott verdient; oft gleicht die Herzlichkeit einer Tante oder eines Onkels aus, was die allzu beschäftigten Eltern den Kindern an Fürsorge vorenthalten (62). Mehr noch: Mythologie und Geschichte weisen oft gerade der alleinstehenden Frau eine besondere Autorität zu. Heilige und Prophetinnen gewinnen ihre Einsichten in der Einsamkeit, Bindungslosigkeit und Zölibat sind die Kehrseite eines in die Tiefe des Inneren und auf die Transzendenz gerichteten Blicks, in der äußeren Unabhängigkeit zeigt sich eine "religious self-dependence" (76), die Ahnungen von einer besseren Gesellschaft vermittelt.

Mit dem Hinweis auf die eigenständige Autorität von "saints and sibyls" (63) geht Fuller über den egalitär-feministischen Ansatz hinaus, indem sie das Moment weiblicher Differenz wieder einführt und die Frau mit Fähigkeiten assoziiert, die sich auf den ersten Blick wie ein Rückfall in alte Weiblichkeitsbilder ausnehmen und auf eine zumindest partielle Bestätigung des viktorianischen Frauenkults hinauszulaufen scheinen. In der Tat werden hier Spannungen in Fullers Ansatz sichtbar, die jedoch ihre eigene Logik besitzen und dem Muster folgen, das auch die Sozialkritik Emersons und Thoreaus kennzeichnet.

Jede Reform oder Revolution ist sinnvoll und irrelevant, notwendig und gefährlich zugleich. In den Reformprojekten der Zeit drückt sich eine begrüßenswerte Vitalität und Regenerationsfähigkeit aus, das Einzelprojekt ist jedoch stets überschattet von der Gefahr der Verengung und Verdinglichung. Das transzendentalistische Postulat vom Wachstumsgesetz der Seele ermöglicht und verlangt Engagement, nimmt es aber auch stets zurück. In Fullers *Woman* zeigt sich diese Ambivalenz bereits dort, wo sie hart auf den Tisch zu schlagen scheint: Die Forderung, Frauen Kapitäne werden zu lassen, trägt den einschränkenden Zusatz "if you will", und für die Betonung der intellektuellen Entwicklung der Frau entschuldigt sie sich geradezu: "If it has been a tendency of these remarks to call woman rather to the Minerva side, — if I, unlike the more generous writer, have spoken from society no less than the soul, — let it be pardoned" (76). Was hat es mit solcher Halbherzigkeit auf sich? Stellt sie, wie einige feministische Forscherinnen unserer Tage meinen, einen Rückfall in konventionelle Frauenbilder dar oder vielleicht ein taktisches Manöver, um weniger provokant zu wirken? Hat Fuller sich als Feministin erst wirklich entfalten können, nachdem sie Concord verlassen und gleichsam die transzendentalistischen Eierschalen abgestreift hatte?[59]

Fuller revidiert den sozial orientierten Feminismus à la Wollstonecraft, weil die egalitär-aufklärerische Position ihr letztlich nicht radikal genug erscheint. Was sie in der zuletzt zitierten Stelle mit den Polen von "society" und "soul" andeutet, läuft im Rahmen des transzendentalistischen Denkens auf eine fundamentale Kritik an jedem *social engineering* hinaus, das nicht an die Seele als das vitale Zentrum des Ichs rückgekoppelt ist. Die verschiedenen Versuche, die Sphäre der Frau neu zu definieren oder die Sphärentrennung im Namen naturrechtlicher Prinzipien aufzuheben, gehen von einem durch Vorstellungen von Autorität und Kontrolle bestimmten Menschenbild aus. Das erste Kapitel von Wollstonecrafts *Vindication* postuliert eine Triade von *reason*, *virtue* und *knowledge* als Grundausstattung aller Menschen über die Geschlechter hinweg; es versteht diese Begriffe im Sinne von Instrumenten, mit denen sich der Mensch über die Leidenschaften und die Natur erhebt und Zivilisation ins Werk setzt. Die Anklage gegen das Patriarchat macht den Machtanspruch derer geltend, die — obgleich prinzipiell mit den gleichen Fähigkeiten begabt — von

---

[59] So die Tendenz z.B. von Donna Dickenson, *Margaret Fuller: Writing a Woman's Life* (London: Macmillan, 1993). Vgl. dagegen Julie Ellison, *Delicate Subjects: Romanticism, Gender, and the Ethics of Understanding* (Ithaca, NY: Cornell University Press, 1990), Teil III; David M. Robinson, "Margaret Fuller and the Transcendental Ethos: *Woman in the Nineteenth Century*", *PMLA* 97 (1982) 83-98.

politischem und gesellschaftlichem Einfluß weitgehend ausgeschlossen und zu erniedrigenden Verstellungskünsten gezwungen sind, um ihre Interessen zu vertreten.

An diesem Punkt setzt Fullers romantisch-idealistische Kritik ein. Wie in den Schriften Emersons und Thoreaus wird in *Woman* das durch Herrschaft und Kontrolle ausgezeichnete Subjekt durch die Vorstellung von einem Ich ersetzt, das seine Autorität aus einer Kraft gewinnt, die ihren Ursprung sowohl innerhalb wie außerhalb des Individuums hat und vom Einzelnen ein ständiges Loslassen und Sichöffnen verlangt. Jede konkrete Reform, die auf die Erweiterung weiblichen Einflusses abzielt, läuft in dieser Perspektive Gefahr, nur neue Formen von Herrschaft und damit unweigerlich neue Begrenzungen zu schaffen, die das Ich einengen. Wenn *Woman* eine 'Botschaft' hat, so ist sie vielleicht am prägnantesten in der folgenden Ermahnung formuliert: "Let us be wise and not impede the soul. Let her work as she will. Let us have one creative energy, one incessant revelation" (76). Ein solcher Ich-Begriff läuft nicht nur auf die Aufhebung der Doktrin von den "separate spheres" von Mann und Frau hinaus, er stellt die Konzeption der Sphäre im Sinne eines Herrschaftsbereichs grundsätzlich in Frage bzw. kann ihn nur gelten lassen im Kontext einer Ganzheitsvorstellung wie jener von der kosmischen Harmonie der Sphären.

Bereits im Vorwort unterstreicht Fuller den medialen Charakter des Subjekts, wenn sie von Mann und Frau als "twin exponents of a divine thought" spricht und den Menschen als "angel or messenger" (3) beschreibt. Das Ich hat eine Botschaft zu übermitteln, es bezieht seine Autorität aus der Harmonie mit der "central soul" (77). Seine Kraft rührt von der Fähigkeit, sich dem göttlichen Prinzip, das die Welt durchwaltet, ebenso zu öffnen wie dem Mitmenschen. Seine 'Sphäre' ist ständig in Bewegung, sie überschreitet die Begrenzung des Individuums ebenso wie die Grenzen der Geschlechter. Die Seele kennt keine festen Demarkationen, ihr Gesetz ist das ständiger Expansion und unbegrenzten Wachstums.

Fullers Empörung speist sich weniger aus der Beobachtung, daß der Frau etwas vom sozialen und ökonomischen Kuchen vorenthalten wird, als aus dem Gefühl für die Verletzung, die ihrer Seele von den Verhältnissen zugefügt wird. Die Seele ist in sich unendlich — wie kann man dann eine ganze Gruppe von Menschen auf einen eng umgrenzten Raum festlegen? Umgekehrt folgt aus dieser Sicht eine klare Unterscheidung von kurzfristigen und langfristigen Zielen. Langfristig muß es darum gehen, *alle* Schranken, die der Entfaltung der Seele entgegenstehen, abzubauen, genauer: das Ich so zu konzipieren, daß erst gar keine Schranken entstehen. Die kurzfristige Behebung sozialer und juristischer Mißstände hat nur insoweit ihr Recht, als sie diesen langfristigen und höheren Zielen zuarbeitet. Da jede konkrete Reform sich jedoch zu verselbständigen droht, stehen die kurzfristigen in einem Spannungsverhältnis zu den langfristigen Strategien. So erklären sich die rhetorischen Eiertänze, die für heutige Feministinnen so schwer zu verkraften sind. Wenn Fuller beispielsweise ihre Entrüstung über die Ausbeutung der Frau durch moralisch minderwertige Männer gleich wieder halb zurücknimmt, so folgt sie damit der fundamentalen transzendentalistischen Einsicht in das, was Horkheimer und Adorno die "Dialektik der Aufklärung" genannt haben: den tendenziellen Umschlag der Vernunft in Zweckrationalität und damit in neue Formen von Herrschaft und Versklavung.

Das starke Ich transzendiert alle Grenzen, im Idealfall wird es zum reinen Medium und Kraftleiter. Schon im Vorwort relativiert Fuller jeden weiblichen Machtanspruch: "I solicit of women that they will lay it to heart to ascertain what is for them the liberty of law. It is for this, and not for any, the largest, extension of partial privileges, that I seek" (3f.). Was sich hier noch als *captatio benevolentiae* ausnimmt, erweist sich als Argumentationsstrategie, die das ganze Buch durchzieht und aus der Sorge kommt, daß der Einsatz für "partial redress" und "partial privileges" das Individuum um den Kontakt mit jenem Ganzen bringen könnte, aus dem es seine eigentliche Autorität und Kraft gewinnt. Wie weit Fullers Feminismus über jedes soziale Engagement hinausgeht, wird auf den letzten Seiten ihrer Abhandlung in einer Wendung deutlich, die völlig befremden müßte, wenn ihre Voraussetzungen nicht zuvor erläutert worden wären: "It is not woman, but the law of right, the law of growth, that speaks in us, and demands the perfection of each being in its kind, apple as apple, woman as woman" (118). Die Frau muß sich als Frau entfalten können, weil sich in ihr etwas ausdrückt, das weder Mann noch Frau ist. An dieser Paradoxie arbeitet sich die Argumentation von *Woman* ab. Schlechte Rechtsverhältnisse und Institutionen müssen abgeschafft werden, zugleich muß deutlich bleiben, daß es um mehr geht: "... I would not deal with 'atrocious instances' except in the way of illustration, neither demand from men a partial redress in some one matter, but go to the root of the whole. If principles could be established, particulars would adjust themselves aright" (17).

Zu den aufregendsten Aspekten von Fullers Feminismus gehört nun die Verschränkung des Ganzheitspostulats mit dem Gedanken weiblicher Differenz. Der Appell an das Ganze läuft keineswegs auf eine Nivellierung der Geschlechterdifferenz hinaus, er mündet vielmehr in ein entschiedenes Eintreten für die Entfaltung spezifisch weiblicher Begabungen und Fähigkeiten, das Elemente des "Cult of True Womanhood" aufgreift und ihnen eine emanzipatorische Wendung gibt.

Der "Minerva side", den intellektuellen Anlagen, steht die "Muse" gegenüber; in ihr sieht Fuller die eigentlichen Stärken der Frau: "The especial genius of woman I believe to be electrical in movement, intuitive in function, spiritual in tendency" (75). Von diesem "magnetic element" (66) besitzt die Frau viel mehr als der Mann, sie hat eine natürliche Neigung zur "elevation", zur Erhebung und Verfeinerung, die dem eher vom kalten Intellekt geprägten Mann abgeht. Die Frau ist ihrer Veranlagung nach ganz Seele, mit ihrem feinen Sensorium ist sie der ideale Träger der Inspiration und damit das beste Medium künstlerischer Kreativität. Das Werk selbst freilich überläßt sie eher dem Mann; sie inspiriert ihn, er schreibt das Gedicht. Die in anderer Hinsicht beklagenswerte Begrenzung der Aktionssphäre hat insoweit genutzt, als sie die Frau auf sich selbst zurückverwiesen und die Entfaltung ihrer Spiritualität gefördert hat: "the greater delicacy of her frame, and stillness of her life, left her more open to spiritual influx than man is" (42). Die Abgeschiedenheit des Heims hat sie einerseits zu Untätigkeit verdammt und viele ihrer Fähigkeiten brachliegen lassen, andererseits ist sie dadurch nicht in die vielfältigen Geschäfte, "the bustle of life" (71) und "the films of interest" (111) verstrickt, die den Mann an Selbstbesinnung hindern.

Die Gegenüberstellung der Frau als Muse und des Mannes als *homo faber* scheint traditionelle Rollenklischees zu bestätigen, sie dient aber im Rahmen transzendentalistischen Denkens als Ausgangsbasis für eine offensive Argumentation, die auf eine nur scheinbar mit dem konventionellen Bild der "true woman" übereinstimmende Überlegenheit der Frau hinausläuft. Für Emerson wie für Thoreau ist die Seele klar gegenüber dem Intellekt privilegiert. Jedes Werk — auch jedes Kunstwerk — enthält als Objektivation der Seele ein Moment des Festen, das ihre Vitalität verrät. Wenn sich die weibliche Psyche gleichsam im Fließen entfaltet, entgeht sie damit der Falle der Verdinglichung, in die der Mann ständig gerät. Das weibliche Element ist hervorragend geeignet, Schöpfung als Prozeß in Gang zu halten. Die Frauen sind die besseren Transzendentalisten: "In so far as soul is in her completely developed, all soul is the same; but as far as it is modified in her as woman, it flows, it breathes, it sings, rather than deposits soil, or finishes work, and that which is especially feminine flushes, in blossom, the face of earth, and pervades, like air and water, all this seeming solid globe, daily renewing and purifying its life" (75).

Die *feminine mystique* des häuslichen Engels geht über in die Stilisierung der Frau zur Retterfigur im umfassenden Sinne. Der Gefahr der Stereotypisierung, die wohl in jedem gynozentrischen Ansatz liegt, wirkt Fuller entgegen, indem sie das Weibliche nicht biologistisch definiert, sondern als den einen Pol eines Dualismus, der nur bedingt an den Körper gebunden ist. Im Grunde manifestiert sich in der Spannung von Mann und Frau die nach Emerson für alles Sein konstitutive Wechselwirkung von Form und Energie: "Male and female represent the two sides of the great radical dualism. But, in fact, they are perpetually passing into one another. Fluid hardens to solid, solid rushes to fluid. There is no wholly masculine man, no purely feminine woman" (75). Die Ansätze zu einem androgynen Menschenbild, die sich hier abzeichnen, werden am Schluß noch einmal aufgegriffen, wenn Mann und Frau als zwei Seiten *eines* Menschen und zwei Ausdrucksformen *einer* Idee gesehen werden. Damit löst Fuller die kryptische (und deshalb aufgegebene) Formulierung im Untertitel von "The Great Lawsuit" ein: "Man *versus* Men; Woman *versus* Women." Der Titel sollte, wie sie im Vorwort zu *Woman* erläutert, andeuten, daß es letztlich nicht um einen Konflikt zwischen den Geschlechtern geht, sondern um die Diskrepanz zwischen der Idee Mensch und ihrer kläglichen Verwirklichung. Die Diskriminierung der Frau ist skandalös, weil sie die Entfaltung der Menschheit, und nicht nur eines Geschlechts, massiv behindert. Wenn die Frau zunächst als Minerva und endlich als Muse ihr intellektuelles ebenso wie ihr spirituelles Potential voll ausschöpfen könnte, kämen wir dem Ideal des ganzen Menschen näher.

In der Vorstellung vom "Great Lawsuit" scheint zunächst eine an Wollstonecrafts *Vindication* erinnernde Konfliktstrategie auf, Fuller ist jedoch überzeugt, daß weder die Durchsetzung der kurzfristigen Ziele — rechtliche Gleichstellung, berufliche Chancengleichheit, bessere Ausbildung — noch die langfristig anzustrebende Entfaltung der intuitiven und spirituellen Fähigkeiten der Frau zerstörerisch wirken wird. Die Frau hat einen angeborenen oder über viele Jahrhunderte kultivierten Sinn für Anstand und Maß, "a reverence for decorums and limits" (115). Selbst dort, wo sie wie die öffentlich auftretenden Quäkerinnen und Abolitionistinnen die ihr von der Gesellschaft zugewiesene Sphäre durchbricht, wirkt sie, da ihre Revolution aus dem Innern der Seele kommt, nicht destruktiv, sondern zieht alle in ihren Bann. Die Quäker-Predigerinnen haben vorgeführt, daß die Frau sich ausdrücken kann, ohne "the peculiar beauty of her sex" (19) zu verlieren. Wenn Angelina Grimké und Abby Kelley die Sklaverei verurteilen, folgen sie allein ihrer "moral power" (72), sie scheinen in sich hinein zu horchen und die oft feindselige Menge um sich herum kaum wahrzunehmen. Voll Bewunderung zitiert Fuller aus einem Brief, in dem ein Auftritt von Kelley geschildert wird. Weibliche *virtue* ist zugleich kämpferisch und heilend, hat eher den Charakter eines Gebets als den eines Duells, und sie überschreitet die traditionelle Sphäre der Frau gleichsam unbewußt, indem sie dem "self-impulse" ihres Innern folgt:

The scene was not unheroic — to see that woman, true to humanity and her own nature, a centre of rude eyes and tongues, even gentlemen feeling licensed to make part of a species of mob around a female out of her sphere. As she took her seat in the desk amid the great noise, and in the throng, full, like a

wave, of something to ensue, I saw her humanity in a gentleness and unpretension, tenderly open to the sphere around her, and, had she not been supported by the power of the will of genuineness and principle, she would have failed. It led her to prayer, which, in woman especially, is childlike; sensibility and will going to the side of God and looking up to him; and humanity was poured out in aspiration.
   She acted like a gentle hero, with her mild decision and womanly calmness. [72]

Die weibliche Tugend zeigt sich in einem 'sanften' Heroismus. Das zerstörerische Potential der Frau "out of her sphere" wird weiter entschärft durch Vorstellungen, die an Thoreaus "spherical man" erinnern: Das tugendhafte Individuum, das seine 'Bahn' gefunden hat, wird zur allgemeinen Harmonie beitragen, wie die Planeten, von denen jeder seinen eigenen Klang der Symphonie des Kosmos hinzufügt. Von Anfang bis Ende ist *Woman* mit musikalischen Metaphern durchsetzt; sie illustrieren einen Kerngedanken des Buches, daß nämlich Differenz nicht mit Dissonanz gleichzusetzen ist, sondern vielmehr den Wohlklang des Ganzen steigert: "Harmony exists in difference, no less than in likeness, if only the same key-note govern both parts" (50). Die Hindernisse, die der Selbstentfaltung der Frau entgegenstehen, verderben die 'Stimmung' der Welt: "We believe the divine energy would pervade nature to a degree unknown in the history of former ages, and that no discordant collision, but a ravishing harmony of the spheres would ensue" (20). Die individuelle *virtus* strebt über die enge Begrenzung des Hauses wie über jede andere Grenze hinaus, gerade mit diesem Drang aber stimmt sie ein in das Konzert des Ganzen. Wenn Mann und Frau gleichberechtigt agieren könnten, wenn Minerva und die Muse, Intellekt und Intuition aufeinander 'abgestimmt' wären, hätten wir "perfect harmony": "they would correspond to and fulfil one another, like hemispheres, or the tenor and bass in music" (113).
   Woman ist ein prophetisches Buch. Die zahllosen Einzelargumente und Beispiele gewinnen ihr Gewicht im Rahmen einer heilsgeschichtlichen Perspektive, die alles Einzelne übersteigt und ihm zugleich seinen Sinn gibt. Die rechtlichen und sozialen Mißstände, die Asymmetrie im Verhältnis der Geschlechter, die Mechanismen der Versklavung — ihr eigentliches Skandalon liegt darin, daß sie

uns an unserer Aufgabe, der Vorbereitung von Gottes Reich, hindern: "the action of prejudices and passions which attend, in the day, the growth of the individual, is continually obstructing the holy work that is to make the earth a part of heaven" (3). Die ungehinderte Entfaltung der Geschlechter würde jene Kräfte freisetzen, die Mann und Frau mitgegeben wurden, als sie ihr gemeinsames Haus — "our common home" (20) — verließen. Was Mann und Frau verbindet, ist im Tiefsten nicht eine wie immer geartete 'Beziehung', sondern die Herkunft aus *einem* Haus und die Pilgerschaft auf *ein* Ziel hin: "The ... highest grade of marriage union, is the religious, which may be expressed as pilgrimage towards a common shrine" (51). Alle Regelungen der Geschlechterbeziehung, die im Sozialen verharren, müssen Stückwerk bleiben, alle Regeln und Verhaltensnormen können leicht zu neuen Herrschaftszwecken mißbraucht werden. Deshalb ist der aufklärerisch-egalitäre Feminismus mit seiner Konzentration auf Rechte und soziale Gerechtigkeit letztlich unzureichend: "all the rules left by Moses availed less to further the best life than the living example of one Messiah" (48).

Mit der Invokation des Messias gegen das Gesetz erstellt Fuller eine Dimension, die den Aufklärungs-Feminismus aufhebt, ohne sein Postulat sozialer Gerechtigkeit aufzugeben. Die biblischen Vorstellungen vom Reich Gottes und der Ausgießung des heiligen Geistes propagieren einen Pluralismus, der Unrecht bekämpft und zugleich kreative Vielfalt begünstigt. Die Verheißung von Joel 3.1-5 ebnet soziale Hierarchien ein, die von Mann und Frau ebenso wie die von Herren und Knechten, und betont die Verschiedenheit derer, die "Träume haben" und "Gesichte sehen". Ihre neutestamentliche Version, das Pfingstereignis, beschreibt das Wunder einer Verständigung unter Fremden. Weit davon entfernt, die Unterschiede in Herkunft, Stand und Ethnie einzuebnen, verhilft der Heilige Geist ihnen zum Ausdruck. Im Pfingstereignis nimmt das Modell einer Gesellschaft Gestalt an, die zugleich egalitär und komplex, gerecht und farbig ist.[60]

---

[60] Michael Welker, "'... And Also upon the Menservants and the Maidservants in those Days Will I Pour Out My Spirit': On Pluralism and the Promise of the Spirit", *Soundings* 78 (1995) 49-67.

Zu Beginn der Zusammenfassung ihrer Argumente stellt Fuller *Woman* in die Gattungstradition der Predigt. Dem Verweis auf die Systematik der "old-fashioned sermons" schickt sie ein Bild voraus, das den 'pfingstlichen' Charakter des Buches unterstreicht: "And now I have designated in outline, if not in fulness, the stream which is ever flowing from the heights of my thought" (112). Die Vorbehalte, die Fuller bei aller Bewunderung für Mary Wollstonecraft äußert (46-49), hängen mit dem Selbstbild der Autorin, das hier sichtbar wird, zusammen. Die *Vindication* verharrt im Zeichen des Gesetzes, sie erschöpft sich in Kritik und Regeln. *Woman* will dagegen ein Buch sein, das den "onward impulse" (72) der Zeit aufgreift, sich wie der Regen des Geistes über die Wachstumskeime ergießt, die auch in schlechten Verhältnissen schlummern, und sie zum Sprießen bringt. Daß ein solcher Ansatz literarisch schwer umzusetzen ist — daß 'pfingstliches' Schreiben seine Tücken hat —, steht auf einem anderen Blatt (s. Kap. 8).

II. Sehen

5. Emerson, Thoreau und das offenbare Geheimnis der Natur

In einer Tagebucheintragung von 1833 spricht Emerson vom "'open secret' of the universe" (*JMN* 4:87). Die Wendung — für die sich weitere Belege bei Emerson finden — geht über Thomas Carlyle auf einen Lieblingsgedanken Goethes zurück, der in *Maximen und Reflexionen* in folgender Formulierung erscheint: "Wem die Natur ihr offenbares Geheimnis zu enthüllen anfängt, der empfindet eine unwiderstehliche Sehnsucht nach ihrer würdigsten Auslegerin, der Kunst."[61] Das Oxymoron vom offenbaren Geheimnis verweist auf Goethes Symbolbegriff; gegenüber Schiller, der die Natur der abstrakten Vorstellung unterwirft und die Allegorie bevorzugt, sieht Goethe das Wesen der Dinge im Sinnlich-Wahrgenommenen offen zutage liegen.

In Goethes und Schillers unterschiedlicher Einschätzung der Sinne und insbesondere des Auges wird ein Kontrast sichtbar, der sich bereits in der Antike — im Aufeinanderstoßen von griechischer Neugierde und ägyptischer Andacht — findet und damit auf eine sich über historische Epochen durchhaltende Polarität verweist.[62] Es lohnt sich, einige Varianten dieser Polarität zu erinnern, da sie in der Haltung gegenüber der Natur bei Emerson und Thoreau wiederkehrt.

Wenn Hamlet auf Horatios Frage, wo er den Geist seines Vaters gesehen habe, antwortet: "In my mind's eye" (I.ii.185), so verwendet er damit einen Gemeinplatz, der bei Chaucer und Sidney

---

[61] *Goethes Werke*, Hamburger Ausgabe, 5. Aufl., Bd. 12 (Hamburg: Wegner, 1963) 467; vgl. 470f. zum Symbolbegriff und zur Auseinandersetzung mit Schiller.

[62] Jan Assmann, "Das verschleierte Bild zu Sais: Griechische Neugierde und ägyptische Andacht", in *Geheimnis und Neugierde*, ed. Aleida und Jan Assmann, Archäologie der literarischen Kommunikation 5.3 (München: Fink, im Druck).

ebenso wie bei Platon, Aristoteles, Cicero und in der Bibel belegt ist. In der platonisch-christlichen Tradition und später in Renaissance und Aufklärung wird Wahrheit mit Licht, Erkenntnis mit Sehen, die Sonne mit Gott gleichgesetzt. Kopernikus zitiert in *De revolutionibus orbium caelestium* (1543) zustimmend die Vorstellung von der Sonne als Geist und als Analogon zum allsehenden Auge Gottes (I.x).[63] Die Privilegierung des Auges, die sich in solchen Metaphern ausdrückt, beinhaltet zugleich eine Spannung von physischem und geistigem Auge, die in der Regel auf Kosten des ersteren geht. Das innere Licht setzt das Erlöschen des äußeren voraus; um das innere Gesicht zu wecken, lehrt Plotin, muß man die Augen schließen (*Enneaden* I.6.8-9). Im Musenanruf zu Beginn des 3. Gesangs von *Paradise Lost* (1667) verknüpft John Milton seine eigene Blindheit mit der antiken Tradition und stellt sich in die Nachfolge der Seher der Antike, deren Blindheit eine Voraussetzung für ihre Erleuchtung war.

Während Miltons Zeitgenosse Thomas Hobbes im *Leviathan* (1651) inneres und äußeres Auge schroff kontrastiert und die Phantasie als "*decaying sense*" (I.ii) bezeichnet, visiert die Schriftstellergeneration der Klassizisten eine sanftere Beziehung an. In seiner 1712 im *Spectator* (Nr. 411-421) veröffentlichten Essay-Serie über die "Pleasures of the Imagination" faßt Joseph Addison das Verhältnis von sinnlicher Wahrnehmung und innerem Sehen als harmonisches Geben und Nehmen. Nachdem er die gängige Privilegierung des Auges und seine Vorzüge gegenüber den anderen Sinnen paraphrasiert hat, definiert er die Freuden der Phantasie zunächst als solche, die von sichtbaren Gegenständen herrühren. Anschließend unterscheidet er zwischen primären und sekundären Vorstellungen: Die primären rühren von Gegenständen, die wir vor Augen haben, die sekundären speisen sich aus Ideen von sichtbaren Objekten, die die Erinnerung bereitstellt. Während Hobbes, überspitzt formuliert, den imaginativen Akt mit dem 'Tod' des physischen Objekts verbindet, geht Addison von einer harmonischen, wechselseitig hilfreichen Beziehung von Sehen und Phantasie

---

[63] Zur Metaphorik von Licht und Auge vgl. die Jahrgänge 10 (1957) und 13 (1960) von *Studium Generale*.

aus. Mit "pleasures" verbindet er Vorstellungen von Nahrung und Besitz, wobei beide jedweder Aggressivität entbehren. Die Sinne versorgen die Phantasie mit Nahrung, umgekehrt profitiert der phantasievolle Mensch von einer Landschaft.

Die im Klassizismus anvisierte Harmonie von Sinnlichkeit und Erkenntnis zerbricht in der zweiten Hälfte des 18. Jahrhunderts. In den Theorien des Erhabenen von Edmund Burke bis Kant und Schiller verschiebt sich das ästhetische Erleben radikal zu einer Vision hin, die auf Kosten der Sinne geht. In Schillers Dreiphasenmodell des Erhabenen schwingt das Bewußtsein von der Wahrnehmung einer "objektiven physischen Macht" über das Innewerden "unsrer physischen Ohnmacht" zum Triumph "unsrer subjektiven moralischen Uebermacht." Im erhabenen Augenblick transzendiert das Subjekt die Sinnenwelt und erkennt in ihr das gleiche geistiggöttliche Prinzip, das auch im betrachtenden Subjekt selbst waltet. Die dramatische Verschiebung im Status des Subjekts wird von Coleridge prägnant zusammengefaßt: "I meet, I *find* the Beautiful — but I give, contribute, or rather attribute the Sublime."[64]

Die Schlüsselstellung Wordsworths in der Romantik ergibt sich aus seinem Versuch, die Dichotomisierung von Vernunft und Verstand, Subjektivität und Sinnlichkeit zu überwinden, ohne in den klassizistischen Kompromiß zurückzufallen. Zunächst folgt er dem von Burke und anderen vorgezeichneten Muster. In den klimaktischen Episoden von *The Prelude* werden die Sinne ausgeschaltet zugunsten von Visionen, die nicht von dieser Welt sind: "... the light of sense / Goes out, but with a flash that has revealed / The invisible world" (VI. 600-602). In einer Formulierung, die an Coleridge erinnert, bezeichnet er den menschlichen Geist als "lord and master" (XII. 222). Dieser Variante des Erhabenen — dem *egotistical sublime* — arbeitet jedoch ein ebenso starker Impuls zur Vermittlung von Sinnlichkeit und Vision entgegen. Die großen Visionen sind ebenso wie die kleineren Offenbarungen, die "spots of time", stets in konkrete Situationen eingebettet. Die Epiphanien

---

[64] Schiller, "Vom Erhabenen", *Schillers Werke*, Nationalausgabe, Bd. 20 (Weimar, 1962) 186; Coleridge, "Unpublished Fragments on Aesthetics by S.T. Coleridge", ed. Thomas M. Raysor, *Studies in Philology* 22 (1925) 532.

kommen keineswegs plötzlich, vielmehr bauen sie sich allmählich in einer Steigerung und Intensivierung sinnlicher Wahrnehmung auf. Selbst in der berühmten Mount Snowdon-Episode, in der sich nicht die physische Natur, sondern die hinter ihr stehende göttlich-spirituelle Macht enthüllt, vollzieht sich die Apokalypse *mit* der Natur, nicht gegen sie — als "intensification of natural process and visual appearance."[65]

Das Wordsworthsche *sublime* strebt eine 'Aufhebung' der Sinne an: Die Sinne werden suspendiert, geläutert und bewahrt. Dient Schiller und Coleridge die Natur als Absprungbrett für das Ideal, so geht es Wordsworth um eine Rückkoppelung an die empirische Welt. Er habe sich stets bemüht, bemerkt er im Vorwort zu den *Lyrical Ballads*, seinen Gegenstand fest im Auge zu behalten. Dahinter steht, wie er in der Fenwick-Notiz zur "Intimations"-Ode erläutert, die Angst vor dem Solipsismus: die Furcht, das hochfliegende, von der Empirie losgelöste Subjekt könne abstürzen und sich in einem "abyss of idealism" verlieren. Dem 'Abgrund des Idealismus' setzt er die genaue, zur lebenslangen Gewohnheit gewordene Beobachtung und Beschreibung der äußeren Welt entgegen. In "Tintern Abbey" wird der ruhige Blick — "an eye made quiet by the power / Of harmony" — zum Kennzeichen glücklicher Stunden; in ihm geht Sehen organisch in Schauen über. So gewinnt Wordsworths Lyrik den Charakter der "Besonnenheit" in Herders (vom heutigen Wortgebrauch abweichendem) Verständnis eines Bei-den-Sinnen-Seins. Das beruhigte Auge wird wie das von Herder gegen Platonismus und Aufklärung privilegierte Ohr zu einem Sinnesorgan, das — frei von der Rastlosigkeit des Ichs ebenso wie von der Überflutung durch sinnliche Reize — die Tür zur Seele und zugleich einen Schlüssel zum Geheimnis der Natur bildet.[66]

---

[65] Harold Bloom, *The Visionary Company: A Reading of English Romantic Poetry*, 2. erw. Aufl. (Ithaca, NY: Cornell University Press, 1971) 163.

[66] Gerhart Schmidt, Einleitung zu Herders *Ideen zur Philosophie der Geschichte der Menschheit* (Darmstadt: Melzer, 1966) 33-34. Vgl. Aleida Assmann, "Auge und Ohr: Bemerkungen zur Kulturgeschichte der Sinne in der Neuzeit", in *Ocular Desire: Sehnsucht des Auges*, ed. Aharon R.E. Agus und Jan Assmann (Berlin: Akademie Verlag, 1994) 142-160.

Für Emerson und Thoreau wie für die amerikanische Romantik generell wurde Wordsworth in den 1830er Jahren zur zentralen Bezugsfigur. Dabei konzentrierte sich das Interesse neben den für die Amerikaner wichtigen egalitären Zügen von Wordsworths Lyrik vor allem auf seine Haltung gegenüber der Natur, die Emerson und Thoreau gleichermaßen inspirierte. Doch trotz des gemeinsamen Bezugspunkts und bei allen Affinitäten, die die beiden Transzendentalisten ansonsten verbindet, zeigt sich gerade hier eine tiefgreifende Divergenz. Während Thoreaus Bewußtsein sich an der sinnlichen Erfahrung entlangbewegte und diese zur Selbsttranszendierung zu treiben suchte, lag Emersons Begabung eher in der Fähigkeit, die Natur als Stoff zu nehmen, gegenüber dem das Subjekt eine souveräne Haltung einnimmt. Emerson war sich dieser Divergenz bewußt, als er in seinem Nachruf Thoreaus hermeneutische Zurückhaltung ebenso wie seine phänomenale Beobachtungsgabe festhielt: "the meaning of Nature was never attempted to be defined by him.... His power of observation seemed to indicate additional senses" (*EW* 10:439).

Die Intensität des 'Schauens' geht tendenziell auf Kosten des 'Sehens'. Emerson schrieb sich selbst ein 'musikalisches Auge' zu, mit dem er einen schwächer entwickelten Gehörsinn kompensiere: "I think sometimes that my lack of musical ear is made good to me through my eyes. That which others hear, I *see*. All the soothing, plaintive, brisk, or romantic moods, which corresponding melodies waken in them, I find in the carpet of the wood, in the margin of the pond, in the shade of the hemlock grove, or in the infinite variety & rapid dance of the treetops" (*TN* 1:117). In weniger euphorischen Momenten empfand er sein Seh-Vermögen jedoch durchaus auch als problematisch. Darauf deutet eine Notiz, in der er seine Trauer über den Tod des Bruders Charles ausdrückt. Charles scheint für Emerson eine ähnliche Rolle gespielt zu haben wie Dorothy Wordsworth für William. Das kindlich-unmittelbare Verhältnis der Schwester zur sinnlichen Fülle der Natur verhalf Wordsworth zu einer ständigen Naturalisierung der Phantasie. Ganz in diesem Sinne empfand Emerson den Tod des Bruders gleichsam als Verlust des natürlichen Auges: "The eye is closed that was to see Nature for me, & give me leave to see ..." (*JMN* 5:152).

Während Emerson die Natur vom Subjekt her aufschließt, indem er sie als *physis* außer Kraft setzt, hält Thoreau an der Kontinuität von geistiger Schau und sinnlicher Wahrnehmung fest. Der eine durchschaut die Natur, der andere schaut sich nach ihr die Augen aus. Emerson wie Thoreau gewannen aus ihrer je verschiedenen Perspektive ein großes Glückspotential, beide gingen aber auch erhebliche Risiken ein. Das Emersonsche Ich, das sich in immer neuen Anläufen über den 'Abgrund des Idealismus' erhebt, neigt zum Verschleiß sowohl der Natur — diese wird tendenziell zum Treibstoff des Absoluten funktionalisiert — wie auch der Phantasie, der ständig neue Kraftakte abverlangt werden. Für Thoreau hingegen stellt sich das Problem, daß bei der Anstrengung der Sinne womöglich nichts für die Phantasie herausspringt. In *Walden* setzt er sein Experiment nicht ohne Grund zu den Arbeiten des Herkules in Beziehung.[67]

*

Emersons visuelle Strategien gegenüber der Natur ähneln denen des Pioniers: Sie schaffen Lichtungen. Dieser Vorgang setzt bereits auf der Ebene der *physis* ein, gewinnt aber dann seine eigentliche Dynamik im Überschreiten der Sinne. In einem Vortrag über "The Eye and Ear" (1837) — der charakteristischerweise so gut wie nichts über das Ohr zu sagen hat — faßt Emerson die Sinne

---

[67] Aus der Fülle der Forschungsliteratur habe ich von einigen Studien besonders profitiert: Frederick A. Pottle, "The Eye and the Object in the Poetry of Wordsworth" (1950), Nachdr. in *Romanticism and Consciousness: Essays in Criticism*, ed. Harold Bloom (New York: Norton, 1970) 273-287; Lee Rust Brown, "Emersonian Transparency", *Raritan* 9 (1990) 127-144; James M. Cox, "R.W. Emerson: The Circles of the Eye", in *Emerson: Prophecy, Metamorphosis, and Influence*, ed. David Levin (New York: Columbia University Press, 1975) 57-81; Alan D. Hodder, *Emerson's Rhetoric of Revelation: "Nature", the Reader, and the Apocalypse Within* (University Park: Pennsylvania State University Press, 1989); David L. Smith, "The Open Secret of Ralph Waldo Emerson", *Journal of Religion* 70 (1990) 19-35; Perry Miller, "Thoreau in the Context of International Romanticism", *New England Quarterly* 34 (1961) 147-159; Peck, *Thoreau's Morning Work*.

zunächst in einer harmonischen Beziehung zur Natur, eine in dem Essay zitierte Goethe-Passage verdeutlicht jedoch, daß Emersons Auge alles andere als ein Einfallstor für die Sinnenwelt ist, sondern sich vielmehr seine Freiräume in der Natur schafft: "'In design,' says Goethe, 'the soul seems to give utterance to her inmost being, and the highest mysteries of creation are precisely those which as far as relates to their ground plan rest entirely on design and modelling; these are the language in which she reveals them'" (*EL* 2:266). Emerson — und Goethe — handeln hier von den Künsten, nicht der Natur, aber wenn Emerson die Mysterien der Schöpfung anspricht, meint er sowohl die menschliche Kreativität wie die Natur als Schöpfung. Beide sind durch "design" und "modelling" gekennzeichnet, d.h. das Auge organisiert und gestaltet den Stoff der Natur ganz so, wie ein Bildhauer sein Material formt.

In *Nature* ist von der "plastic power" des Auges die Rede, es wird als "the best of artists" und "the best composer" (14) gerühmt. Das wichtigste vom Auge geschaffene Muster ist der Horizont. Dieser wird nicht gefunden, sondern nach den Bedürfnissen des Subjekts erzeugt: "The health of the eye seems to demand a horizon" (15). In "Experience" heißt es: "it is the eye which makes the horizon" (487). Damit kommt das Auge jedoch nicht zur Ruhe, es verlangt vielmehr nach immer neuen Horizonten, sonst stagniert es und stirbt. Wenn Wordsworth in der Beruhigung des Auges die Voraussetzung für die Epiphanien der Natur zu schaffen sucht, wird für Emerson Rastlosigkeit zum obersten Gebot. Nur durch den ständigen Wechsel von Position und Perspektive, durch das Schaffen immer neuer Horizonte, bleiben Auge und Ich lebendig.

In der Kreismetaphorik von "Circles" erscheint das Auge als innerster Kreis, es schafft sich mit dem Horizont einen zweiten Kreis und damit ein Gebiet, das es überblickt und beherrscht. Das Wort 'Horizont' beinhaltet etymologisch die Vorstellung einer Demarkation, des Absteckens von Gelände zur Markierung von Besitz. Der christlich-platonischen Solarmythologie folgend inthronisiert Emerson das Auge analog zum Auge Gottes als Herrschafts- und Schöpfungszentrum. Die Unterordnung der Natur wird in einer Reihe von Metaphern deutlich. In *Nature* erscheint sie als "an appendix to the soul" (37), sie verhält sich zum Geist wie der

Schatten zur Sonne (40). Noch drastischer erscheint ihre Abhängigkeit in der Vorstellung, die materiellen Gegenstände der Natur seien "kinds of *scoriae* of the substantial thoughts of the Creator" (25), ein Bild, das Kenneth Burke zufolge skatologische Assoziationen von der Natur als Exkrement des Geistes nahelegt.[68] Offenbar selbst über die Aggressivität seiner Metaphorik erschrocken, entschuldigt Emerson sich gleichsam bei der Natur: "I do not wish to fling stones at my beautiful mother, nor soil my gentle nest" (38). Aber die Apostrophe der Natur als Mutter unterstreicht nur den Anspruch geistig-männlicher Dominanz.

Eine weitere Variation der Vorstellung vom Triumph des Subjekts über die Natur entfaltet Emerson in Metaphern der Transparenz. Die Natur ist nicht zuletzt deshalb ein offenes Geheimnis, weil wir sie durch-schauen. Dieser Vorgang vollzieht sich bereits auf der physiologischen Ebene, in der Art, wie unser Auge als Sinnesorgan funktioniert. Das Auge öffnet ständig Räume zwischen uns und der Umgebung. Sehen vollzieht sich als Prozeß des *clearing*. Das Ich, so argumentiert Emerson in "Nominalist and Realist", schlägt gleichsam Schneisen in die Natur, es schafft Intervalle zwischen uns und der Objektwelt, indem es Dinge überspringt, beiseiteschiebt oder durchschaut; nur so kann es sich im "*plenum*" der Welt behaupten (584). Der Titel des letzten Teils von *Nature*, "Prospects", bezieht sich zunächst auf Perspektiven für die Zukunft, daneben aber auch auf die Tätigkeit des Auges, das uns Ausblicke schafft. Ohne die Fähigkeit, Dinge zu über-sehen und zu durchschauen, könnten wir nichts wahrnehmen. Das Auge ist damit schon als Sinnesorgan apokalyptisch angelegt; es zerstört, um uns sehen zu lassen. Damit wird die für das Erhabene konstitutive Spannung von Vision und sinnlicher Erfahrung zugunsten einer "apocalypse of the mind" (32) aufgelöst.

Die Desintegration des hochromantischen *sublime* läßt sich bei Emerson an vier eng miteinander verflochtenen Symptomen festma-

---

[68] Burke, "I, Eye, Ay — Emerson's Early Essay 'Nature': Thoughts on the Machinery of Transcendence", in *Transcendentalism and Its Legacy*, ed. Myron Simon und Thornton H. Parsons (Ann Arbor: University of Michigan Press, 1966) 20.

chen. Erstens entfallen oder schrumpfen die ersten beiden Phasen des Erhabenen, in denen sich Schiller zufolge das Ich von einer äußeren Macht bedroht fühlt. Das Moment der Angst erscheint bei Emerson von vornherein in die Ekstase des visionären Augenblicks aufgesogen. Die berühmte Passage vom "transparent eye-ball" in *Nature* registriert eine Spur von Furcht — "I am glad to the brink of fear" —, aber nur, um die "perfect exhilaration" (10) der Seele zu unterstreichen. In der Vision, heißt es in "Self-Reliance", verschwinden Raum und Zeit: "Vast spaces of nature, the Atlantic Ocean, the South Sea, — long intervals of time, years, centuries, — are of no account" (271). Die grandiosen Naturphänomene, deren Anschauung traditionell die Erfahrungssequenz des Erhabenen auslösen, werden von Emerson gleichsam aus dem Stand übersprungen. Edmund Burke und andere Theoretiker hätten Emersons Auffassung zugestimmt, daß die Dimensionen zeitlicher und räumlicher Ausdehnung aufgehoben werden — "Before the revelations of the soul, Time, Space, and Nature shrink away" ("The Over-Soul", 388) —, aber sie hätten darauf bestanden, daß das Bewußtsein sich ihnen zunächst aussetzt und ihrer Macht gewahr wird.

Eng verbunden mit dem Überspringen der Naturphänomene ist ein zweites Symptom: Emerson reduziert bzw. annulliert den Status der Sinne. Auch Wordsworth läßt das 'Licht der Sinne' verlöschen, aber er unternimmt gewaltige Anstrengungen, den Augenblick der Offenbarung in der Natur zu verankern, Sinne und Vision in ein Kontinuum zu verschmelzen. Emerson hingegen radikalisiert die von Schiller und Coleridge postulierte Spaltung des moralischen vom physischen Menschen bis zu einem Punkt, an dem Körper und Sinne irrelevant werden. Die Dinge werden unmittelbar dem Licht des Intellekts unterworfen, der durchscheinende Augapfel erscheint als "a spatial converter, reducing experience to the scan of the perceiving lens."[69]

Drittens: Die Bewegung von Emersons Phantasie ist stets nach außen und oben gerichtet. Die Beschreibung einer nächtlichen Vision endet in der Bemerkung: "I have died out of the human

---

[69] David Porter, *Emerson and Literary Change* (Cambridge, MA: Harvard University Press, 1978) 60.

world" (*JMN* 5:497). In "Experience" notiert er gegen Ende einer ähnlichen Passage: "I am ready to die out of nature ..." (485). Ähnlich heißt es in "The Over-Soul": "With each divine impulse the mind rends the thin rinds of the visible and finite, and comes out into eternity" (389). Wordsworths Angst vor dem Solipsismus ist Emerson fremd; ohne Zögern überläßt er sich in "The Poet" der "centrifugal tendency of a man, ... his passage out into free space" (460). Stets geht die Dynamik der Phantasie ins Jenseits, sie schlägt nie den Bogen zurück in die Endlichkeit des Hier und Jetzt. Deshalb kann man auch von den Visionen nicht profitieren. So sehr Emerson sich wünscht, Ekstase und *self-culture* miteinander zu vermitteln, entsteht insgesamt doch der Eindruck einer tiefen Kluft zwischen mystischer Schau und Alltagserfahrung.

Ein viertes Zerfallssymptom des Emersonschen *sublime* zeigt sich in der Ausweitung seines Gegenstandsbereichs. Die bereits von Wordsworth geforderte und praktizierte Einbeziehung des Gewöhnlichen und Niederen in die Vision wird dramatisch überspitzt, wenn es im *Journal* heißt: "What is there of the divine in a load of bricks? What is there of the divine in a barber's shop or a privy? Much. All" (*JMN* 4:307). Wordsworth hätte solchen Feststellungen zustimmen können, aber die Konsequenzen, die beide aus ihrer Einsicht in das erhabene Potential des Alltäglichen ziehen, sind entgegengesetzt. Während Wordsworth (wie später Thoreau) sich über weite Strecken auf der Ebene der Beschreibung bewegt und das Risiko eingeht, daß die Dinge eben nicht zur Epiphanie gelangen, verschärft Emerson die Dynamik der Phantasie, der damit eine enorme Bürde auferlegt wird, da sie ihre Paradiese gleichsam ohne Rückendeckung durch die Natur entwerfen muß.

Auf die ästhetischen Konsequenzen, die sich aus der Desintegration des Erhabenen ergeben, wird später einzugehen sein. Religionsgeschichtlich erscheint Emersons *sublime* als Variante eines Offenbarungstypus, der dem antinomischen Kalvinismus und der paulinisch-augustinischen Tradition nahesteht. Die Gnade löscht die Natur aus, ihr Licht schlägt den Menschen mit Blindheit. Die Metapher vom transparenten Augapfel setzt Epiphanie und Tod in eins: "I am nothing; I see all" (10). Im visionären Augenblick gewinnt das Subjekt absolute Herrschaft über die Natur, es 'verleibt' sich die Natur ein. Nicht nur der "despotism of the senses" (33) wird außer Kraft gesetzt, die Sinne werden überhaupt vom inneren Auge absorbiert. Dessen Triumph über die Natur wird in einer Sprache gefaßt, die ausdrücklich die Diktion des Neuen Testaments aufgreift: "Nature is thoroughly mediate. It is made to serve. It receives the dominion of man as meekly as the ass on which the Saviour rode" (28).

*

In "The Poet" vergleicht Emerson den Dichter mit Lynkeus, dem Steuermann der *Argo*, dessen Luchs-Augen (daher sein Name) durch die Erde hindurchschauen konnten; wie Lynkeus verwandle der Dichter die Welt in Glas (456). Auch Thoreau hat man mit dem Luchs verglichen, aber die Leistung *seines* Auges liegt weniger im Durchschauen der Dinge — obgleich es solche Momente bei ihm gibt —, als vielmehr in einer geduldig-kontemplativen Einstellung, bei der sich das Subjekt für die Dinge öffnet, sowie in der Anstrengung, die Dinghaftigkeit der Natur minutiös zu registrieren und die Sinne so zu verfeinern, daß die Welt an den Rand der Epiphanie getrieben wird, ohne jedoch in diese überzugehen. In der religiösen Tradition Neuenglands steht Thoreaus Sensibilität derjenigen der *Arminians* und *preparationists* nahe, für die das Heil sich zwar der menschlichen Verfügung entzieht, die menschliche Natur sich aber doch aus eigener Kraft auf die Gnade zubewegen kann.

Auf den ersten Blick haben Thoreaus Seh-Strategien einiges mit denen Emersons gemein. Auch für Thoreau ist das Auge der Sinn, der in unmittelbarem Kontakt zur Seele steht — "Its axle is the axle of the soul" — und gottgleiche Eigenschaften besitzt: "The eye has many qualities which belong to God more than to man ..." (*PJ* 1:155, 375). Die detaillierten Ausführungen in *Walden* über das Erstellen neuer Perspektiven durch ständigen Positionswechsel erinnern an die Aggressivität, mit der Emersons Auge die Landschaft 'verbraucht'. Auch Thoreau benutzt Metaphern von Besitz und Verzehr. Wer eine Landschaft überblickt, eignet sie sich an: "In imagination I have bought all the farms in succession ..." (387). Das umherschweifende Auge versorgt die Phantasie mit Nahrung:

"There was pasture enough for my imagination" (392). Doch während Emersons Auge die Natur zu beherrschen oder zu verschlingen trachtet, ist Thoreau — darin an Addison erinnernd — auf ein Vergnügen aus, das sowohl das Auge wie auch die Natur intakt läßt. Das Auge 'grast' — "My eyes nibble the piny sierra which makes the horizon's edge" (*J* 11:450) —, d.h. es gewinnt wohl Nahrung, aber auf eine Weise, die die Natur nicht verbraucht, sondern ihr zur Regeneration verhilft.

Walden Pond, das Zentralsymbol von *Walden*, wird mit einem Auge verglichen: "A lake is the landscape's most beautiful and expressive feature. It is earth's eye ..." (471). Der See ist feminin konnotiert, eine seiner wichtigsten Qualitäten ist seine Rezeptionsleistung: Regen, Staub, die vom Ufer hergewehten Blätter, das Bild des Himmels — alles vermag er aufzunehmen. Sehen erscheint als ein Sichöffnen für Einflüsse von außen. Der Blick des Betrachters am See geht seitwärts oder in die Tiefe. Während Emersons Sehen nach oben und über den Horizont hinaus gerichtet ist, schaut Thoreau vorzugsweise in der Ebene oder nach unten. Dies, so vermerkt er im *Journal*, entspreche der natürlichen Tendenz des Auges: "Man's eye is so placed as to look straight forward on a level best — or rather down than up — His eye demands the sober colors of the earth for its daily diet. He does not look up at a great angle but with an effort" (*PJ* 4:424).

Mit der Bemerkung, Thoreau habe nie versucht, die Bedeutung der Natur zu 'definieren', erfaßt Emerson in seinem Nachruf einen zentralen Aspekt von Thoreaus Sensibilität. Der Begriff der Definition enthält wie der des Horizonts die Metapher einer Grenzlinie, die man zur Markierung von Besitz zieht. Wenn Emersons 'plastisches' Auge sich einen Horizont mit klaren, scharfen Rändern schafft, so bevorzugt Thoreau vage, unsaubere Konturen. Sein Horizont ist keine Demarkationslinie, sondern eine Grauzone, in der sich die Einflußbereiche von Auge und Objektwelt vermischen. Wolken, Dunst und Büsche machen den Horizont weich und fangen den Blick sanft auf: "trees and bushes ... make an agreeable misty impression where there are a myriad retreating points to receive the eye, not a hard, abrupt wall; just as, in the sky, the visual ray is cushioned on clouds" (*J* 11:295).

Ein solches Auge ist anti-apokalyptisch; es hält fest an der Sinnlichkeit, versucht Visionen nicht gegen die Sinne, sondern mit ihnen. Wenn Emerson seine glücklichsten Augenblicke als *ekstasis*, ein Von-Sinnen-Sein erlebt, besteht Thoreau auf der Verfeinerung der Sinne, nicht auf ihrer Suspendierung. In seiner Philosophie des "Walking" beklagt er, wie oft unsere Gedanken von den Sinnen getrennt seien: "... I am not where my body is, — I am out of my senses. In my walks I would fain return to my senses" (*TW* 5:211). Mit "out of my senses" beschreibt er einen pathologischen Zustand. Gesundheit besteht dagegen darin, daß man bei Sinnen ist, 'besonnen' in Herders Verständnis. In *Walden* legt er Wert darauf, daß Phantasie und Körper gemeinsam 'speisen': "they should both sit down at the same table" (494). In einer seiner großen Stunden erlebt er "a delicious evening, when the whole body is one sense, and imbibes delight through every pore" (425). Das ist gewissermaßen Thoreaus Form der Transzendenz: Die Sinne werden intensiviert und integriert bis zu einem Punkt, an dem sie nicht mehr unterschieden werden können und zu *einem* Sinn verschmelzen. Hier geht das Überschreiten der Einzelsinne nicht über die Sinne hinaus, es bleibt in der Natur und macht das Ich zu einem Teil von ihr: "I go and come with a strange liberty in Nature, a part of herself." Eines Nachts, als er sich beim Angeln in Gedanken und Träumereien verloren hat, spürt er einen leichten Ruck an der Leine; ein Fisch knabbert am Köder: "It was very queer, especially in dark nights, when your thoughts had wandered to vast and cosmogonal themes in other spheres, to feel this faint jerk, which came to interrupt your dreams and link you to Nature again" (462f.).

Das Emersonsche Durchdringen der Objektwelt und Öffnen neuer Perspektiven wird bei Thoreau durch eine Gegenbewegung von Verschleierung und Remystifizierung ausbalanciert. Das Ich begegnet dem Geheimnis der Natur mit einem rhythmischen Alternieren von Ent- und Verhüllung, Vertrautmachen und Verfremdung. Einen besonderen Reiz der Winterlandschaft um Walden sieht Thoreau darin, daß sie "new views ... of the familiar landscape" (538) bietet. Die Wendung "new views" erinnert an die Unersättlichkeit von Emersons Auge, das ständig neue Perspektiven sucht, aber das Neue erwächst bei Thoreau nicht aus einer Positionsänderung des Betrachters, es kommt aus der Natur selbst mit dem Wechsel der Jahreszeiten. Überdies ist es nicht völlig neu, sondern bleibt rückgekoppelt an eine "familiar landscape". Die Erregung des Betrachters ergibt sich zu einem guten Teil durch den Kontrast zwischen Winter- und Sommerlandschaft, sie wird maßgeblich durch die Erinnerung ausgelöst.

Für Emerson wie für den Shelley der *Defence of Poetry* heißt Sehen, den Dingen den Schleier des Vertrauten zu entreißen. Wordsworth betont dagegen im Vorwort zu *Lyrical Ballads* die Rolle der Erinnerung sowie der "meditative habits", und im gleichen Sinne rollen die Überraschungsmomente bei Thoreau aus Gepflogenheiten des systematischen Beobachtens heraus. Wie Wordsworth setzt auch Thoreau auf das geübte Auge: "All this you will see, and much more, if you are prepared to see it, — if you *look* for it.... There is just as much beauty visible to us in the landscape as we are prepared to appreciate .... We cannot see anything until we are possessed with the idea of it ..." (J 11:285). Die Visionen, so plötzlich sie kommen mögen, bedürfen der Vorbereitung, sie müssen paradoxerweise erarbeitet werden. Einer der atemberaubenden Augenblicke in *Walden* ist mit der Routine des Wasserholens verbunden. Am Anfang von "The Pond in Winter" beschreibt Thoreau, wie er morgens aufwacht mit dem Gefühl einer Frage, die er im Schlaf vergebens zu beantworten suchte. Dann schaut er hinaus ins Freie und findet seine Frage beantwortet: "I awoke to an answered question, to Nature and daylight." Die Natur als Antwort auf eine Frage ist Thoreaus Gegenstück zu Goethes offenbarem Geheimnis. Aber wieso ist die Frage beantwortet? Weil Thoreau sich *in* die Natur gestellt hat, nicht *über* sie. Mehr noch: weil er in ihr *gearbeitet* hat. Nach dem Aufstehen geht er zum See, um ein Loch ins Eis zu schlagen und Wasser zu holen: "Then to my morning work." Kurz darauf, nachdem er eine Stelle vom Schnee gesäubert hat und durch das Eis in die Tiefe schaut, eröffnet sich ihm ein Blick in den Himmel: "Heaven is under our feet as well as over our heads" (547).

Von Edmund Burke bis Emerson verbindet sich das Erhabene mit der Furcht, von einer fremden Macht überwältigt und ausgelöscht zu werden. Thoreau ist demgegenüber bestrebt, die Machtstruktur des Erhabenen durch Strategien des *neighboring* außer Kraft zu setzen.[70] Ihm geht es um eine nachbarschaftliche Beziehung mit der Natur, in der die Partner vertraulich miteinander umgehen und einer den anderen respektiert. Die Aufhebung der Machthierarchie befreit nicht nur das Ich, sondern auch die Natur von Furcht. Der geduldige Beobachter wird von der Natur als zu ihr gehörig akzeptiert, vor ihm hat sie nichts zu verbergen: "You only need sit still long enough in some attractive spot in the woods that all its inhabitants may exhibit themselves to you by turns" (505).

Respekt vor der Natur heißt aber auch, ihre Andersartigkeit zu achten. Neben den Gestus der Vertrautheit tritt daher die Betroffenheit angesichts der Unfaßbarkeit der Natur. Zu solchen Fremdheitserfahrungen gehört das Erlebnis des Sichverirrens: "It is a surprising and memorable, as well as valuable experience, to be lost in the woods any time." Der 'Luchs von Concord' verirrte sich sicher nur selten. Worin liegt dann der Reiz des Orientierungsverlusts? Thoreau beantwortet die Frage, wenn er fortfährt: "not till we are completely lost ... do we appreciate the vastness and strangeness of Nature.... Not till we are lost ... do we begin to find ourselves" (459).

Beobachten und Erinnern machen die Umwelt zur Welt, sie beheimaten das Ich, als Formen der Aneignung bergen sie jedoch immer noch die Gefahr der Vereinnahmung der Natur und damit ihrer Verkleinerung. Dem seines gewichtigen Gegenübers beraubten Subjekt droht, wie Wordsworth erkannte, das Risiko des Solipsismus; das Ich braucht das Andere, das sich dem physischen wie dem inneren Auge widersetzt bzw. entzieht. Thoreau rekonstruiert das Geheimnis der Natur durch die Selbstbeschränkung des Subjekts, er gesteht der Natur zu, sich zu verweigern: "At the same time that we are earnest to explore and learn all things, we require that all things be mysterious and unexplorable ..." (575). In "Walking" faßt er den Widerstand der Natur im Begriff der Wildheit oder Wildnis: "in

---

[70] Vgl. Stanley Cavell, *The Senses of Walden*, erw. Aufl. (San Francisco: North Point Press, 1981) 105-108.

Wildness is the preservation of the World" (*TW* 5:224). Mit Befriedigung beobachtet er in *A Week on the Concord and Merrimack Rivers*, wie die Natur sich von der Zivilisation besetztes Terrain zurückholt: "These continents and hemispheres are soon run over, but an always unexplored and infinite region makes off on every side from the mind, further than to sunset, and we can make no highway or beaten track into it, but the grass immediately springs up in the path ..." (292).

*

Bei Emerson und Thoreau zeichnet sich eine Dichotomisierung von Ich und Natur ab, die Erfahrung im Sinne der Romantik auflöst. Das Erlebnis der Natur als eines ständigen Schöpfungsprozesses schlägt in Emersons "Nature" (1844) um in das Gefühl des Sichentziehens der Natur. Die Natur enteilt dem Blick, sie scheint den Betrachter geradezu zu verspotten.[71] Emerson 'löst' das Problem, indem er die Natur ins gleißende Licht einer Apokalypse taucht. Als transparenter Augapfel ist das Ich von den Schlacken der Sinnlichkeit befreit, zugleich ist damit der Widerstand der Natur gebrochen, da sie als Anderes vom Subjekt absorbiert wird. An die Stelle der Erfahrung tritt die mystische Schau. Thoreau hingegen treibt die Wahrnehmung des Anderen der Natur auf der Ebene der *physis* gelegentlich bis zum Zerfall der Einheit mit dem eigenen Körper vor. Daß auch dabei Erfahrung außer Kraft gesetzt wird, zeigt die Bergbesteigung im "Ktaadn"-Kapitel von *The Maine Woods*. Allerdings geht hier die Dynamik des Erhabenen in die umgekehrte Richtung. Das Geheimnis der Natur wird nicht in der Epiphanie aufgelöst, sondern zum Unheimlichen einer Sinnlichkeit verdunkelt, die auf das Subjekt zurückschlägt. Die Wolken um den Gipfel lichten sich nicht. Wenn die "hostile ranks of clouds" auf der einen Seite abzudriften scheinen, ziehen auf der anderen neue Formationen heran. Thoreau fühlt sich wie in einer "cloud-factory",

---

[71] Vgl. Herwig Friedl, "Eine religiöse Kehre: Denken und Dichten im amerikanischen Transzendentalismus von Emerson bis Dickinson", *Literaturwissenschaftliches Jahrbuch* 35 (1994) 265.

zurückgeworfen an die Anfänge des Planeten Erde (640). Die Natur scheint vom Eindringen des Wanderers beleidigt, sie reagiert mit feindseliger Wucht: "Man was not to be associated with it. It was Matter, vast, terrific, — not his Mother Earth that we have heard of, not for him to tread on, or be buried in, — no, it were being too familiar even to let his bones lie there, — the home, this, of Necessity and Fate. There was there felt the presence of a force not bound to be kind to man" (645).

Das Ich wird auf jene Stufe zurückgeworfen, auf der in Schillers Phasenmodell das Erhabene seinen Ausgang nimmt. In der Konfrontation mit der Natur wird es der Fremdheit seiner eigenen Natur, seines Leibes, inne. Schon beim Aufstieg hatte Thoreau den Eindruck, das geistige Element in ihm verflüchtige sich durch die Rippen. Aus dem Körper, dem Haus der Seele, wird eine schwere Masse, ebenso opak wie die Bergwildnis um ihn herum und ebenso unheimlich: "I stand in awe of my body, this matter to which I am bound has become so strange to me. I fear not spirits, ghosts, of which I am one, — *that* my body might, — but I fear bodies, I tremble to meet them. What is this Titan that has possession of me?" (646).

Wie in Thoreaus Modulation des Natur-Geheimnisses zum Unheimlichen hin kündigt sich bei Emerson im Zerfall des Erhabenen die Moderne an. Der Sinne und der Natur als Verbündeter beraubt, muß Emersons Seele die Visionen aus eigener Kraft erzeugen. Coleridge antizipierte dieses Dilemma, als er feststellte, daß man das Schöne finde, während man das Erhabene den Dingen beimesse. Das Subjekt muß sich ständig selbst aufladen, und es ist kein Zufall, daß Coleridge wie De Quincey, Poe und Baudelaire zu künstlichen Stimulantien griff. Zwar hat Emerson zeitlebens Drogen verabscheut; in "The Poet" polemisiert er gegen das durch Alkohol und andere Narkotika hervorgerufene "counterfeit excitement" (460) und verweist den Dichter auf die Natur als einzige legitime Inspirationsquelle; der wahre Dichter trinkt Wasser. Aber indem er die Natur der Fähigkeit beraubt, bei der Produktion des Erhabenen mitzuwirken, verwandelt er sie ihrerseits in eine Art Rauschgift. Eine Notiz von 1841 klingt spielerisch, aber sie deutet auf ein tieferes Problem: "I suppose there is no more abandoned Epicure or opium eater than I. I taste every hour of these autumn days. Every light from the sky [,] every shadow on the earth ministers to my pleasure" (*JMN* 8:47). Die Verlagerung des kreativen Zentrums von der sinnlichen Erfahrung zur Phantasie treibt Emerson in die Nähe Coleridges und der 'künstlichen Paradiese' der Moderne. Seine Erleuchtungen sind denen des Opiumrauchers nicht allzu fern; Transzendenzerfahrungen werden noch beschworen, aber sie wirken simuliert, und die Rhetorik bewegt sich über dünnes Eis.

Die Vorstellung einer radikalen Diskontinuität von Empirie und Vision höhlt die organizistisch-romantischen Konzepte vom Wachsen und Reifen der Persönlichkeit aus, an ihre Stelle tritt eine fragmentarisch-episodenhafte Existenz. Während der visionäre Augenblick in *Nature* wenigstens noch theoretisch in ein Entwicklungsschema eingebettet ist, konzentriert sich Emerson bis zur 'pragmatischen Wende' seiner späteren Essays auf die Vision als selbständige, in sich abgeschlossene Einheit. Die Nähe dieser Konzeption zur paulinisch-kalvinistischen Vorstellung von der Gnade als einem unerforschlichen, gewaltsamen Eingriff in das menschliche Leben wurde bereits angedeutet. Hinzuzufügen ist dem die Affinität zum Menschenbild der Moderne. Die Sicht menschlicher Existenz als einer Serie diskontinuierlicher Episoden überträgt sich in eine Ästhetik, die die Idee der Ganzheit aufgibt, den einzelnen Augenblick privilegiert und strukturelle Brüche in der Form des Werks reflektiert. Emerson selbst bietet ein eindrucksvolles Beispiel für eine "aesthetics of pieces" in seinen Gedichtfragmenten "The Poet" (*CPT* 367-376), von denen eines bezeichnenderweise den Titel "The Discontented Poet" trägt. Die ersten Teile atmen den Geist Wordsworths, sie feiern die poetische Phantasie. Aber das Ich kann den imaginativen Aufschwung nicht durchhalten, Angst stellt sich ein, und das Gedicht zerfällt buchstäblich in Bruchstücke.[72]

Für die Moderne wird jenes Extrem, an dem bei Emerson Erfahrung im romantischen Sinne verschwindet, zum Kernpunkt

---

[72] Porter, *Emerson and Literary Change*, 123. Zur Ideengeschichte des Fragmentarischen vgl. Lothar Fietz, *Fragmentarisches Existieren: Wandlungen des Mythos von der verlorenen Ganzheit in der Geschichte philosophischer, theologischer und literarischer Menschenbilder* (Tübingen: Niemeyer, 1994).

eines neuen Programms. Die Dynamik der Transzendenz zielt auf ein Neues, das von vornherein als Negation der Natur anvisiert wird, nicht als Steigerung der Sinne, sondern als deren "dérèglement" (Rimbaud). Die transzendentalistische Figur des Erwachens — Thoreaus "morning work" — wird von der des Halbwachzustandes abgelöst, der berauschende Nektar der Natur weicht dem Drogenrausch, und die künstlich stimulierte Phantasie schafft sich ihre künstlichen Paradiese. In Trance, Rausch und Wahn wird Erfahrung zum Schock, zur über- und un-sinnlichen Konfrontation mit einem Anderen, das sich, wie Poe in seinen *Marginalia* feststellt, durch "*the absoluteness of novelty*" auszeichnet: "there is really nothing even approximate in character to impressions ordinarily received. It is as if the five senses were supplanted by five myriad others alien to mortality."[73] Die der Verwirrung der Sinne abgewonnenen Bilder simulieren ein Mysterium, das nur noch als negativer Gegenpol zum Hier und Jetzt, als leere Transzendenz aufgefaßt werden kann. Die gegen die Sinne arbeitende Phantasie operiert am Rande eines Geheimnisses — am Anfang von "Eleonora" plaziert Poe das Ich "upon the verge of the great secret" —, das ein Abgrund ist. Emersons Ahnungen von der Flüchtigkeit der Natur und Thoreaus Erlebnis ihrer Fremdheit verdichten sich in Emily Dickinsons Dichtung zum Bild der Natur als "haunted house" ("What mystery pervades a well!"). Aus dem in *Nature* beschworenen ursprünglichen Heim des Menschen treten wir ins House of Usher. Bei dessen Zusammenbruch scheint nicht die Sonne, vielmehr geht der Vollmond blutrot unter.

---

[73] Poe, *Marginalia*, eingeleitet von John C. Miller (Charlottesville: University Press of Virginia, 1981) 99 (Nr. 5). Vgl. Dieter Schulz, "Epiphanie als Abgrund bei Edgar Allan Poe", in *Augenblick und Zeitpunkt*, ed. Christian W. Thomsen und Hans Holländer (Darmstadt: Wiss. Buchgesellschaft, 1984) 332-348.

6. Ansichten der Neuen Welt bei Thoreau und Fuller

Von Platon bis Shelley, Walt Whitman und Alexander Blok verbindet sich der Blick des Dichters mit dem des Liebenden. Die Welt, so schreibt Whitman im Vorwort zu *Leaves of Grass* (1855), hätte im größten Dichter zugleich den vollkommenen Liebhaber: "The known universe has one complete lover and that is the greatest poet" (*NA* 2038). Im Zeichen von Ökofeminismus und Kolonialismus-Forschung hat dieser Blick seine Unschuld verloren. Die Analogie von Natur und Geliebter stellt danach eine Männerphantasie dar, in der sich Furcht vor der Frau mit Faszination mischt, letztlich jedoch der Herrschaftsanspruch des Mannes begründet wird.[74]

Vertreter der *deep history* wie Max Oelschlaeger und Paul Shepard sehen die Anfänge dieser Entwicklung bereits in der Neolithischen Revolution, im Übergang von den Wildbeuter- und Sammlerkulturen zu organisierten Formen der Haustierhaltung und Bodenbearbeitung. An die Stelle der archaischen Verflechtung mit dem Ganzen des Seins tritt ein Bewußtsein, das sich von der Natur ablöst und ihr kontrollierend und manipulierend gegenübersteht. Frau und Natur werden zum Anderen, aus dessen Ausbeutung und Überwindung eine männlich definierte Kultur ihre Dynamik bezieht. Dieses Muster läßt sich trotz einer erheblichen Variationsbreite in verschiedenen Epochen und Kulturen durch die das Abendland prägende griechische und biblisch-christliche Überlieferung verfolgen, und es gewinnt seit der frühen Neuzeit im Zeichen von Industrialisierung und Imperialismus erheblich an Schärfe. Mit Hilfe der neuen Technologien kann der Herrschaftsanspruch gegenüber der Natur mit einer Konsequenz durchgesetzt werden, die früheren Zivilisationsstufen abging.

---

[74] Zum Folgenden siehe Westling, *The Green Breast*, Part I; Richard Slotkin, *Regeneration through Violence: The Mythology of the American Frontier, 1600-1860* (Middletown, CT: Wesleyan University Press, 1973); Annette Kolodny, *The Lay of the Land: Metaphor as Experience and History in American Life and Letters* (Chapel Hill, NC: University of North Carolina Press, 1975).

Die Entfesselung der Produktivkräfte löst eine Serie von Kolonisationsunternehmen aus. Dabei wird die Dichotomie von weiblich konnotierter Natur und männlich verstandener Kultur auf die Erforschung und Eroberung der Neuen Welt übertragen. Wenn F. Scott Fitzgerald am Schluß von *The Great Gatsby* (1925) das Bild der ersten holländischen Seefahrer beim Anblick der "fresh, green breast of the new world" evoziert, greift er einen Topos auf, den bereits John Donne um 1590 in seiner Elegie "To His Mistris Going to Bed" höchst anschaulich formuliert:

> Licence my roaving hands, and let them go,
> Before, behind, between, above, below,
> O my America! my new-found-land,
> My kingdome, safeliest when with one man man'd,
> My Myne of precious stones, My Emperie,
> How blest am I in this discovering thee!

In der Literatur der amerikanischen Kolonisation und Westexpansion wird die Analogie von Frau und Land auf die einheimische Bevölkerung ausgeweitet. Die Indianer erscheinen als Teil der Natur, die es für die westliche Zivilisation zu gewinnen bzw. aus ihr auszugrenzen gilt. Beide — Indianer und Wildnis — stellen zugleich eine Verlockung und eine Herausforderung dar. In den *captivity narratives*, den Erzählungen Weißer, die in indianische Gefangenschaft geraten waren, erscheint der Aufenthalt bei den Indianern als Testsituation, in der die weiße Psyche auf die Probe gestellt wird und die Härte gewinnt, die sie zur Durchsetzung ihrer Interessen und zur Gewinnung ihrer Autonomie braucht. Die Entdeckungs- und Eroberungsfahrten ebenso wie später die Expansion der USA über den Kontinent vollziehen sich als "lay of the land", analog zur erotischen Eroberung, aus der eine gefestigte männliche Identität hervorgeht.

In dieser Perspektive erscheint der neue Mensch, den amerikanische Rhetorik allenthalben feiert, als ein parasitärer weißer Mann. Toni Morrison hat in *Playing in the Dark* (1992) argumentiert, die Literatur der USA habe einen erheblichen Teil zum Entwurf des 'neuen weißen Mannes' beigetragen, mehr noch, in der Projektion dieses Idealbilds liege womöglich ihre wichtigste Aufgabe. Damit stellt sich die Frage nach der ideologischen Funktion des romantischen Blicks: In welchem Maße ist er in die Rechtfertigungsstrategien der USA als eines maskulin-imperialen Unternehmens verstrickt? Wo kollaboriert er mit den Mechanismen der Kolonisation, wo leistet er Widerstand?

Zunächst bezieht die Romantik wesentliche Impulse aus einer Reaktion gegen die instrumentalisierte Vernunft einer verflachten Aufklärung, gegen Industrialisierung, Technologie und Verstädterung, indem sie im Namen von Natur und Schönheit Enklaven von Humanität zu retten versucht. Doch im Lichte der neueren *gender studies* und der Arbeiten zu Kolonialismus und Expansion erweisen sich einige der romantischen Konzepte eher als Fortschreibung denn als Suspendierung alter Denk- und Bildmuster.[75] Die Theorie des Erhabenen von Edmund Burke im 18. Jahrhundert bis zu den heutigen Theorie-Debatten läuft auf eine Bekräftigung männlicher Autorität hinaus; das *sublime* ist eine Angelegenheit zwischen Vätern und Söhnen, bei der das Weibliche in die Kategorie des Schwächlich-Schönen abgedrängt wird. Der scheinbar interesselose, ästhetische Blick hat dem Kolonialismus nicht nur entgegen-, sondern auch zugearbeitet. Er hat das Land von seinen Bewohnern 'geleert', seiner Geschichte und seiner oft äußerst konfliktgeladenen geopolitischen Situation beraubt und damit gleichsam zur Invasion freigegeben. Die romantische Sicht eines Meriwether Lewis, Fremont oder Bonneville beim Anblick der westlichen USA entspricht derjenigen der britischen Afrikaforscher in der zweiten Jahrhunderthälfte — einer Haltung, die William Cowper in seinem Gedicht über Alexander Selkirk, das historische Vorbild für Robinson Crusoe, prägnant als die des "monarch of all I survey" beschrieben hatte. Die Reisenden fühlen sich als erste Menschen in

---

[75] Zum Folgenden siehe Klaus Poenicke, "*Nature's Gender*: Zur Konstruktionsgeschichte des 'Schönen' und 'Erhabenen'", *Amerikastudien* 37 (1992) 373-391; Poirier, *A World Elsewhere*, Kap. 2; Bruce Greenfield, *Narrating Discovery: The Romantic Explorer in American Literature, 1790-1855* (New York: Columbia University Press, 1992); Annette Kolodny, *The Land before Her: Fantasy and Experience of the American Frontiers, 1630-1860* (Chapel Hill, NC: University of North Carolina Press, 1984); Mary Louise Pratt, *Imperial Eyes: Travel Writing and Transculturation* (London: Routledge, 1992).

einem unberührten Land, dazu berufen, es für die Segnungen der Zivilisation zu öffnen. Ästhetik und Ideologie arbeiten Hand in Hand, das scheinbar allein für das Erhabene und Transzendente der Landschaft geöffnete Auge legitimiert in Wahrheit einen Machtanspruch.

Sowohl Thoreau wie auch Fuller lernten Gegenden der USA kennen, die jenseits der städtischen Zentren der Ostküste lagen und erst im Begriff waren, von euro-amerikanischen Siedlern in Besitz genommen zu werden. Die Betrachtung einiger Textstellen, in denen sich ihre Wahrnehmung des Landes artikuliert, mag verdeutlichen, in welchem Maße die Transzendentalisten der offiziellen Ideologie der *manifest destiny* beipflichteten. Daß sie zu Widerstand fähig waren, zeigt neben der Opposition gegen den Mexican War Emersons Brief an den Präsidenten Martin Van Buren, in dem er scharf gegen die Zwangsumsiedlung der Cherokees protestiert. Wie aber verhält es sich mit dem romantischen Blick — der ästhetischen Wahrnehmung des Landes, die von der neueren Forschung so massiv unter Ideologieverdacht gestellt wird? Und inwieweit zeichnen sich bei Fuller die Konturen eines weiblichen Sehens ab, das möglicherweise im Kontrast zur maskulinen Sicht eines Thoreau oder Emerson steht?

*

In einer *Journal*-Eintragung von 1839 hält Thoreau fest: "We are one virtue — one truth — one beauty. All nature is our satellite, whose light is dull and reflected — She is subaltern to us — an episode to our poem — but we are primary and radiate light and heat to the system" (*PJ* 1:99). Dreizehn Jahre später notiert er dagegen: "... I would fain let man go by & behold a universe in which man is but as a grain of sand" (*PJ* 4:419). Die beiden Notizen markieren die Pole, zwischen denen sich Thoreaus Naturverständnis bewegt: auf der einen Seite eine an den Emerson von *Nature* erinnernde hierarchische Beziehung, in der die Natur dem Menschen untergeordnet ist, auf der anderen dagegen ein Verhältnis, das dem Menschen nur einen bescheidenen Platz in der Natur einräumt.

Die Spannung von Unter- und Nebenordnung hält sich auch in *Walden* durch, dennoch läßt sich in Thoreaus Œuvre eine klare Tendenz erkennen, eine Bewegung vom subjektivistischen Pol der zuerst zitierten Tagebucheintragung zu einer Haltung, die die Natur als gleichwertigen Partner respektiert. Sie geht einher mit einer Zurücknahme des Ichs und einer — zuweilen auch als schmerzlich empfundenen — Reduktion der Phantasie zugunsten des stillen Beobachtens und Registrierens. Besonders aufschlußreich erscheinen dabei solche Momente, in denen zunächst der imaginativ-romantische Blick triumphiert, die aber bei genauerer Analyse auch eine gegenläufige Tendenz enthüllen. Selbst dort, wo Thoreaus ästhetisch-romantischer Blick dem Projekt der Westexpansion zuzuarbeiten scheint, finden sich Ansätze zu einer kontrapunktisch-subversiven Strategie.

Der zweite Essay von *Walden* ("Where I Lived ...") beginnt mit einem Bericht über Thoreaus gescheiterten Versuch, eine Farm zu kaufen. Nach einigem Hin und Her zieht der Besitzer der Hollowell Farm auf Anraten seiner Frau das Angebot zurück und bietet Thoreau zehn Dollar an, um den bereits abgeschlossenen Vorvertrag aufzuheben. Da dieser bisher so gut wie nichts in die Angelegenheit investiert hat, weiß er jetzt nicht, was für ein Geschäft da überhaupt abgelaufen ist — wer was besitzt, wer wieviel Geld hat etc. Als Gewinner fühlt er sich allemal, ist er doch nach wie vor Nutznießer der landschaftlichen Schönheit, während der Farmer sich abrackert. Schließlich zitiert er aus William Cowpers *Verses Supposed to Be Written by Alexander Selkirk*: "I am monarch of all I *survey*, / My right there is none to dispute" (388). Der Satire des Kaufens und Verkaufens wird der triumphale Gestus des ästhetischen Genießers gegenübergestellt. Zugleich aber hat diese Figur burleske Züge; Thoreau scheint sich weder als Käufer noch als Ästhet ernst zu nehmen. Wenn der Panoramablick des romantischen Forschers und Reisenden einen Besitzanspruch ideologisch verschleiert und untermauert, so bricht Thoreau — der hier nebenbei auf seine Tätigkeit als Landvermesser (*surveyor*) anspielt — diesem kolonialistischen Blick die Spitze ab, indem er nicht nur die geschäftliche Transaktion, sondern auch den Triumph des Ästheten als Jux markiert.

Ähnlich kontrafakturell verfährt Thoreau mit dem Erhabenen, wobei sich zwei Strategien unterscheiden lassen: Zum einen entschärft er die dem Sublimen eigene Machtstruktur zugunsten der Natur, zum anderen bringt er verstärkt die traditionell dem Erhabenen entgegengesetzte Erfahrung des Schönen ins Spiel. Die Bergbesteigung im "Ktaadn"-Teil von *The Maine Woods* läuft, wie im vorigen Kapitel vermerkt, gerade nicht auf eine grandiose Vision hinaus, vielmehr zieht der Wanderer sich verstört aus den um den Gipfel aufziehenden Wolken zurück. Wenn im Schillerschen Phasenmodell das Ich nach der Erfahrung der physischen Bedrohung am Ende seiner geistigen Überlegenheit über die Natur inne wird, so sieht sich das Thoreausche Subjekt auf seine Leiblichkeit zurückgeworfen im Angesicht einer Natur, die den Menschen abweist. Die Bergwildnis in Maine ist wie das offene Land, das die romantischen Reisenden überschauen, eine Region ohne Geschichte, aber ein 'imperiales' Auge hat hier keine Chance. Weder von visueller noch von realer Besitznahme kann die Rede sein, das Ich tritt vielmehr fluchtartig den Rückzug an in Gebiete, die eher zur Beheimatung taugen.[76]

Ein solches Gebiet ist Walden Pond. Seine Beschreibung in "The Ponds" liest sich zuweilen wie eine explizite Parteinahme für das Schöne gegen das Erhabene: "The scenery of Walden is on a humble scale, and, though very beautiful, does not approach to grandeur ..." (463). Das Adjektiv "humble" verweist neben den vorgefundenen Dimensionen auf die Haltung des Subjekts. Nicht, daß Thoreau in Kontemplation verharrte; seine Beschreibungen sind teilweise das Ergebnis aktiven, mit häufigen Stellungswechseln verbundenen Beobachtens und Vergleichens, und zuweilen greift er mit Paddelschlägen und Rufen in die Umgebung ein. Alle Aktivitäten zeichnet jedoch die Grundhaltung demütiger Bewunderung aus. Wie weit diese Einstellung Herrschaftsansprüchen entsagt, wird in

---

[76] Vgl. dagegen Greenfield, *Narrating Discovery*, 183-201. Völlig andere Akzente setzt David M. Robinson, "Thoreau's 'Ktaadn' and the Quest for Experience", in *Emersonian Circles: Essays in Honor of Joel Myerson*, ed. Wesley T. Mott und Robert E. Burkholder (Rochester, NY: University of Rochester Press, 1997) 207-223.

der Polemik gegen den Namensgeber von Flints' Pond verdeutlicht. Thoreau stellt ihn als ignoranten und habgierigen Farmer vor, der mehr Sinn für den Glanz einer Dollarmünze als für den der Wasserfläche hatte. Nichts will er mit ihm zu tun haben: "I go not there to see him nor to hear of him; who never *saw* it, who never bathed in it, who never loved it, who never protected it, who never spoke a good word for it, nor thanked God that he had made it" (479). Ex negativo definiert er damit seine eigene Haltung als die eines Liebenden, eines Freundes und Verehrers. Diese Haltung ist gelegentlich geschlechtsspezifisch konnotiert, und Ökofeministinnen haben an der Symbolik von Eintauchen und Eindringen die für das Patriarchat typische Ambivalenz gegenüber der Frau diagnostiziert, aber im Grunde geht ihr jeder Anspruch auf männliche Autorität ab. Als "my great bed-fellow" (539) ist der See weder Mann noch Frau, weder unter- noch übergeordnet, sondern ein gleichwertiger Partner.[77]

Soweit sich Ansätze zu Hierarchisierungen finden, laufen sie oft auf eine Verkleinerung des Menschen und seiner Werke hinaus. Eine 'Stärke' von Walden Pond liegt darin, daß der See sich ständig regeneriert und dabei die Spuren menschlicher Eingriffe tilgt. Diese Eingriffe werden immer wieder als Verletzung und Beschmutzung apostrophiert, die zum Glück dank der Jahreszeiten, des Wetters und der schwankenden Wasserhöhe regelmäßig beseitigt werden. Damit verweist Walden auf einen Schöpfer, der in der Natur und im Menschen gleichermaßen wirkt, der Menschenwerk zugleich nobilitiert und aufhebt. Die Macht, die sich in uns wie im Kleinsten der Natur manifestiert, gibt jeden imperialen Anspruch der Lächerlichkeit preis. Eine Sturmflut mit Westwind und Eis auf der Neva würde St. Petersburg hinwegschwemmen (339), hinter jedem von uns heben und senken sich Gezeiten, die das britische Empire wie einen Holzspan schwimmen lassen könnten (586f.). Schon in *A Week* heißt es: "The works of man are everywhere swallowed up in the immensity of Nature" (258). An der Küste von Cape Cod zeigt sich "naked Nature, — inhumanly sincere, wasting no thought on

---

[77] Vgl. die divergierenden Interpretationen von *Walden* in *ISLE: Interdisciplinary Studies in Literature and Environment* 1 (1993) 121-150.

man" (979), und in der Bergwildnis von Maine stößt man auf "[p]laces where he might live and die and never hear of the United States, which make such a noise in the world, — never hear of America, so called from the name of a European gentleman" (775).

Ein imperialer Blick? Wenn die dem Sumpf abgetrotzte Hauptstadt des russischen Reiches durch eine unglückliche Wetterkonstellation verschwinden kann, ist Bescheidenheit angezeigt. Ihr entspricht die Ablösung homozentrischen Denkens zugunsten einer biozentrischen Sicht, die Menschenwerk von vornherein unter dem Signum der Vergänglichkeit sieht und sich den Zyklen der Natur einzufügen bemüht, statt sich ihnen entgegenzustellen. In diesem Sinne nimmt Thoreau die Schiffswracks auf Cape Cod in Augenschein: "But I wished to see that seashore where man's works are wrecks; ... where the ocean is land-lord as well as sea-lord" (893). Die *vanitas*- und *memento mori*-Signale solcher Reflexionen wirken allen imperialen Ambitionen entgegen, zugleich sind sie frei von Resignation oder gar Verzweiflung, suggerieren sie doch die Chance einer neuen Beheimatung *in* der Natur.

Das Bootswrack, das Thoreau in Flints' Pond entdeckt, verbindet alte zyklische Geschichtsvorstellungen mit einer biozentrischen Sicht:

... one day, as I crept along its sedgy shore, the fresh spray blowing in my face, I came upon the mouldering wreck of a boat, the sides gone, and hardly more than the impression of its flat bottom left amid the rushes; yet its model was sharply defined, as if it were a large decayed pad, with its veins. It was as impressive a wreck as one could imagine on the sea-shore, and had as good a moral. It is by this time mere vegetable mould and undistinguishable pond shore, through which rushes and flags have pushed up. [478]

Wie dieses Bild auf die seit der Antike verbreitete Allegorie des Staatsschiffes als Inbild von Zivilisation, von menschlicher Kontrolle über die Natur anspielt, so versinnbildlicht das Motiv des Wracks in Malerei und Dichtung den Untergang des Reiches. Die Auffassung vom Vergehen der Reiche verweist ihrerseits auf zyklische Geschichtsbilder, die im Amerika des 19. Jahrhunderts eine erstaunliche Konjunktur erleben und ein Gegengewicht zur progressiven, aus dem biblisch-christlichen Weltbild stammenden Ideologie des *manifest destiny* bilden. Ihren berühmtesten künstlerischen Ausdruck finden sie in Thomas Coles Bildzyklus *The Course of Empire* (zuerst 1836 ausgestellt). In Lederstrumpfs "Tree-Speech" in *The Prairie* (1827) formuliert der von Coles Gemälden begeisterte Cooper eine Geschichtstheorie, die Geschichte analog zum Lauf der Natur als ständigen Kreislauf von Werden und Vergehen deutet (Kap. 22).[78]

Das dahinrottende Boot am Ufer von Flints' Pond verwandelt sich in Natur zurück, sein Abdruck gleicht dem Gerippe eines großen Wasserlilienblatts. Der Zerfall ist seitdem so weit fortgeschritten, daß es sich völlig mit dem Humus vermischt hat, durch den Schilf und Schwertlilien stoßen. Thoreau vergleicht es mit den Wracks an der Küste. Beide enthalten eine Moral, die nicht ausformuliert werden muß, weil sie zum festen Bestandteil der Ikonographie des 19. Jahrhunderts gehört. Das von Menschen Geschaffene verfällt der Zeit, es sinkt in jene Natur zurück, aus der es gekommen ist. Auch die positive Kehrseite des Prozesses wird angedeutet: Das vermoderte Holz dient neuer Vegetation als fruchtbarer Nährboden. Der Vergleich mit dem Lilienblatt antizipiert das "Spring"-Kapitel, die große Hymne auf die Fruchtbarkeit der Erde und die teils spielerischen, teils tiefsinnigen Reflexionen über das Blatt als Grundform, aus der alle anderen Formen der Schöpfung abgeleitet sind.

Der romantische Blick Thoreaus löst Geschichte auf, aber nicht, um das Land imaginär für die Kolonisation vorzubereiten, sondern weil er jene Kräfte freilegen will, die menschlichem Handeln vorausliegen. Geschichte als Zivilisationsprozeß wird überschritten von der Geschichte der Natur. Dem späteren Darwin-Anhänger — Thoreau las *On the Origin of Species* Anfang 1860 — enthüllt sich die Zivilisation als Teil einer umfasserenden Evolution des Lebens auf der Erde. Deren Gesetze zu erfassen verlangt — nach der berühmten Wendung Aldo Leopolds in seinem *Sand County*

---

[78] David C. Miller, "The Iconology of Wrecked or Stranded Boats in Mid to Late Nineteenth-Century American Culture", in *American Iconology: New Approaches to Nineteenth-Century Art and Literature*, ed. David C. Miller (New Haven, CT: Yale University Press, 1993), Kap. 9.

Almanac (1949) — ein "thinking like a mountain" und einen Blick, der wie die Sonne sieht. Beides kündigt sich in *Walden* allenthalben an, in der Freude etwa an der Unberechenbarkeit des Seetauchers, der mit seinem "demoniac laughter" den Verfolger austrickst (511), oder in der Reaktion auf das Zupfen des Fisches an der Leine, das den in nächtliche Meditation versunkenen Angler wieder in die Natur zurückholt (462f.). Ein solcher Blick macht die natürliche Umwelt zur Heimat; er lehrt den Menschen, daß er nicht verlassen ist, da ihn seine Sinne mit der Natur verbinden. Das Ich wird dabei soweit zurückgenommen, daß Schauen in Gesehenwerden umschlägt. Annie Dillard, die moderne Ökologin, erfährt den visionären Augenblick als Umkehrung der Subjekt-Objekt-Beziehung: "It was less like seeing than like being for the first time seen, knocked breathless by a powerful glance."[79] Als Thoreau am Fuß des Regenbogens steht, bemerkt er den Halo, der seinen Schatten umrahmt. Ohne ausdrücklich biblische Vorstellungen anzusprechen, erfaßt er die Gnade als Auszeichnung dessen, der 'angesehen' wird: "are they not indeed distinguished who are conscious that they are regarded at all?" (484).

*

Der männlich-romantische Blick ist nicht zwangsläufig und einheitlich auf Herrschaft aus. Umgekehrt bietet das Sehen der Frau keine konsequent alternative, anti-kolonialistische Perspektive. Als Margaret Fuller offenbar auf Anregung Emersons die Eindrücke ihrer Reise zu den Great Lakes und den Präriestaaten des heutigen Midwest zu ihrem ersten Buch verarbeitete, hatte sie gerade "The Great Lawsuit" veröffentlicht. *Summer on the Lakes, in 1843* (1844) ist das Werk einer Autorin, die sich dem Westen mit den Augen eines reflektierten Feminismus nähert und zugleich aus der Anschauung der *frontier* Einsichten in die Lage der Frau gewinnt.

Summer hat die lockere Struktur von *portfolio* und Anthologie. Faktische Informationen, Landschaftsschilderungen, eingelagerte

---

[79] Dillard, *Pilgrim at Tinker Creek* (1974; New York: Perennial Library, 1988) 33.

Erzählungen und Skizzen wechseln einander ab. Was das Werk neben dem äußeren Handlungsrahmen der Reise zusammenhält, ist die *persona* der romantischen Reisenden. Das Fullersche Ich gibt sich von vornherein als voreingenommen im Sinne eines idealisierenden Sehens; es hält sich nicht bei den Details auf, sondern deckt in Emersons Sinn die 'Tendenz' der eingefangenen Wirklichkeit, ihre Möglichkeiten und Chancen auf: "while I will not be so obliging as to confound ugliness with beauty, discord with harmony, and laud and be contented with all I meet, when it conflicts with my best desires and tastes, I trust by reverent faith to woo the mighty meaning of the scene, perhaps to foresee the law by which a new order, a new poetry is to be evoked from this chaos" (18).

Daß ein solcher Blick keineswegs unkritisch operiert, zeigen die zahlreichen, teils angewiderten, teils empörten Reaktionen auf die Vulgarität der Pioniere. Doch im Unterschied zu Thoreau, den vergleichbare Beobachtungen in Maine dazu veranlassen, tiefer in die Gebirgswildnis einzutauchen, entwirft Fuller Visionen einer geordneten Zivilisation, die die offizielle Expansionsideologie ergänzen. Dem "mushroom growth" (18) mit seinen häßlichen Begleiterscheinungen setzt sie "the harmonious effect of a slow growth" (107) entgegen, Bilder von Gärten und Parks, in denen sich die Schönheit der Landschaft mit Kultiviertheit verbindet. Mit einem Bruchteil dessen, was man in Europa investieren müßte, könnte man im Westen ein "ducal estate" erwerben, und die Weite des Raums ließe es zu, daß ohne den Wettbewerbsdruck der Städte im Osten hier ganze Großfamilien miteinander wohnten und alle Familienmitglieder ihren Neigungen folgten (37f.). Mit der Natur könnte sanft umgegangen werden; nicht jeder Quadratmeter müßte genutzt werden, vielmehr könnte die Landschaft ihr "motherly smile" (38) bewahren.

Fuller stellt sich den idealen Westen als geräumigen Garten vor. In der Tradition der amerikanischen Pastorale verbindet sie Hymnen auf die Natur mit Vorstellungen von Kontrolle und kultureller Autorität, und diese Vorstellungen greifen zum Teil auf weibliche Rollenmuster zurück, die sie in "The Great Lawsuit" in Frage gestellt hatte. Die Wendung vom 'mütterlichen Lächeln' der Natur verweist auf die herkömmliche Dichotomie von weiblicher Natur und männlicher Kultur. Das Lobgedicht auf den großzügigen Landsitz des irischen Siedlers am Rock River evoziert in der letzten Strophe die Figur des 'sein' Land überschauenden Robinson: "Wondering, as Crusoe, we survey the land" (30). Ein Vorteil des Westens liegt darin, daß "improvement" (30) nicht zwangsläufig die Natur vergewaltigt, sondern sie scheinbar nur 'entfaltet', aber die männliche Kodierung der Kultur ist dabei unübersehbar. Wenn Fuller den Reisenden zustimmt, die sich in Illinois an englische Parklandschaften erinnert fühlen, greift sie zu Vorstellungen männlicher Dominanz: "all suggest more of the masterly mind of man, than the prodigal, but careless, motherly love of nature" (27).

Zwar stellt die *frontier* mit ihren ungewohnten Lebensbedingungen die herkömmlichen Geschlechterrollen in Frage; immer wieder zeigt Fuller, wie die Frauen sich — meist eher schlecht als recht — mit der neuen Situation arrangieren. Wie andere weibliche Reisende achtet sie auf praktische Probleme der Lebens- und Haushaltsführung und weniger auf die heroisch-militärischen Aspekte der Westexpansion. Insofern bildet *Summer* mit den etwa zur gleichen Zeit veröffentlichten Berichten Caroline Kirklands und Eliza Farnhams eine Alternative zu den martialischen Eroberungsphantasien männlicher Autoren. Aber wie bei Kirkland und Farnham läuft Fullers Akzentverschiebung zur Sphäre von Haus und Garten nicht auf ein Gegenbild des Westens hinaus, die weibliche Perspektive ergänzt und bekräftigt vielmehr die der Männer. Der Garten flankiert den Indianerfeldzug, er stellt ihn nicht nur nicht in Frage, sondern zielt auf die Absicherung des zivilisatorischen Gewinns, der im hektischen Treiben der männlichen Kolonisatoren verspielt zu werden droht.[80]

---

[80] Vgl. die zum Teil entgegengesetzten Interpretationen von Kolodny, *The Land before Her*, Kap. 6; Joan Burbick, "Under the Sign of Gender: Margaret Fuller's *Summer on the Lakes*", in *Women and the Journey: The Female Travel Experience*, ed. Bonnie Frederick und Susan H. McLeod (Pullmann, WA: Washington State University Press, 1993) 67-83; Brigitte Georgi-Findlay, *The Frontiers of Women's Writing: Women's Narratives and the Rhetoric of Westward Expansion* (Tucson, AZ: University of Arizona Press, 1996) 44-48; Christina Zwarg, *Feminist Conversations: Fuller, Emerson, and the Play of Reading* (Ithaca, NY: Cornell University Press, 1995), Kap. 3.

Über weite Strecken bestimmt diese Sicht auch Fullers Darstellung der Indianer, allerdings registriert sie dabei Irritationen, die den Standpunkt weißer Überlegenheit gelegentlich erschüttern. In der in mehrfacher Hinsicht unheimlichen und oft zitierten Beschreibung der Niagara-Fälle zu Beginn des Buches assoziiert Fuller das Naturschauspiel mit den Ureinwohnern. Zunächst stellt sie fest, wie schwer es ihr trotz aller Vorbereitung fiel, den großartigen Anblick zu verarbeiten. Doch schließlich, vor der Abreise, enthüllt sich ihr die Größe des Phänomens, und diese Offenbarung kommt einer Initiation in das Geheimnis des Westens gleich:

Before coming away, I think I really saw the full wonder of the scene. After awhile it so drew me into itself as to inspire an undefined dread, such as I never knew before, such as may be felt when death is about to usher us into a new existence. The perpetual trampling of the waters seized my senses. I felt that no other sound, however near, could be heard, and would start and look behind me for a foe. I realized the identity of that mood of nature in which these waters were poured down with such absorbing force, with that in which the Indian was shaped on the same soil. For continually upon my mind came, unsought and unwelcome, images, such as never haunted it before, of naked savages stealing behind me with uplifted tomahawks; again and again this illusion recurred, and even after I had thought it over, and tried to shake it off, I could not help starting and looking behind me. [4]

In ihrer Assoziation von Natur und Indianer empfindet Fuller beide als bedrohlich, beide suchen ihr Bewußtsein heim und lassen sich nicht ohne weiteres unter Kontrolle bringen. Mit dem Naturanblick wird Fuller letztlich nur fertig, indem sie sich von den Fällen abwendet und ihr Augenmerk auf die Stromschnellen richtet. Auch deren "magnificence" weckt zunächst ein Gefühl der Ohnmacht, das aber später, dem Muster des Sublimen entsprechend, von Reflexionen über Zeit, Ewigkeit und die Größe des Schöpfers aller Dinge abgelöst wird. Vom Indianer hingegen kann man sich weder abwenden, noch ist er ästhetisch integrierbar. Zwar läßt Fuller die 'nackten Wilden' ihrer ersten Vision bald hinter sich, aber durch das ganze Buch bleibt der Indianer eine zugleich stimulierende und irritierende Präsenz.

Zunächst versucht Fuller, dem Indianer den gleichen Einsatz an Imagination zukommen zu lassen wie dem Westen insgesamt: "we believe the Indian cannot be looked at truly except by a poetic eye" (20). Freilich erfordert die Phantasie hier eine Umkehrung der zeitlichen Perspektive. Während die "slovenliness" (29) der weißen Siedlungen eine große Zivilisation ankündigt, kann der Indianer als poetisches Sujet nur durch den Blick zurück gerettet werden. Seine Größe ist eine vergangene, sie erschließt sich nicht der utopischen, sondern nur der nostalgischen Schau. Dem Bild der armseligen, von Unrat umgebenen Indianerhütten setzt Fuller Visionen eines edlen Volkes entgegen, das in "Greek splendor" (33) lebte und Krieger hervorbrachte, die an Schönheit und Mut Apoll glichen. Solche Bilder müssen retrospektiv sein, denn die Zeit des Indianers ist abgelaufen; gegen die überlegene weiße Zivilisation hat er keine Chance: "this race is fated to perish" (120). Während Thoreau sich vom Anblick der häßlichen Reste weißer und indianischer Zivilisation tiefer in die Wildnis treiben läßt, schwingt Fuller sich im Anschluß an ihre Reflexionen über die weißen Siedlungen und die vergangene Größe der Indianer zu einer Hymne auf Amerika als Zivilisationsprojekt auf. Beim Anblick der den Fluß überragenden Felsen ruft sie aus: "The latter I visited one glorious morning; it was that of the fourth of July, and certainly I think I had never felt so happy that I was born in America. Woe to all country folks that never saw this spot, never swept an enraptured gaze over the prospect that stretched beneath. I do believe Rome and Florence are suburbs compared to this capital of nature's art" (33).

Dabei ist nicht zu übersehen, daß Fullers romantisches Auge auch ein beträchtliches kritisches Potential besitzt. Der Untergang indianischer Kultur geht auf das Konto sogenannter christlicher Missionare und Geschäftsleute, deren Heuchelei nicht weniger widerwärtig ist als die der Sklavenhalter (114). Die Projektionen alter indianischer Größe werden ausdrücklich gegen den Status quo der Entwicklung im Westen ausgespielt. Im Unterschied zu den Indianern, die schon mit der Wahl ihrer Siedlungsplätze einen ausgeprägten ästhetischen Sinn bewiesen, haben die weißen Pioniere offenbar überhaupt kein Gespür für die Schönheit der Landschaft. Erst wenn die Weißen sich etwas von der Natureinstellung der Indianer zu eigen machen, können sie "true lords of the soil" (77) werden. Die Richtung des Fullerschen Blicks bleibt in solchen

Überlegungen jedoch unverändert; er bestätigt eine sich überlegen dünkende Zivilisation, die den historischen Prozeß auf ihrer Seite hat und über den Indianer hinweggehen wird, weil dieser offenbar zu keiner Integration, keiner "amalgamation" fähig ist — ganz abgesehen davon, daß eine Blutmischung eher zu Degenerationserscheinungen führen würde (120).

In welchem Maße Herrschaft und Autorität eine Frage des Blicks sein können, wird drastisch in zwei Erzählungen vorgeführt. Gleichsam unterhalb der Ebene des "poetic eye" spielt sich ein Drama der Blicke ab, in dem das Bedrohliche, das in der Schilderung der Niagara-Fälle anklingt, zutage tritt. Die eine Erzählung handelt von einem als aggressiv und asozial geltenden Indianer, den der Blick des weißen Händlers in die Schranken weist: "he looked straight into the Indian's eye, and like other wild beasts he quailed before the glance of mental and moral courage" (123). Die andere veranschaulicht geradezu emblematisch die Überlegenheit der weißen Rasse. Einer von Fullers Gastgebern berichtet von einer Konfrontation mit einem indianischen Führer, der nach der Schnapsflasche verlangte und sie sich mit Gewalt zu nehmen drohte. Obwohl er bewaffnet und dazu noch athletisch gebaut war, wurde er vom Auge des weißen Herren bezwungen: "I knew an Indian could not resist the look of a white man, and I fixed my eye steadily on his. He bore it for a moment, then his eye fell" (72). Er ließ die Flasche los und war fortan fügsam.

Aufregender als die Bestätigung der offiziellen Fortschrittsideologie erweist sich in *Summer* die zum Teil auf konkreten Erlebnissen beruhende Darstellung der Interaktion mit indianischen Frauen. In diesen Episoden und Skizzen gelingen Fuller Einblicke in die Wechselwirkung von Rasse, Geschlecht und sozialem Status, die die scheinbar klaren Machtverhältnisse komplizieren. Die indianischen Frauen haben nach Fullers Beobachtung den Status von Arbeitstieren. Sie bringt dies in Zusammenhang mit der Sozialstruktur einer Jägergesellschaft; erst auf einer höheren Zivilisationsstufe steige auch der Status der Frau: "Wherever man is a mere hunter, woman is a mere slave. It is domestic intercourse that softens man, and elevates woman" (110). Die Bemerkung wirft Licht auf Fullers Selbstverständnis im Verhältnis zu den Indianern generell und den indianischen Frauen im besonderen. Der amerikanische Feminismus des 19. Jahrhunderts entwickelte sich in seinen militanteren Formen aus der Einsicht in die Ähnlichkeit des Status von Sklave und Frau; beide galt es zu befreien, und ein beträchtlicher Teil sozial engagierter Frauen verband Abolitionismus und Feminismus. Es wurde gezeigt, daß Fuller diesen Ansatz in *Woman* aufgreift, wenn sie die rechtlose Situation der Frau mit der des Sklaven vergleicht. In *Summer* hingegen wird deutlich, welche Hierarchisierungen sich quer zur Geschlechterdifferenz durch die Zugehörigkeit zu einer Rasse und einer sozialen Schicht ergeben. Als weiße Lady fühlt Fuller sich sowohl den meisten Pionierfrauen wie auch den Indianerinnen überlegen. Gegenüber letzteren zeichnet sie sich durch einen doppelt — nämlich rassisch und sozial — markierten Status aus.

Die in *Woman* propagierte Solidarität der Frauen wird durch solche Beobachtungen empfindlich gestört. Obgleich Fuller diese Beobachtungen nicht reflektiert, weisen sie doch voraus auf Überlegungen von Toni Morrison, Bell Hooks und anderen schwarzen Feministinnen, die der vom weißen Feminismus unterstellten Analogie von Schwarzen und Frauen als Objekten *einer* Kolonisation widersprechen und daran erinnern, daß die Frau als Europäerin bzw. als Weiße immer schon an der Kultur der Kolonisierer teilhat.[81]

Geradezu schmerzlich erinnert *Summer* an die Macht von Hierarchien dort, wo diese scheinbar überwunden sind. Auf der Überfahrt nach Sault St. Marie kommt Fuller mit einer Holländerin und einer Indianerin ins Gespräch. Das holländische Mädchen erzählt von einem in Amsterdam populären Hirtentanz, die Indianerin berichtet, wie sie sich von ihrem nichtsnutzigen Mann getrennt hat. Das Bild vertraulicher Harmonie unter Frauen wird durch Abschiedsgeschenke am Ziel der Fahrt abgerundet. Doch die Utopie weiblicher Eintracht über ethnische und gesellschaftliche Grenzen

---

[81] Sigrid Weigel, "Die Stimme der Medusa — oder vom doppelten Ort der Frauen in der Kulturgeschichte", *Weibliche Identität im Wandel*, Studium Generale der Universität Heidelberg (Heidelberg: Heidelberger Verlagsanstalt, 1990) 122f.

hinweg hat einen Schönheitsfehler. Die Holländerin und die Indianerin sind Fuller als Dienstmädchen zugeordnet — "I was the only lady, and attended in the cabin by a Dutch girl and an Indian woman" (146) —, und die Geschenke wirken wie eine Huldigung, die das Personal der Herrin entgegenbringt.

Bei alledem ist nicht zu verkennen, daß Fuller relativ frei von Dünkel ist und den besonderen Lebensbedingungen an der *frontier* aufgeschlossen begegnet. Sie mockiert sich über die Weißen, die krampfhaft an euro-amerikanischen Maßstäben festhalten und davon träumen, ihre Kinder an der Ostküste studieren zu lassen; statt Klaviere mitzuschleppen, sollten sie das Gitarrenspiel pflegen (38-40). Fullers Reisegenossen sind verwundert, daß sie keine Berührungsängste hat und sich, nachdem sie die Indianerlager zunächst aus sicherer Entfernung vom Zimmer ihrer Pension aus beobachtet hat, in die Wigwams und Hütten begibt. Dabei ist sie zur Verständigung auf Zeichensprache und visuelle Signale angewiesen. Bei einem ihrer Besuche nun geschieht das Unerhörte: Die Hierarchie kehrt sich um. Wie üblich mit ihrem Sonnenschirm ausgerüstet, sitzt sie in einem Kanu, als sich eine Indianerin mit Baby zu ihr gesellt, sie durch Zeichen um den Schirm bittet, den sie dann mit einem schelmischen Lächeln dem Kind in die Hand legt, so als wollte sie sagen: "You carry a thing that is only fit for a baby" (112).

Fuller ist sich über das Handicap der Reisenden, die die Sprache des anderen nicht verstehen, im klaren, aber sie vertraut auf die Sprache der Augen, die dem gesprochenen Wort überlegen sei: "There is a language of eye and motion which cannot be put into words, and which teaches what words never can" (153). Wenn das poetische Auge, auf dessen Autorität Fuller ihren Reisebericht gründet, sich in *Summer* insgesamt als Pendant des imperialen Blicks erweist, so deutet die Sonnenschirm-Episode an, was etablierte Herrschaft mehr als alles andere zu fürchten hätte: die Möglichkeit, daß das ausgegrenzte, erniedrigte Objekt zurückschaut.

7. Die Sicht des Anderen: Freundschaft — Liebe — Einsamkeit

Zu den längsten Exkursen in Fullers *Summer on the Lakes* gehört die Geschichte der Frederica Hauffe, einer hellseherisch-medialen Frau, die nach ihrer Verheiratung in Schwermut versank und die letzten sieben Jahre ihres Lebens zwischen "bodily suffering and mental exaltation" (86) verbrachte. Das nach Justinus Kerner erzählte Leben der 'Seherin von Prevorst' nimmt sich selbst in einem so locker gefügten Buch wie *Summer* zunächst wie ein erratischer Block aus, und Fullers Versuch, die Gesichte des württembergischen Mediums mit den 'Träumen' der deutschen, norwegischen, schwedischen und schweizerischen Pioniere in Milwaukee zu verbinden, wirkt verkrampft.[82] Dennoch gewinnt die Erzählung aus einem anderen Blickwinkel großes Gewicht. Wie die ebenfalls in *Summer* eingelagerte Mariana-Story und die Miranda-Erzählung in *Woman in the Nineteenth Century* handelt es sich um eine Selbstprojektion der Autorin, die auf die Frage nach der Konstitution weiblicher Identität zielt und darüber hinaus in einem allgemeineren Sinne das Verhältnis zum anderen Menschen beleuchtet.

In der Seherin von Prevorst sind jene Züge auf die Spitze getrieben, in denen Fuller in *Woman* die eigentliche Stärke der Frau sieht: ihre prophetische Gabe, ihre intuitiv-seherischen Fähigkeiten, ihre Offenheit für 'magnetische Einflüsse'. Von der Gesellschaft wird eine Frau, die solche Fähigkeiten im Übermaß besitzt, für krank erklärt, ihr Temperament macht sie untauglich fürs Haus, und die erzwungene Ehe läuft praktisch auf ein Todesurteil hinaus. Der Blick ins Jenseits und der zum anderen Menschen sind unter den gegenwärtigen gesellschaftlichen Bedingungen nicht vereinbar, die Ehe kommt einer Verbannung aus dem spirituellen Heim gleich: "She was obliged hourly to forsake her inner home, to provide for an outer, which did not correspond with it" (86).

---

[82] Vgl. dag. Marie M.O. Urbanski, "The Seeress of Prevorst: The Central Jewel in *Summer on the Lakes*", in *Margaret Fuller: Visionary of the New Age*, ed. Urbanski (Orono, ME: Northern Lights, 1994) 142-159.

Auf autobiographische Bezüge deutet bereits ein der eigentlichen biographischen Skizze vorangestellter fiktiver Dialog, in dem die allegorischen Figuren Free Hope, Self-Poise, Old Church und Good Sense unterschiedliche Standpunkte gegenüber dem Phänomen des Visionären vertreten. Fuller artikuliert sich durch Free Hope, während Self-Poise ein kaum verhüllter Emerson ist. In Übereinstimmung mit der Seherin schwärmt Fuller/Free Hope von einem Leben in ständigem Kontakt mit dem Übernatürlichen: "All my days are touched by the supernatural, for I feel the pressure of hidden causes, and the presence, sometimes the communion, of unseen powers" (79). Vor solchem Enthusiasmus warnt Self-Poise: "The better part of wisdom is a sublime prudence .... Of our study there should be in proportion two-thirds of rejection to one of acceptance." Doch Free Hope besteht auf der Offenheit für "lyric inspirations, or the mysterious whispers of life". Das Bekenntnis, mit dem sie ihre Argumentation schließt, nimmt sich im Rückblick wie das Leitprinzip von Fullers Leben aus: "To me it seems that it is madder never to abandon oneself, than often to be infatuated, better to be wounded, a captive, and a slave, than always to walk in armor" (81).

Das von Fuller anvisierte 'elektrische' Ich steht in engem Zusammenhang mit den in *Woman* formulierten Überlegungen zum Wesen der Frau und darüber hinaus unseren Vorstellungen von persönlicher Identität über die Geschlechtergrenzen hinweg: Es geht nicht nur um weibliche Selbstentfaltung, auch die Männer würden davon profitieren, wenn die Frauen ihre Anlagen freier verwirklichen könnten. Die Gegenüberstellung von offen-verwundbarem und durch *prudence* abgesichertem Ich bietet über die feministische Argumentation zwei Identitätsmodelle, die den Kern transzendentalistischen Selbst-Verständnisses berühren. Fuller möchte den visionären Blick zum menschlichen Gegenüber lenken, für Emerson hingegen würde er durch die Rückbindung in die menschliche Sphäre korrumpiert. Als soziales Wesen bedarf das Emersonsche Ich eines Verteidigungswalls, für Fuller geht es in einem solchen Bollwerk zugrunde.

Fullers Identitätsmodell bietet eine Herausforderung an die Konzeption des autonomen Selbst, wie es Emerson in "Self-Reliance" und Thoreau in *Walden* entwerfen. Emerson nimmt diese Herausforderung vor allem in seinem Essay "Friendship" an, während Thoreau — ohne konkreten Bezug auf Fuller — in seinen Reflexionen über die Einsamkeit die Vorstellung eines Selbst entwirft, das zwar als Beziehung verstanden wird, aber weitgehend ohne den Anderen und entschieden ohne das andere Geschlecht auskommt.

*

In *Woman in the Nineteenth Century* stellt Fuller zunächst den vielfältigen Abhängigkeiten der Frau die Forderung nach größerer Selbständigkeit entgegen und polemisiert gegen die Vorstellung von der Liebe als alleiniger Form weiblicher Selbstverwirklichung. In ihrer Typologie der Geschlechterbeziehungen hat sie wie viele Feministinnen heute für "mutual idolatry" und "infatuation" (45) nur Verachtung übrig; in einer solchen Beziehung wird die Gleichheit der Partner verspielt, weil beide sich in ein Gefängnis emotionaler Sklaverei begeben. Gegen solche und andere Formen der Abhängigkeit führt sie den Gedanken größerer Autarkie ins Feld, am eindrücklichsten in der Erzählung von dem Indianermädchen, das sich ein Wigwam abseits vom Lager baut und für sich allein lebt, weil es sich der Sonne vermählt hat (65).

Die Warnung an die *women who love too much* (nach Robin Norwoods Bestseller von 1985) ist allerdings nur ein Teil von Fullers Argumentation. Der Status quo erfordert zwar eine Absicherung weiblicher "self-dependence" (62), aber wenn das Ich im Besitz seiner Möglichkeiten ist, dann bedarf es zu seiner vollen Entfaltung des Partners. Wenn sich wie in Emerson und Fuller zwei selbstbewußte Individuen begegnen, sollten sie sich füreinander öffnen in Liebe und Freundschaft. In seiner höchsten Form verwirklicht sich das Ich in der Beziehung mit einem gleichrangigen Partner. In Fullers Sicht lag Emersons Versagen darin, daß er dieser Herausforderung auswich, sich auf die Position von *self-poise* und *prudence* zurückzog und sich damit um seine eigene Selbstverwirklichung brachte.

Daß es hier bei aller persönlichen Betroffenheit um eine grundsätzliche Problematik geht, zeigt Fullers 1846 erschienene

Besprechung der Romane Charles Brockden Browns, des bedeutendsten Romanciers und Feministen der frühen Republik. Nach ihrer Auffassung verdient Brown höchste Anerkennung für die Darstellung weiblicher Selbständigkeit; seine Frauenfiguren strafen die Gleichsetzung von Weiblichkeit und Schwäche Lügen, sie illustrieren "the self-sustaining force of which a lonely mind is capable." Es könne nicht genug hervorgehoben werden, daß Brown diesen "royal mind" in den Körper einer Frau gelegt habe. Nichts unterstreicht die von Fuller an Browns Werk gelobte Überschreitung der Genus-Grenzen nachdrücklicher als das Bild des Steuermanns, das nun für die Frau beansprucht wird: "So his Woman need not be quite so weak as Eve, the slave of feeling or of flattery: she also has learned to guide her helm amid the storm across the troubled waters" (*MFE* 375-378).

Das Bild der autarken Heldin ist jedoch nur die eine Seite, denn ein weiterer großer Vorzug von Browns Romanen bestehe in seinem "high standard of the delights of intellectual communion and of friendship" — einem Ideal zwischenmenschlicher Nähe, das der Gegenwart abhanden gekommen sei. Wenn es angesichts der vielfältigen Mechanismen der Abhängigkeit zunächst auf die Ausbildung eines starken und autarken Selbst ankomme, so müsse am Ende doch das Individuum die Hand ausstrecken und sich auf den Anderen einlassen. Dazu sei in ihrer Zeit meist nur eine Seite bereit, während die andere ängstlich und stupide zurückweiche und damit "life's richest boon" verspiele.

Das Indianermädchen, das sich der Sonne vermählt hat, bedeutet einen Riesenschritt über die "matron-beauty, fat, fair, and forty" (64) hinaus, zu seinem vollkommenen Glück aber bedürfte es des Partners, der seine Sehnsucht teilt. In Fullers Typologie von Ehebeziehungen in *Woman* rangiert deshalb an oberster Stelle die religiöse: die "pilgrimage towards a common shrine" (51). Sie schließt, wie das Beispiel der Zinzendorfs zeigt, die Kooperation im Haushalt und das intellektuelle Gespräch ein, geht aber darüber hinaus, indem sie das Trachten und Handeln beider Partner auf ein gemeinsames transzendentes Ziel richtet.

Die nach Fullers Tod von Emerson, William Henry Channing und James Freeman Clarke zusammengestellten *Memoirs of*

Margaret Fuller Ossoli haben seit einiger Zeit eine schlechte Presse, weil sie editorische Willkür mit einem tendenziösen Bild verbinden, das aus der Sicht heutiger Feministinnen als geradezu rufschädigend einzustufen ist. In einem wesentlichen Punkt aber hätte zumindest Fuller selbst sich wiedererkannt. Alle drei Herausgeber widmen je ein Kapitel des Buches Fullers anspruchsvollem Freundschaftsideal und ihrer außergewöhnlichen Begabung für intensive Beziehungen. Channing stilisiert sie geradewegs zu "The Friend" und fügt lapidar hinzu: "This was her vocation" (*MFM* 2:40). Emerson hebt die ekstatischen Züge ihrer Freundschaften hervor und gibt unumwunden zu, daß er auf dieser Ebene seine Probleme mit ihr hatte und auf Distanz ging. Für Fuller ist Freundschaft eine Angelegenheit auf Leben und Tod, ein unbedingtes Sicheinlassen auf den Anderen, in dem das Ganze der Persönlichkeit auf dem Spiel steht.

    In der im Alter von dreißig Jahren verfaßten und in die *Memoirs* aufgenommenen autobiographischen Skizze über ihre Kindheit und Erziehung hält sie unter der Überschrift "First friend" den Unterschied zwischen bloßen Bekannten und wahren Freunden fest und charakterisiert letztere mit den Worten: "These ... are sharers of our very existence. There is no separation; the same thought is given at the same moment to both, — indeed, it is born of the meeting, and would not otherwise have been called into existence at all. These not only know themselves more, but *are* more for having met ..." (*MFM* 1:37). Einer solchen, jede Trennung aufhebenden Beziehung war Emerson, wie er freimütig gesteht, nicht gewachsen, und in Bemerkungen, die Fullers Brockden Brown-Rezension bestätigen, gibt er zu erkennen, daß er nicht der einzige war, der ihre Erwartungen enttäuschte: "she could rarely find natures sufficiently deep and magnetic" (*MFM* 1:288). Seine eigenen Spannungen mit ihr führt er auf einen "war of temperaments" zurück, aber der Essay "Friendship", der um diese Zeit entsteht, läßt erkennen, daß es hier um mehr geht als den Zusammenstoß einer leidenschaftlichen Frau mit einem, der sich schon als junger Mann "a warm heart" absprach (*JMN* 2:241).

*

Im September 1840 faßt Emerson die Spannungen zwischen sich und Fuller in einem Brief zusammen: "you, O divine mermaid or fisher of men ... do say ... that I am yours & yours shall be, let me dally how long soever in this or that other temporary relation. I on the contrary do constantly aver that you & I are not inhabitants of one thought of the Divine Mind, but of two thoughts, that we meet & treat like foreign states, one maritime, one inland, whose trade & laws are essentially unlike" (*L* 2:336). Mit dem Bild von den zwei Nationen, deren Politik und Wirtschaft einander geradezu entgegengesetzt seien, mag Emerson versucht haben, eine immer schwieriger werdende Beziehung zu lösen und Fuller auf Distanz zu halten. Über die Komplikationen des Augenblicks hinaus verweist es jedoch auf eine Vorstellung von persönlicher Identität, die Emersons Denken mit großer Konsequenz durchzieht.

Wenn Fuller bemerkt, Emerson fühle sich in eine "crystal cell" (*MFM* 1:68) eingeschlossen, so entspricht dem Emersons immer wieder geäußerter Gedanke, daß jeder Mensch eine mehr oder weniger in sich geschlossene Sphäre bilde, die er nach außen verteidige. Ob wir es wollen oder nicht: "Every man is an infinitely repellent orb, & holds his individual being on that condition" (*JMN* 5:329). Ein solches Selbstverständnis entspricht dem agonal-antagonistischen Selbst von *Nature*, "Self-Reliance" und anderen frühen Essays. Allen altruistischen Impulsen zum Trotz agiert das Ich im Zuge seiner Selbstentfaltung asozial, es weist den Anderen zurück, auch den ihm Nahestehenden. Im Augenblick der Vision in *Nature* ist die Seele allein: "The name of the dearest friend sounds then foreign and accidental: to be brothers, to be acquaintances, — master or servant, is then a trifle and a disturbance" (10). Das Ich von "Self-Reliance" ist nicht nur ein "nonconformist", es zerreißt — Christus folgend — auch das Band der Familie: "I shun father and mother and wife and brother, when my genius calls me" (261f.).

Was in solchen Bemerkungen noch auf den Augenblick der mystischen Ekstase und höchsten Berufung beschränkt scheint, erweist sich in mehr oder weniger aggressiven Formen als eine Grundbestimmung des Ichs: Es ist einsam und verteidigt diese Einsamkeit gegen Ansprüche anderer. Anders — und mit einem

Lieblingsausdruck Emersons — formuliert: Das Ich ist 'unpersönlich'. In unserer Zeit, wo sich alles um 'Beziehungen' dreht, muß es höchst befremdlich klingen, wenn der seit fünf Jahren zum zweiten Mal verheiratete Emerson 1840 notiert: "I marry you for better but not for *worse*. I marry impersonally" (*JMN* 7:336). Was zunächst durch die Turbulenzen mit Fuller gefärbt sein mag, erscheint allenthalben in den Essays und Tagebüchern als eine Einsicht, die zentral ist für Emersons Begriff vom Selbst. Der angebliche Individualist hat mit Individuen (auch mit sich selbst) wenig im Sinn: "I wish to speak with all respect of persons, but sometimes I must pinch myself to keep awake, and preserve the due decorum" (580), hält er in "Nominalist and Realist" fest. Die gegenüber Fuller vielleicht überpointierte Feststellung — "Most of the persons whom I see in my own house I see across a gulf. I cannot go to them nor they come to me" (*JMN* 7:301) — erscheint in "The Over-Soul" als Gesetzmäßigkeit der Seele, die in der Annäherung an ihren Urgrund "a closer sympathy with Zeno and Arrian, than with persons in the house" (389) empfindet.

Das Heim der Seele ist nicht das Haus. Während Fuller diese auch von ihr — etwa in "The Seeress of Prevorst" — festgestellte Diskrepanz beklagt und zu überwinden trachtet, geht Emerson von dem, was er in "Manners" "the metaphysical isolation of man" (522) nennt, als einer Grundbedingung menschlicher Existenz aus, die zugleich ihre Stärke ausmacht. Daß wir uns im Grunde stets nur punktuell berühren, wie zwei Kugeln, die gelegentlich aneinanderstoßen; daß wir den Anderen nur wie durch einen Schleier wahrnehmen; daß jedes Gespräch ein Rufen "across a gulf" ist: Die Einsamkeit des Einzelnen ist die Voraussetzung dafür, daß er einer Kraft teilhaftig wird, die alle Individualität übersteigt. Jede intensive Beziehung von Mensch zu Mensch ist illusionär, da sie den Graben, der jeden vom Anderen trennt, doch nicht überbrückt. Sie ist aber auch nicht wünschenswert, denn in der Beziehung verzettelt das Ich seine Kräfte, es blockiert die metaphysische Quelle, die ihm allein zur vollen Entfaltung verhelfen kann.

Menschliche Interaktion vollzieht sich deshalb im Interesse der Seele zuallererst als Konfrontation, Abwehr und Kampf. Die Tugend ist "manly", und das Ich nimmt oft ausgesprochen martialische Züge an. In "Heroism" wird der Kriegszustand gepriesen, weil in ihm die "military attitude of the soul" (373f.) voll zum Tragen kommt. Die Metaphorik des Krieges, die man hier zunächst der Thematik des Essays zuschreiben möchte, hält sich in *Essays: Second Series* durch, wenn in "Character" die "self-sufficingness" des 'charaktervollen' Ichs in die Aggressivität des "uncivil, unavailable man" übersetzt wird. Die notwendige Isolierung des Ichs — "I am always environed by myself" — hat einen Nonkonformismus zur Folge, der seine Interessen mit Zähnen und Klauen verteidigt: "There is nothing real or useful that is not a seat of war" (500).

Solche 'Kriegsführung' richtet sich nicht nur gegen die Person des Anderen, sondern auch gegen das, was am eigenen Ich 'persönlich' ist. Hier zeigt sich eine Kontinuität von den frühen Predigten bis zu Emersons Spätwerk. Als unitarischer Pfarrer vertrat Emerson eine optimistische Sicht der menschlichen Natur; gegenüber dem kalvinistischen Dogma von der Erbsünde ging er wie der ältere Channing und die Unitarier allgemein von der Fähigkeit des Menschen aus, durch *self-culture* seine natürlichen Anlagen zu verfeinern und auf Gott hin auszurichten. Angesichts dieser Grundorientierung ist es um so erstaunlicher, in welchem Maße die Predigten das Bild eines *miles christianus* entwerfen, der sich in ständigem Kampf gegen Anfechtungen von außen *und* innen behaupten muß. Charakterbildung zielt auf "athletic virtue".[83] Und vom soldatischen Ich der Predigten führt eine Linie über das in "Self-Reliance" projizierte Selbst, das keinen 'Waffenstillstand' kennt, zu dem mit "subtle antagonisms" (345) bewaffneten Ich von "Friendship".

Das Ich ist im Innersten allein; die in "Manners" postulierte "metaphysical isolation of man" kehrt in "Worship" wieder als "central solitude" (1076). Die melancholische Folgerung, daß der Mensch nur sich selbst zum Freund haben kann — "he must have

---

[83] Susan L. Roberson, "'Degenerate Effeminacy' and the Making of a Masculine Spirituality in the Sermons of Ralph Waldo Emerson", in *Muscular Christianity: Embodying the Victorian Age*, ed. Donald E. Hall (Cambridge: Cambridge University Press, 1994), Kap. 7.

himself to his friend" — , wird kompliziert durch die schon in den Predigten deutliche Auffassung des individuellen Selbst als in sich gespalten: Das Selbst ist sich Freund und Feind zugleich. Damit zeichnet sich das Koordinatennetz ab, in dem sich Emersons Überlegungen zu Freundschaft und Liebe bewegen. Die paradoxen Wendungen der diesem Thema gewidmeten Gedanken in *Essays: First Series* reflektieren über die privaten Spannungen mit Fuller hinaus eine faszinierende und in sich stimmige Theorie menschlicher Interaktion. Sie versucht, den Anderen mit dem transzendenten Kern des Ichs, der Seele, in einer Weise zusammenzudenken, die beiden gerecht wird. Freundschaft und Liebe sind möglich und notwendig, aber ihr Stellenwert und ihre Erscheinungsformen heben sich von den sentimental-romantischen Varianten ebenso ab wie vom Beziehungs-Jargon unseres eigenen New Age.

Nach der Lektüre von "Love" und "Friendship" mag man versucht sein auszurufen: "Gott bewahre uns vor unseren Freunden", oder, in dem entsprechenden englischen Bonmot: "With friends like these, who needs enemies?" Durchgängig verleiht Emerson dem Freund Züge eines Fremden oder Kontrahenten. In den Eröffnungsabschnitten von "Friendship" werden die Gefühle, die man dem Freund gegenüber empfindet, mit den Empfindungen beim Besuch eines Fremden verglichen: Erwartung mischt sich mit Unruhe und Besorgnis, dann folgt die Aufregung des Gesprächs, in dem wir zur Verwunderung aller über uns selbst hinauswachsen, schließlich entsteht mit wachsender Vertrautheit das Gefühl, daß wir den Anderen nicht mehr brauchen. Mit der scheinbar das Thema verfehlenden Schilderung dessen, was sich beim Besuch eines Unbekannten abspielt, erstellt Emerson in Wahrheit ein Modell dessen, was Freundschaft günstigenfalls sein kann: eine Herausforderung, die alle unsere Kräfte weckt. Ein solcher Zustand ist zwangsläufig zeitlich begrenzt; mit anhaltendem Umgang verliert der Andere seinen Stimulationswert, und es ist an der Zeit, daß er geht, anderen Platz macht und "a new web of relations" an seine Stelle tritt. Der wahre Freund ist "a sort of beautiful enemy" (351); die Seele bedient sich seiner nicht, um ihre Einsamkeit zu durchbrechen, im Gegenteil: "The soul environs itself with friends, that it may enter into a grander self-acquaintance or solitude" (344).

Jede tiefe Beziehung bestimmt ein Moment des Konflikts. Und das ist gut so. In der Begegnung von Freunden stoßen Träger einer Energie aufeinander, die im Universum zirkuliert und sich bald hier, bald dort zeigt. Flüchtigkeit und Vitalität gehören zusammen. Der Durchgangscharakter des Anderen ist die Kehrseite der Vitalität der Seele; in der Unpersönlichkeit sowie der nur punktuellen Bindung setzt sie sich gegen Verkrustung und Verdinglichung durch. Das Gesetz der expandierenden Kreise wie das des transparenten Augapfels gilt ebenso im zwischenmenschlichen Bereich: "In the procession of the soul from within outward, it enlarges its circles ever .... Thus even love, which is the deification of persons, must become more impersonal every day" (334f.).

Vielleicht signalisiert nichts die Differenz zwischen Fuller und Emerson in dieser Frage deutlicher als die Formen des Kontaktes, die sie jeweils bevorzugten. Während Fullers allseits anerkannte Stärke in der Konversation lag, spricht Emerson in "Friendship" dreimal vom Brief an den Freund: "To my friend I write a letter, and from him I receive a letter. That seems to you a little. It suffices me" (351; vgl. 341, 344). Die Idee der Freundschaft ruft in ihm die Vorstellung eines Kommunikationsmittels hervor, das ohne die physische Gegenwart des Anderen auskommt und die Kontingenz von Körper, Zeit und Raum weitgehend ausschaltet.

Der Zug zur Distanz wird auch dort wirksam, wo er scheinbar aufgehoben ist: im Blickkontakt. Der Blick — "the language of these wandering eye-beams" (341) — scheint die "infinite remoteness" (344) zwischen dem Ich und dem Anderen zu überbrücken, und in der Tat kreisen Emersons Gedanken über das, was man eine Hermeneutik des Blicks nennen kann, um die Frage der Zärtlichkeit.[84] Dem in "Friendship" nur kurz angesprochenen Thema der "tenderness" (348) sind in *The Conduct of Life* lange Reflexionen gewidmet, die in ihrer Metaphorik von Fließen, Eintauchen und Verschmelzen auf eine späte Rechtfertigung Fullers hinauszulaufen

---

[84] Zum Folgenden vgl. Julie Ellison, "The Gender of Transparency: Masculinity and the Conduct of Life", *American Literary History* 4 (1992) 584-606. Zwarg, *Feminist Conversations*, vertritt die These, daß sich Emersons Identitäts-Begriff in der Auseinandersetzung mit Fuller grundlegend verändert.

scheinen. Im Blick von Mensch zu Mensch werden beide füreinander 'transparent', geben sich in ihrem Innersten zu erkennen, lassen gleichsam die Bastionen des Ichs fallen. In Passagen, die die "transparent eye-ball"-Vision von *Nature* für den gesellschaftlichen Bereich umformulieren, fängt er das Epiphanische einer Begegnung ein, das nur durch das Auge vermittelt wird. Schon 1820 spricht er im *Journal* von der "Indian doctrine of eye-fascination" (*JMN* 1:39), die ihn intensiv beschäftigt, und die späten Essays zeugen von einem geradezu besessenen Nachdenken über Funktion und Sinn des Auges.

Aus der Fülle der Belege sticht eine Stelle in "Behavior" hervor, die das Magische des zwischenmenschlichen Blicks einfängt: "Eyes are bold as lions.... They wait for no introduction ... but intrude, and come again, and go through and through you, in a moment of time.... The mysterious communication established across a house between two entire strangers, moves all the springs of wonder" (1042). Der Blickwechsel ist im Grunde ein Machtkampf. Im Blick des Anderen tritt der Seele blitzartig die das All durchwaltende Kraft gegenüber, der "ocular dialect" etabliert eine momentane Hierarchie und offenbart, welcher der Partner mehr "character" besitzt und die göttliche Macht reiner vermittelt. Die Zärtlichkeit wird absorbiert von der Anerkennung des Stärkeren, und der Gewinn für die Seele liegt in der Herausforderung, die sie in der Begegnung erfahren hat, nicht in der Aufhebung ihrer Einsamkeit. Letztere wird eher noch vertieft. In "Manners" mahnt Emerson: "Let the incommunicable objects of nature and the metaphysical isolation of man teach us independence. Let us not be too much acquainted.... We should meet each morning, as from foreign countries" (522). Den Benimm-Büchern der Zeit, auf die er in *The Conduct of Life* reagiert, kommt der späte Emerson insoweit entgegen, als er guten Manieren einen hohen Stellenwert einräumt. Eine tragfähige Brücke zum Anderen bilden sie jedoch nicht; sie machen uns füreinander "endurable" (1038), sie mildern die Zumutung, die wir füreinander darstellen — mehr nicht.

Manche Kritiker sehen in Emersons Autonomiekonzept das Produkt von frühkindlichen Traumata, Minderwertigkeitskomplexen, Misogynie, Homophobie und Körperfeindlichkeit in Verbindung mit der "hypermasculinity" der amerikanischen Kultur.[85] Was bei diesen Analysen jedoch leicht untergeht, ist die Würde und Integrität von Emersons Denken im Licht abendländischer Denkfiguren der Subjektivität. Freundschaft, so lehren Aristoteles und Augustinus, ist ein hohes Gut, aber es ist nicht das Höchste, wonach es zu streben gilt. In der *Nikomachischen Ethik* stellt die Freundschaft ein Durchgangsstadium dar; am Ende steht der Weise, in seine Schau (*theoria*) vertieft, allein. Eines der bewegendsten Zeugnisse einer Freundschaft legt Augustinus im vierten Buch der *Confessiones* ab; ihm war, als wären seine und des Freundes Seele zu einer verschmolzen, und was ihn nach dem Tod des Freundes vor übermäßiger Todessehnsucht bewahrt, ist der Gedanke, daß dann ja auch der Freund endgültig sterben würde. Doch im Rückblick, in den *Retractationes* (II, 32), verurteilt er diese Passage als rhetorische Entgleisung.

Aristoteles' und Augustinus' Vorbehalte gegen eine Idealisierung von Freundschaft und Liebe finden sich in Stoa und Mystik in einer Form wieder, die für das Verständnis Emersons unmittelbar relevant ist.[86] Im Begriff der *prohairesis* faßt Epiktet ein seelisches Prinzip, das alles Leben durchdringt und sich zugleich jeder Fremdbestimmung entzieht. Es umfaßt alles, was im eigentlichen Sinne 'bei uns' ist und zu uns gehört, im Gegensatz zu allem, das nicht in unserer Macht steht und uns fremd ist. Die Besinnung auf diesen Kern des Ichs bedeutet ein Loslassen, einen Rückzug aus allen Bindungen, die sich unserer Verfügung entziehen. Letztere erscheinen zweitrangig gegenüber dem Selbstbezug des Subjekts. Die Ausgrenzung des Anderen aus dem Bereich des Eigenen läuft aber keineswegs auf soziale Isolation hinaus, im Gegenteil: Indem ich den Anderen freigebe, kann ich mich ihm überhaupt erst zuwenden. Wirkliche Liebe setzt voraus, daß ich den Anderen nicht mit meinen Emotionen und meinem Egoismus besetze.

In seiner großen Predigt über die Armut im Geiste radikalisiert Meister Eckhart das stoische Plädoyer für die zugleich arme und

---

[85] Vgl. z.B. David Leverenz, *Manhood and the American Renaissance* (Ithaca, NY: Cornell University Press, 1989), Kap. 2.

[86] Zum Folgenden siehe Fetz, "Dialektik der Subjektivität".

freie Seele zur Vorstellung von der nackten Seele. Geistliche Armut geht weit über die materielle hinaus. Paulus' Postulat der Liebe als oberstem Gut ebenso wie die griechische Privilegierung der Erkenntnis zurückweisend, setzt er Seligkeit gleich mit intellektueller und emotionaler Entsagung, getreu der von ihm als Predigttext gewählten Seligpreisung, die den Armen im Geiste gilt.

Emerson folgt diesem Argumentationsmuster, wenn er Freundschaft und Liebe zunächst in ökonomischen Metaphern faßt, diese dann aber gegen sich selbst wendet. Wie die kaufmännische Seele von "Compensation" letztlich auf ein schöpferisches Prinzip verweist, das allen Geschäften enthoben ist, so kann die Seele sich auch nicht in der menschlichen Interaktion verwirklichen, denn diese unterliegt der Ökonomie von Mein und Dein. Jedes Festhalten am Anderen legt der Seele Fesseln an; Freundschaft ist nur dann zu rechtfertigen, wenn ich ohne sie auskommen kann: "The condition which high friendship demands is ability to do without it" (350). Auch im zwischenmenschlichen Bereich gilt das Gesetz von der Armut der Seele, und der Reichtum, den der Freund bringen könnte, muß zurückgewiesen werden: "I cannot choose but rely on my own poverty more than on your wealth" (344).

*

Im April 1841 erhält Margaret Fuller von Emerson den Text von Thoreaus Gedicht "Friendship", das im Oktober des darauffolgenden Jahres in *The Dial* erscheint. Schon der Anfang des Gedichts läßt erahnen, warum Emerson seine Aufnahme in die Hauszeitschrift der Transzendentalisten ohne weiteres empfehlen kann: "Let such pure hate still underprop / Our love, that we may be / Each other's conscience." In der Folge werden die Freunde als "solitary stars" apostrophiert, jeder mit seiner eigenen "sphere". Schließlich wird der "sincere man" im Bild der Burg gefaßt, deren Graben kein Weg und kein Steg überbrücken. Thoreau hat das Gedicht später an das Ende des Exkurses über die Freundschaft in der *Week* gestellt. Dort bildet es den Abschluß einer Argumentation, die in der Betonung des Konfliktcharakters hoher Freundesliebe an Emerson erinnert: Freundschaft ist "evanescent", von "tragedy" überschattet, ein Ereignis, das "at sight" geschieht und der Eroberung einer Burg oder dem Schock elektrischer Kontakte gleichkommt (213-36).

Die aggressiven Züge des Ichs werden in der Freundschaft nicht aufgehoben, sondern gleichsam gezündet. Entsprechend schroff empfiehlt sich auch der Sprecher von *Walden* als ein Freund, der dem Leser die Leviten lesen und sein Gewissen aufrühren will. Über weite Strecken kommt das Buch einer Publikumsbeschimpfung gleich, und wo der Leser nicht unmittelbar angesprochen wird, macht der Sprecher seiner Verachtung für das Treiben seiner Nachbarn und damit indirekt auch des Lesers Luft. In "The Village" beschreibt er seine fast täglichen Spaziergänge nach Concord als Spießrutenlaufen, das — in "homœopathic doses" (456) genossen — durchaus etwas Erquickendes hat, aber nur dann, wenn man anschließend wieder ins Dunkel der Wälder eintauchen kann. Züge eines auf Emerson verweisenden agonalen Selbst finden sich schließlich in der Strenge, mit der das Thoreausche Ich gegen sich selbst vorgeht. In "Higher Laws" wird das Leben als ständiger Kampf zwischen "virtue and vice" (496) geschildert, die Heiligung des Lebens vollzieht sich im Niederhalten der Sinnlichkeit in all ihren Formen, vom Fleischverzehr bis zur Sexualität.

Je tiefer eine Beziehung, um so größer ist das Bedürfnis nach Distanz und Stille. In der Hütte am Walden Pond hat Thoreau, wie er am Anfang von "Visitors" darlegt, drei Stühle: einen für "solitude", zwei für "friendship", drei für "society". Wenn das Gespräch ein gewisses Niveau erreicht, erweist sich der Raum als zu klein, die Partner brauchen größeren Abstand, wie Nationen, die nicht nur Grenzen, sondern auch ein großes neutrales Gelände zwischen sich benötigen. So rücken die Freunde immer weiter auseinander, bringen den See zwischen sich oder gehen, wenn sie im Haus bleiben, zum Flüstern über und verfallen schließlich in Schweigen. Kommunikation mit dem in uns und im Anderen, was sich der Sprache entzieht, erfordert Stille, und sie verträgt sich nicht mit körperlicher Intimität, mit "animal heat and moisture" (435).

Der ganze Streit um Einsamkeit oder Gesellschaft, so schreibt er 1856 an H.G.O. Blake, ist überflüssig: "It is not that we love to be alone, but that we love to soar, and when we do soar, the company grows thinner & thinner till there is none at all" (*C* 424). Freundschaft läuft zwangsläufig auf Distanz, Einsamkeit und Stille hinaus, Freunde müssen eine Barriere zwischen sich aufbauen und respektieren, sie begegnen sich, so eine *Journal*-Notiz von 1841, immer wieder wie Fremde: "Friends will have to be introduced each time they meet. They will be eternally strange to one another..." (*PJ* 1:236).

Während Emerson, seiner martialischen Rhetorik zum Trotz, Wert auf gute Manieren legte und sich gegenüber anderen verbindlich gab, praktizierte Thoreau das Ideal des schroffen Selbst direkt im persönlichen Verhalten und schien es geradezu darauf anzulegen, andere zu brüskieren und zu irritieren. Hawthorne bezeichnet ihn in einem Brief als "the most unmalleable fellow alive."[87] Emerson beklagt sich über seine Streitsucht und die Neigung, dem Gesprächspartner das Wort im Mund herumzudrehen. Eine Tagebuchnotiz von 1848, wonach er genauso gut den Ast einer Ulme wie den Arm Thoreaus ergreifen könnte, arbeitet er noch in den Nachruf in einen Passus ein, der das Kriegerische im Charakter des Freundes hervorhebt. Im Gegensatz zu seinem eigenen, eher scheuen und ausweichenden Blick hatte Thoreau "terrible eyes" (*EW* 10:434), die den Gesprächspartner zu durchbohren schienen, und einen drohenden Habitus, der auch von der selbst oft aggressiv auftretenden Fuller als abstoßend empfunden wurde.

Die Einsamkeit, von der Emerson als Bedingung der Seele spricht: Thoreau setzt sie buchstäblich ins Werk, indem er sich aus Concord zurückzieht. Sobald der Rückzug vollzogen ist, kann er dann allerdings die Grundzüge eines Selbst skizzieren, das nicht durch Opposition, sondern durch die harmonische Einbettung in ein vielfältiges Miteinander gekennzeichnet ist. Der Gedanke, daß das Ich in seiner tiefsten Einsamkeit die Isolation der individuellen Sphäre durchbricht und in einer höheren Einheit aufgeht, ist auch für Emerson zentral, er kann den Gedanken jedoch, da diese Einheit metaphysisch in scharfem Gegensatz zum Status quo steht, nur als abstraktes Postulat ausdrücken. Thoreau hingegen entwirft intensive

---

[87] Hawthorne, *The Letters, 1843-1853*, ed. Thomas Woodson et al., Centenary Edition (Columbus: Ohio State University Press, 1985) 106.

Bilder eines Ichs, das im Hier und Jetzt aus der physischen Isolation eine neue Heimat gewinnt.

Wie solche Beheimatung stattfindet, veranschaulicht das "Solitude"-Kapitel von *Walden*. Es beginnt mit der Schilderung eines Abends, an dem das Ich dank der Intensität sinnlicher Wahrnehmung ganz in der Natur aufgeht und dabei zugleich die Erfahrung von Freiheit macht: "This is a delicious evening, when the whole body is one sense, and imbibes delight through every pore. I go and come with a strange liberty in Nature, a part of herself" (425). Die den gesamten Absatz durchziehenden Alliterationen und Assonanzen; die rhythmische Syntax; die Parallelisierung des ruhigen Sees mit der eigenen "serenity"; die Betonung der "sympathy" mit dem raschelnden Laub; schließlich die Allegorisierung der Nachttiere als "Nature's watchmen" — im Bild der abendlichen Natur wird deutlich, was anschließend explizit formuliert wird: Einsamkeit ist nicht gleichbedeutend mit Isolation. Mit dem Wort *connect* in der letzten Zeile des Absatzes wird die Fülle der Verbindungen angedeutet, die das Ich vorfindet oder knüpfen kann. Das Ich kann seinen Platz im Beziehungsgeflecht der Natur einnehmen, wenn es die Haltung des Dominierens, Ausbeutens und Manipulierens aufgibt und statt dessen zur demütigen Kontemplation findet. Dann wird ihm die 'Sympathie' der Tannennadeln ebenso zuteil wie die 'Freundschaft' der Jahreszeiten und die 'Gesellschaft' des Sees. Angesichts solcher "beneficent society in Nature" verblaßt zwischenmenschlicher Kontakt: "I was so distinctly made aware of the presence of something kindred to me, even in scenes which we are accustomed to call wild and dreary, and also that the nearest of blood to me and humanest was not a person nor a villager, that I thought no place could ever be strange to me again" (427).

Die Abwendung vom menschlichen Gegenüber wird in "Solitude" außerordentlich subtil entfaltet. Was sich zunächst wie ein Akt der Selbstbehauptung gegen den Entfremdungsdruck der Gesellschaft ausnimmt, erweist sich rasch als ein Bündel von Strategien, die auf die Rücknahme des Selbst abzielen. Im Werden und Vergehen der Natur wird das schöpferische Prinzip sichtbar, dem auch das betrachtende Subjekt seine Existenz verdankt; beide sind Momente eines unausgesetzten Schöpfungsprozesses, Gegenstände einer wirkenden Kraft: "*Next* to us is not the workman whom we have hired, with whom we love so well to talk, but the workman whose work we are" (429). Vor unseren Augen und in uns betätigt sich derselbe Schöpfer. Wir sind niemals allein, ja wir *können* gar nicht allein sein, bestehen wir doch zum Teil aus den gleichen Stoffen wie alles um uns herum: "Am I not partly leaves and vegetable mould myself?" (432).

Parallel zur Einsicht in die kreatürliche Gemeinschaft der Schöpfung produzieren wir im Vollzug des Denkens eine innere Doppelung, die das Ich zwar vom Anderen trennt, zugleich aber ein Gegenüber erscheinen läßt. Zum einen ist der Denkende immer allein: "A man thinking or working is always alone, let him be where he will" (430). Zum anderen schafft das Denken *im* Subjekt eine Spaltung, die nichts Pathologisches hat: "With thinking we may be beside ourselves in a sane sense" (429). Wir gehen nicht ganz in der Natur auf, durch Reflexion entsteht eine Distanz zum eigenen Ich ebenso wie zur Objektwelt. Das Andere aber, das sich im Denken zu uns gesellt, übersteigt unsere Individualität, es verhält sich wie der Zuschauer im Theater, der beobachtet, ohne Teil des Geschehens zu sein, und nach der Vorstellung seines Weges zieht. Wenn Subjektivität derart in Objektivität umschlägt — wenn wir uns mit solcher Intensität dem Anderen öffnen, das in uns hineinragt —, mag die Welt der Geschäfte und selbst die der Nachbarn und Freunde um uns versinken und eine nach außen hin radikale Einsamkeit begründen: "This doubleness may easily make us poor neighbors and friends sometimes" (430).

Der Gedanke des Außersichseins im Denken verweist auf Emersonsche Vorstellungen, er tritt jedoch in *Walden* und zunehmend in den späteren Werken zurück zugunsten disziplinierter Beobachtung und Beschreibung, die sich jegliche Metaphorik und Symbolik versagen. In einer Notiz von 1851 beklagt Thoreau ein Nachlassen seiner imaginativen, das Ganze erfassenden Kraft zugunsten eines immer enger werdenden mikroskopischen Blicks (*PJ* 3:380). Große Teile des Spätwerks und insbesondere des *Journal* münzen das, was hier als Mangel erscheint, in einen Aktivposten um, indem sie den mikroskopischen Blick intensivieren und gerade durch die Konzentration aufs kleinste Detail größere Zusammenhänge sichtbar machen, die nun aber nicht von der Phantasie geschaut, sondern in der Fülle der einzelnen Naturobjekte und ihrer Beziehungen untereinander aufgespürt werden. Die späten, zum Teil erst kürzlich unter dem Titel *Faith in a Seed* veröffentlichten Naturstudien verfolgen die vielfältigen Wege, die Pflanzenarten bei ihrer Ausbreitung nehmen. Solche Untersuchungen erfordern neben großen Datenmengen einen Blick für die zahlreichen Faktoren — Klima, Geologie, umliegende Flora und Fauna —, die bei der Entwicklung einer Pflanze zusammenwirken. Wenn Thoreau in *Walden* die unzähligen Bezüge unseres Daseins — "the infinite extent of our relations" (459) — beschwört, aktiviert er neben seinen Beobachtungen die romantische Phantasie, die diskrete Wahrnehmungen zum Ganzen verschmilzt. Die unendlichen Bezüge hingegen, die aus den Naturstudien erwachsen, verdanken dem Ich nichts, sie ereignen sich ohne sein Zutun. Thoreau war offenbar der erste amerikanische Feldökologe, der sich von dem beherrschenden Einfluß Louis Agassiz' löste und Darwins Prinzipien der natürlichen Auslese und Anpassung anwandte.[88] Die Entscheidung ist leicht nachzuvollziehen. Gegenüber der biblischen Annahme eines speziellen Schöpfungsakts für jede einzelne Art stellt die Evolutionstheorie ein räumlich-zeitliches Bezugssystem bereit, in dem die Arten und Exemplare und nicht zuletzt der Mensch ihren Platz finden.

Während Emerson in "Friendship" die Flüchtigkeit menschlicher Beziehungen mit dem vitalen Drang des Ichs begründet, gleichsam wie die Spinne immer wieder ein neues Beziehungsnetz herzustellen, überwindet Thoreau die Begrenztheit des Subjekts, indem er sich in ein uraltes und zugleich ewig junges, sich ständig regenerierendes Gewebe versenkt, das er in der Natur vorfindet. Keiner der beiden versteht den Rückzug in die Einsamkeit als Individualismus im gängigen Sinne, vielmehr streben beide auf verschiedenen Wegen nach Selbsttranszendierung. Die physische Trennung vom Anderen, so hat Thomas Merton, der große moderne

---

[88] Gary Paul Nabhan, Foreword, Thoreau, *Faith in a Seed: The Dispersion of Seeds and Other Late Natural History Writings*, ed. Bradley P. Dean (Washington, DC: Island Press, 1993) xiv.

Denker der Einsamkeit, in seinen "Notes for a Philosophy of Solitude" (1960) festgehalten, läuft stets Gefahr, die Götzen der Gesellschaft durch eigene zu ersetzen und damit einer idiosynkratischen Illusion zu verfallen. Solche Einsamkeit ist selbstzerstörerisch. Authentisches Einsiedlertum hingegen zeichnet sich durch Demut und geistliche Armut aus — "an emptiness of heart in which self-assertion has no place" —, und sie zielt auf eine höhere, spirituelle Einheit. Im Durchbrechen kollektiver wie egoistischer Projektionen erstrebt der Einsame ein Höchstmaß an Bewußtheit, eine äußerste Steigerung aller Fähigkeiten. Der Eremit ist zum Wachen berufen — "to become *fully awake*" — im doppelten Sinne von Wach-Sein und Wache-Stehen. In diesem nur durch Mühsal erreichbaren und stets gefährdeten Zustand hat das Ego-Selbst sich aufgelöst in reines Sein.[89]

Der "Solitude"-Essay von *Walden* beginnt mit einer Hymne auf das mit äußerster sinnlicher Intensität auf die Natur gerichtete Ich. Die Schilderung der Abendstimmung, in der alle Sinne zu einem verschmelzen, antizipiert die Metaphorik des Erwachens als eines Bildes, das Einsamkeit als physische Bedingung außer Kraft setzt. Nie ist das Ich intensiver und zugleich selbstvergessener, nie versinken Raum und Zeit nachhaltiger: "Any prospect of awakening or coming to life to a dead man makes indifferent all times and places. The place where that may occur is always the same, and indescribably pleasant to all our senses" (429). Dem aber, der ganz wach wäre, könnte man — wie Gott — nicht ins Gesicht sehen: "I have never yet met a man who was quite awake. How could I have looked him in the face?" (394).

---

[89] Thomas Merton, *Disputed Questions* (1960; Nachdr. New York: Farrar, Straus and Giroux, 1976) 170.

8. Sehen — Sprechen — Schreiben: Emersons und Fullers Rhetorik

Unsere 'Ansichten' — unsere Wahrnehmungen der Dinge und des Anderen — gründen in unserem Sein. In "Experience" formuliert Emerson knapp: "As I am, so I see" (489). Unser Sehen wiederum hat, wie Thoreau im Tagebuch notiert, Konsequenzen für die Art, wie wir uns sprachlich artikulieren: "As you *see* so at length will you *say*" (*PJ* 4:158). Geradezu auf die Spitze getrieben wird der Zusammenhang von Sein, Sehen und Ausdruck in Fullers Bericht über die Seherin von Prevorst in *Summer on the Lakes*; Frederica Hauffe wendet den Blick nach innen, und was sie sieht, kann sie nur formulieren, indem sie eine eigene Sprache erfindet. Die besondere Aufgabe des Dichters erwächst Emerson zufolge aus dem existentiellen Bedürfnis, unsere 'Sicht' und damit uns selbst auszudrücken. Wohl geht Dichtung über die Alltagserfahrung hinaus, sie ist, wie er in "The Poet" festhält, "a very high sort of seeing" (459). Aber die Notwendigkeit des Ausdrucks ist uns allen eigen: "The man is only half himself, the other half is his expression" (448).

Transzendentalistisches Schreiben hat eine ausgeprägt existentielle Dimension. Zugleich ist die Verbindung von literarischer *persona* und biographischem Autor-Ich außerordentlich problematisch und schwer greifbar.[90] Thoreau führt sich auf den ersten Seiten von *Walden* mit dem ganzen Gewicht seiner persönlichen Erfahrung ein, er gibt vor, nur über sich selbst zu schreiben, und in der Tat findet sich in dem Buch kaum eine Passage, die nicht in engem Zusammenhang mit dem Tagebuch des Autors steht, mit seiner unmittelbaren Erfahrung, seinen Reflexionen, seiner Lektüre. Dennoch ist dieses Ich klar als inszeniertes und stilisiertes erkennbar, und zwar nicht nur dort, wo Tagebuchnotizen umgearbeitet wurden, vielmehr ist schon das Tagebuch selbst bis zu einem gewissen Grade auf einen Leser hin angelegt. Damit ver-

---

[90] Lawrence Buell, *Literary Transcendentalism: Style and Vision in the American Renaissance* (Ithaca, NY: Cornell University Press, 1973), Kap. 11.

schwimmen die Grenzen von authentischer Lebensbeschreibung und literarischer Stilisierung. Es war unter den Transzendentalisten gang und gäbe, Tagebücher auszutauschen. Hatte Emerson sein *Journal* anfangs als private "Savings Bank" (*JMN* 4:250) konzipiert, als Vorratsmagazin, auf das er bei seinen Vorträgen und Essays zurückgreifen konnte, so nimmt es alsbald den Charakter einer Quasi-Publikation an. Als er an "Friendship" arbeitet, tauscht er mit Fuller außer Briefen auch Tagebücher aus, in denen die intimen Komplikationen festgehalten sind. Einige Passagen des Essays — z.B. das Plädoyer für den Brief als Medium der Freundschaft — lesen sich wie eine direkte Replik auf Fullers Sehnsucht nach größerer Nähe, während Teile des *Journal* ausgesprochen unpersönlich und wie an ein Publikum gerichtet wirken.

Neben dem Verhältnis von privatem und literarischem Ich drängt sich die Frage nach der Identität des Ichs *innerhalb* eines Textes auf. Das fiktionale Ich ist keine feste Größe, es macht zum Teil erhebliche Schwankungen und Wandlungen durch. Die Prosa der Transzendentalisten mutet dem Leser einiges zu, sie ist voller Sprünge und Diskontinuitäten. Gerade in ihren scheinbaren Ungereimtheiten und Brüchen hat sie jedoch 'Methode' als Ausdruck eines Ichs, das ständig wächst und sich verändert. Transzendentalistische Texte wirken oft auf den ersten Blick diffus, aber wo sie geglückt sind, bieten sie die Begegnung mit einem Ich, das quicklebendig ist.

Der innere Zusammenhang von Sein, Sehen und Sprechen hat erhebliche Konsequenzen für die sprachlichen Strategien, Redeformen und Gattungen, deren die Autoren sich bedienen. Fullers Freundschaftsideal zielt auf Nähe und Intimität, ihr sprachliches Medium ist das Gespräch, während Emerson die Formen von Brief und Vortrag bevorzugt. Ein Ich, das sich wie das Ich Emersons wesentlich in der Zurückweisung fremder Ansprüche entfaltet, gebärdet sich sprachlich anders als eines, das — wie bei Fuller — die Sympathie des Anderen voraussetzt oder erheischt. Emerson meinte zu Recht, er und Fuller bedienten sich einer "different rhetoric" (*L* 2:353).

*

Schon die Zeitgenossen beklagten sich gelegentlich, daß man nach einem Vortrag Emersons oder nach der Lektüre eines seiner Essays sich kaum erinnern könne, was eigentlich gesagt wurde. Fuller faßt den Eindruck vieler Zuhörer in ihrer Rezension von Emersons zweiter Essay-Serie zusammen: "They were accustomed to an artificial method.... They insisted there was nothing in what they had heard, because they could not give a clear account of its course and purport" (*MFE* 242). Emerson selbst stellt in einem Brief an Carlyle die kompositorischen Eigenheiten von Texten heraus, die ohne stringenten Zusammenhang Bruchstücke und Einzelsätze aneinanderreihen: "Here I sit & read & write with very little system & as far as regards composition with the most fragmentary result: paragraphs incompressible each sentence an infinitely repellent particle" (*CEC* 185). Die Bemerkung ist skandalöserweise frei von Selbstkritik; im nächsten Satz redet er von seinem Garten, so als fühle er sich bei dieser Art des Schreibens durchaus wohl. Emerson mit Gewinn zu lesen heißt, dieses Wohlbefinden zu teilen: zu verstehen, welches Potential an Lust und Freiheit Texte zu aktivieren vermögen, die herkömmliche Erwartungen von Argumentation und Aufbau enttäuschen. Ein Emerson-Essay bereichert den Leser gerade in dem Maße, wie dieser am Ende nichts in der Hand hat.

Das Gefühl, nach der Lektüre mit leeren Händen dazustehen, ist um so größer, als der Autor in gewissen Abständen immer wieder mächtig auf die Pauke haut. "Self-Reliance" etwa hebt verhalten, mit einer persönlichen Lektüre-Reminiszenz an, schwingt sich aber dann fast aus dem Stand zu einer Serie von Oppositionen auf, die den Gegensatz von Originalität und Imitation, Ich und Fremdbestimmung umkreisen. In der Folge wird ein Panorama von Entfremdungsmechanismen entworfen. Die Übergänge von Satz zu Satz, Absatz zu Absatz, entsprechen keiner argumentativen Logik, ihre Abfolge erscheint nicht zwingend, und wenn gegen Ende die Konsequenzen, die 'Selbstvertrauen' hätte, unter vier Punkten abgehandelt werden, wird der unsystematische Charakter des Textes eher noch stärker ins Bewußtsein gerückt.

Dennoch ist der Essay alles andere als chaotisch. Seine Logik ergibt sich aus der zentralen Idee der *self-reliance*, und sie wird formal-stilistisch greifbar in einer *persona*, die sich bei großer

Flexibilität gleich bleibt. Selbstvertrauen verwirklicht sich in erster Linie als Abwehr von Ansprüchen, die das Ich in Beschlag nehmen. Die literarische *persona*, der Sprecher, tritt dementsprechend schroff und abweisend auf, getreu der Devise von Self-Poise, der Maske Emersons in Fullers *Summer*, wonach wir uns zu zwei Dritteln in "rejection" und nur zu einem Drittel durch "acceptance" verwirklichen. Repräsentativ für die Haltung des Ichs insgesamt ist die Absage an jene, die für die Sache der Abolitionisten und andere philanthropische Projekte werben. Die Zurückweisung der Philanthropen ist "rough and graceless" (262). Damit wird der Ton des ganzen Essays getroffen. Die Fülle der Illustrationen, die Aphorismen von "Whoso would be a man must be a nonconformist" (261) bis "An institution is the lengthened shadow of one man" (267), die Attacken auf Gesellschaft, Erziehungswesen und Kultur: Allenthalben zeigt sich ein Ich in Abwehr- und Frontstellung.[91]

Die wenigen Passagen, in denen ein affirmativer Impuls zum Tragen kommt, verdeutlichen, weshalb der Text sich überwiegend im Modus der Polemik bewegt. Denn sobald gesagt werden soll, woraus Selbstvertrauen sich speisen könne, wird eine grundsätzliche Verlegenheit im Denken und Artikulieren sichtbar. Emerson greift zu Unsagbarkeitstopoi: "And now at last the highest truth on this subject remains unsaid; probably cannot be said.... That thought, by what I can now nearest approach to say it, is this" (271). Doch statt nun positiv zu bestimmen oder wenigstens anzudeuten, welche Wahrheit dem, der auf sich vertraut, zuteil wird, ergeht er sich erneut in Negationen: "When good is near you, when you have life in yourself, it is not by any known or accustomed way; you shall not discern the footprints of any other; you shall not see the face of man; you shall not hear any name; — the way, the thought, the good, shall be wholly strange and new."

Mit der Betonung des Neuen als des gänzlich Unbekannten liefert Emerson eine Rechtfertigung seines Argumentationsstils. Der Gedanke der *self-reliance* läßt sich deshalb nicht mit herkömmlichen Strategien entfalten, weil es sich um keinen Begriff im Sinne

---

[91] Zu den aggressiven Zügen von Emersons Rhetorik siehe Julie Ellison, *Emerson's Romantic Style* (Princeton, NJ: Princeton University Press, 1984).

traditionellen Philosophierens handelt: "To talk of reliance is a poor external way of speaking" (272). Das Selbst, dem man sich überlassen soll, ist gerade dadurch bestimmt, daß es hier nichts zu begreifen gibt. Es ist eine Kraftquelle, ein Agens, ein lebendiges Prinzip, das zugleich in uns und außer uns wirkt, aber nicht dingfest zu machen ist. Aus seiner Flüchtigkeit ergeben sich die Aggressivität von Emersons Rhetorik ebenso wie seine plötzlichen Anwandlungen von Nonchalance. Was Autonomie entgegensteht, kann erkannt und entsprechend heftig attackiert werden, jede Aussage hat aber auch etwas Beliebiges und ließe sich durch analoge Aussagen ersetzen oder ergänzen. So kann ein Katalog von Beispielen abgebrochen, die Figuren der Wiederholung, Häufung und Reihung durch Ellipse abgelöst werden. "The catalogue is endless" (13), bemerkt Emerson im Schlußabsatz des "Commodity"-Kapitels von *Nature*, bricht ab und geht zum nächsten Teil über. Die scheinbare Gleichsetzung von Selbstvertrauen mit Willkür und Laune in "Self-Reliance" bedürfte der Erläuterung, aber "we cannot spend the day in explanation" (262). An solchen Signalen wird erkennbar, wie leicht die proliferierenden Exempla, Aphorismen und Anekdoten in Sprachlosigkeit umschlagen könnten. Der Sprecher gleicht dem in "Prudence" apostrophierten Eisläufer, der sein Heil im Tempo sucht, weil er sich auf dünnem Eis bewegt (364). Das Ich spürt sich am stärksten an dem, was ihm entgegensteht, und seinen Widerstand kann es artikulieren; die Quelle des Widerstands aber entzieht sich der Sprache.

Jede Rede, jeder Essay ist "a poor external way of speaking", ein falsches, inauthentisches Sprechen, das nur zu rechtfertigen ist, indem es sich, wie Emerson in "Nominalist and Realist" festhält, selbst Lügen straft: "No sentence will hold the whole truth, and the only way in which we can be just, is by giving ourselves the lie; Speech is better than silence; silence is better than speech.... Things are, and are not, at the same time" (585). Die Kehrseite des Zwangs, sich auszudrücken, ist ein Verlust an Wirklichkeit und Wahrheit und vor allem: an Leben. Deshalb kann Sprache nur präzise sein, solange es um die Abwehr dessen geht, was Leben erstickt, ansonsten aber muß sie indirekt, mit suggestiven Mitteln arbeiten oder verstummen. Dem Fließen der Naturphänomene wie unseres eigenen Lebens kann nur der Appell an die Intuition gerecht werden, und dieser Appell zieht in "The Method of Nature" die Andeutung der genauen Beschreibung vor: "In treating a subject so large, in which we must necessarily appeal to the intuition, and aim much more to suggest, than to describe, I know it is not easy to speak with the precision attainable on topics of less scope" (118). Was hier noch durch den speziellen Gegenstand motiviert wird, erweist sich in "Intellect" als ein Grundgesetz allen Sagens. Hören ist besser als reden, denn wie jeder Gedanke ein Gefängnis sein kann, so macht jede Aussage die Natur und den Sprecher kleiner: "if I speak, I define, I confine, and am less" (426).

Das Lebendige entzieht sich der Aussage; wie dem Seelengrund des Mystikers kann man sich ihm sprachlich nur annähern durch Negationen, Tautologien und Paradoxa. Der Gedanke der *self-reliance* ist irreführend insofern, als er die Vorstellung von etwas nahelegt, auf das man sich verlassen — ein Fundament, auf dem man sich niederlassen könnte. Eine solche Vorstellung widerspricht der Dynamik des Selbst. Eine Sprache, die zugleich proliferiert und sich zurücknimmt, reproduziert das Fließende und Flüchtige des Lebens, das es gegen die Verdinglichung zu schützen gilt. Das 'Hohle' von Emersons Pathos entspricht der Substanzlosigkeit des Prinzips, als dessen Anwalt er argumentiert. Der Leser muß — wie der Autor — mit leeren Händen dastehen, zum einen, weil es nichts zu begreifen gibt, zum anderen, weil nur der, dessen Hände leer sind, freie Hand hat. Auf der Ebene der Rhetorik wiederholt sich der paradoxe Zusammenhang von Geschäftstüchtigkeit und Armut, der die Seele in Wirtschaft und Gesellschaft auszeichnet. Die Worte sind überflüssig im doppelten Sinne, in dem alles Gemachte und Sichtbare, alles zu Form Geronnene überflüssig ist: Sie 'fließen über' aus der Quelle, die alles Lebendige speist, und sie sind ersetzbar durch andere Zeichen, die ihnen folgen.

Aus der Doppelfunktion der Worte ergibt sich die eigentümliche Verbindung von Stillstand und Bewegung, die Emersons Denk- und Schreibstil kennzeichnet. Die häufigen Wiederholungen und Variationen erzeugen den Eindruck des Auf-der-Stelle-Tretens; sie entsprechen der Identität des Kerngedankens, um den der jeweilige Essay kreist, ebenso wie der Stabilität der *persona*, die sich allen argumentativen Turbulenzen und Stimmungsschwankungen zum Trotz treu bleibt. Zugleich entsteht durch das Heraufbeschwören und Attackieren immer neuer Feindobjekte das Gefühl einer raschen Bewegung. Emersons Essays inszenieren Aufräumaktionen; mit dem Sprecher, so scheint es, gewinnen wir ständig neue Freiräume. Der Schluß von *Nature* trägt folgerichtig den Titel "Prospects". Der Sprecher dieser Prosa ist das rhetorische Korrelat eines Ichs, das sich durch "onward thinking" auszeichnet ("History", 247), eines Intellekts, der im "antagonizing" fortschreitet ("Experience", 483); er ist der "experimenter" und "endless seeker" von "Circles", der alles Feste auflöst und doch selbst im Wandel seine Identität bewahrt: "the eternal generator abides" (412).

Wie der Kaufmann Hindernisse überwindet, indem er sie zu Kapital macht und für sich arbeiten läßt, verwandelt auch die literarische *persona* das, was sie an Widerständigem vorfindet, in Energiepotentiale. Hier liegt der eigentliche Grund für den häufigen Umschlag von Emphase in Lässigkeit. Man kann gegen eine Institution wie die Kirche anrennen, und in der "Divinity School Address" erging sich Emerson in Tiraden, die ihm auf Jahrzehnte die Tore seiner Alma Mater verschlossen. Doch wie in "Self-Reliance" nach der Polemik gegen Ehe und Familie überraschend in Aussicht gestellt wird, eben diese Institutionen doch zu akzeptieren, so läuft auch die "Address" nicht auf einen Aufruf hinaus, der Kirche den Rücken zu kehren, vielmehr werden die Theologie-Absolventen ermuntert, das Amt des Pfarrers mit neuem Leben zu füllen. Wenn die bestehenden Formen in ihrem ephemeren Charakter durchschaut werden, fallen sie in sich zusammen oder besser: Sie werden 'plastisch', zum Material und Werkzeug, zum "magazine of power", mit dessen Hilfe die Seele sich entfalten kann. So wie das stärkste Ich sich nicht in physischer Einsamkeit, sondern inmitten der Menge bewährt (263), erweist sich die Seele dort am vitalsten, wo sie nicht in "mere antinomianism" (274), in der kruden Opposition gegen das Bestehende verharrt, sondern aus dem, was sie vorfindet, Kapital schlägt.

Mit dem Amt des Pfarrers nennt Emerson in der "Divinity School Address" ein besonders instruktives Beispiel für eine Einrichtung, die hochgradig traditionsbelastet und dennoch im Sinne der Ökonomie der Seele gewinnträchtig ist. Dabei argumentiert er zunächst grundsätzlich: Jede Form wird "plastic and new" (91), wenn ihre Träger wahrhaft lebendig sind. Darüber hinaus hat die Kirche zwei Einrichtungen überliefert, die in besonderem Maße regenerierbar sind, weil sie auch nach Jahrhunderten noch den Keim neuen Lebens in sich tragen. Die eine ist der Sabbat. Indem Emerson ihn als "the jubilee of the whole world" bezeichnet, knüpft er an die große Hymne auf den Sommer an, mit der er die "Address" eröffnet hat. Sie fungiert im Verlauf der Rede zunächst als negativer Bezugspol, als Illustration jenes Schöpfungsreichtums, der in Dogmen und Riten zu Staub zerfallen ist. Im Sabbat aber hat die Kirche etwas vom Fest der Schöpfung bewahrt, hier regt sich noch etwas von jenem Leben, das wahrer Gottesdienst zu feiern hätte. Die zweite Einrichtung, die er zu den nach wie vor brauchbaren Aktivposten der Kirche zählt, ist die Predigt. Er bezeichnet sie als "essentially the most flexible of all organs, of all forms." Allerdings hat er ihren Begriff zuvor erweitert, indem er sie als "the speech of man to men" definiert. Die unscheinbare Ergänzung enthält den Schlüssel zu Emersons Plädoyer und führt zurück zur *persona* der Essays.

Emerson sah sich stets als Redner; der rhetorische Gestus seiner Schriften, der sich bis in die Tagebücher verfolgen läßt, entspricht seinem Selbstverständnis als *rhetor*, einer Identität, deren Reiz darin liegt, daß sie Festes mit Fließen, Stabilität mit Entgrenzung, Konzentration mit Expansion, Individualität mit Selbstverneinung verbindet. In einer Tagebucheintragung unter der Überschrift "Myself", mit der er sich vor seinem 21. Geburtstag Rechenschaft über seinen Charakter, seine Schwächen und Begabungen sowie seine Berufsperspektiven ablegt, begründet er seine Entscheidung für das Theologiestudium und den Pfarrerberuf neben religiösen Überzeugungen vor allem mit seiner "passionate love for the strains of eloquence" (*JMN* 2:239). Sie gleicht, so hofft er, seine intellektuellen Schwächen ebenso aus wie eine gewisse Gefühlskälte und nicht zuletzt einen Mangel an religiösem Eifer. Das Ich, das der junge Emerson in seiner erstaunlichen Selbstanalyse porträtiert, erscheint ohne Kern, ohne Substanz. Die Predigt und die sonstigen Amtspflichten des Pfarrers können seine 'Nacktheit' verdecken —

"I have hoped to put on eloquence as a robe" (*JMN* 2:242) — und vielleicht langfristig tatsächlich jenes Feuer in ihm entfachen, das er als Redner und Amtsträger nur simuliert: "if I devote my nights & days *in form*, to the service of God & the War against Sin, — I shall soon be prepared to do the same *in substance*" (*JMN* 2:241).

Über das gesprochene Wort gewinnt das Ich eine heroische Identität. Gerade weil die Rede aus einem Defizit entsteht, ist ihre Macht um so eindrucksvoller. In diesem Sinne hat Emerson immer wieder die Schriften Miltons studiert — "I would have my pen so guided as was Milton's when a deep & enthusiastic love of goodness & of God dictated the Comus to the bard" (*JMN* 2:240) — und sein eigenes Selbst-Verständnis nach dem Vorbild des prophetischen Barden modelliert, der kraft des Wortes eine neue Welt schafft.[92] Wenn es wahr ist, daß Sprache in der gefallenen Welt korrumpiert und, wie es in *Nature* heißt, zu "paper currency" (22) verkommen ist, so hat der leidenschaftlich-visionäre Dichter und Barde die Aufgabe, den Worten ihre Magie, ihre schöpferische Kraft zurückzugeben und sie als Instrumente der Regeneration des Menschen zu gebrauchen. Der Redner wird unter solchen Vorzeichen zum Modell des heroischen Selbst. Seine Kraft rührt nicht von eigener Stärke, sondern von der Fähigkeit, als Medium für Energieströme zu dienen. Sein Pathos entspringt dem Enthusiasmus dessen, der sich als Träger von Botschaften versteht, die nicht seine eigenen sind, aber die durch ihn unverwechselbar artikuliert werden.

Die Motive, die Emerson zum Pfarrerberuf drängten, gerieten freilich bald in Konflikt mit seinen Amtspflichten. Die an Milton orientierte Vorstellung sublimer Rede ließ sich in der unitarischen Predigt nur bedingt verwirklichen, die liturgischen und homiletischen Konventionen widersprachen einem Ideal, das Phantasie und Leidenschaft zum Ausgangspunkt rhetorischer Praxis macht. Um sein Ideal zu retten, mußte Emerson sein Amt niederlegen. In einer *Journal*-Notiz meint er rückblickend: "I have sometimes thought

---

[92] Robin Sandra Grey, "'A Seraph's Eloquence': Emerson's Inspired Language and Milton's Apocalyptic Prose", *Modern Philology* 92 (1994/95) 36-63.

that in order to be a good minister it was necessary to leave the ministry" (*JMN* 4:27). Das Lyceum ist die neue 'Kirche', in der er seine Begabung entfalten kann:

> Here is all the true orator will ask, for here is a convertible audience & here are no stiff conventions that prescribe a method, a style, a limited quotation of books, & an exact respect to certain books, persons, or opinions. No, here everything is admissible, philosophy, ethics, divinity, criticism, poetry, humor, fun, mimicry, anecdotes, jokes, ventriloquism. All the breadth & versatility of the most liberal conversation highest lowest personal local topics, all are permitted, and all may be combined in one speech; it is a panharmonicon, — every note on the longest gamut, from the explosion of cannon, to the tinkle of a guitar. Let us try if Folly, Custom, Convention & Phlegm cannot hear our sharp artillery. Here is a pulpit that makes other pulpits tame & ineffectual — with their cold mechanical preparation for a delivery the most decorous, — fine things, pretty things, wise things, but no arrows, no axes, no nectar, no growling, no transpiercing, no loving, no enchantment. Here he may lay himself out utterly, large, enormous, prodigal, on the subject of the hour. Here he may dare to hope for ecstasy & eloquence. [*JMN* 7:265]

Das Gefühl der Leere und Unsicherheit, aus dem die Reflexionen über "Myself" kamen, ist einer Allmachtsphantasie gewichen. Der Redner, den Emerson im Kontrast zum Prediger für das Lyceum entwirft, verfügt nicht nur über eine unbegrenzte Zahl von Themen, er beherrscht auch eine große Variationsbreite in der Darbietung, ein ganzes Arsenal von Tonlagen und Formen. Seine Worte verbinden die großzügige Weite gebildeter Konversation mit Leidenschaft und Ekstase, im Lyceum kann er alle seine Fähigkeiten entfalten, alle Register ziehen und wie das im Zitat erwähnte Panharmonikon eine Fülle von Tönen erzeugen und miteinander verbinden.[93]

Der Redner schwillt gleichsam zum Chor und Orchester, er verwandelt sich in einen vielfach verstärkten Orpheus mit einem ins

---

[93] Das nach 1800 von Johann Nepomuk Mälzel in Wien gebaute und zeitweise von Beethoven geförderte Panharmonikon (oder "Orchestrion") erfreute sich im frühen 19. Jahrhundert auch in den USA großer Beliebtheit. In zeitgenössischen Kommentaren und Anzeigen wird es als Mechanismus gepriesen, der über 200 Instrumente nachahmen könne, wobei jede seiner Pfeifen "an eloquent speaking voice" besitze (Grey, "'A Seraph's Eloquence'", 61).

Unermeßliche gesteigerten Zaubergesang. Neben der Vorstellung von Reichtum und Fülle suggeriert Emersons Vergleich mit dem Panharmonikon den Gedanken von Kontrolle und Technik. Denn die vielen Stimmen werden vollständig beherrscht und "in one speech" vereint, sie artikulieren die "ecstasy & eloquence" *eines* Sprechers, der seine Wortgewalt wie ein Geschütz auf das Publikum richtet. Bei aller Variationsbreite ist der Sprecher Emersons in seiner konfrontativen Haltung stets scharf konturiert, eine unverwechselbare Stimme, die sich deshalb auch — wie der Humorist Artemus Ward erkannte — hervorragend zur Parodie eignet.

Emerson verweist auf das Moment der Identität in der Vielfalt, wenn er feststellt, daß der Redner, gleichgültig, wen er vor sich hat und worüber er spricht, *sich selbst* entfaltet ("he may lay himself out utterly"). Wie später bei Nietzsche verbindet die *persona* Entgrenzung und Individualität, sie repräsentiert ein Ich, das sich einerseits einem überpersönlichen Kraftfeld überläßt, andererseits klare Umrisse bewahrt: Das Individuum zählt nur als Ausdruck von Kräften, die seine Individualität übersteigen, zugleich hat ein solches Individuum eine besondere Würde. Die Kraft, die durch das Ich als Kanal strömt, würde sich verflüchtigen, wenn dieser keine festen Wände besäße.[94]

Unter solchen Vorzeichen tritt das Faszinierende von Emersons Prosa deutlicher hervor. Wenn seine Texte bis in die *Journal*-Einträge eine literarische Qualität besitzen, so bewahrt umgekehrt das geschriebene Wort etwas von der Zeitlichkeit des mündlichen Redeflusses. Wir sind Zeugen eines Ichs, das sich durch eine Serie von Konfrontationen und Modulationen hindurcharbeitet, stets in Bewegung ist und damit auch uns als Leser in Bewegung setzt. Das alte rhetorische Postulat des *movere* wird zur Signatur eines Schreibens, dessen Dynamik auf uns übergeht. Der Panharmonikon-Vergleich kann deshalb auch so verstanden werden, daß der Genuß, den solches Reden und Schreiben bereitet, musikalischer Natur ist, nicht weil mit Klangeffekten gearbeitet würde (die sind eher rar), sondern weil — wiederum Nietzsche antizipierend — das Moment

---

[94] Henry Staten, *Nietzsche's Voice* (Ithaca, NY: Cornell University Press, 1990) 120f.

des zeitlichen Ablaufs in die Struktur integriert ist. Der Leser wird zu einem Mitvollzug stimuliert, der wie bei einer musikalischen Aufführung im Akt des Rezipierens selbst seine größte Wirkung entfaltet und das erzeugt, was Emerson am Beginn von "Self-Reliance" als "sentiment" bezeichnet: eine Gestimmtheit, ein Gefühl von Freiheit, ein größeres Vertrauen in die eigenen Möglichkeiten. Nicht nur Emersons Auge, auch seine Feder hatte in diesem Sinne 'Musik'.[95]

*

Dem martialischen Stil seiner Texte zum Trotz wirkte Emerson beim Vortrag eher zurückhaltend, wie überhaupt Zuhörer, die nur seine Veröffentlichungen kannten, bei ersten Begegnungen mit dem Redner oder der Privatperson frappiert waren von seiner sanften, verbindlichen, wenn nicht scheuen Art. Fuller dagegen trat oft aggressiv auf und verschreckte ihre Gesprächspartner durch taktlos wirkende Fragen. Über fünfzig Jahre nach ihrem Tod hebt Henry James ihre "sharp identity" als ebenso anziehende wie unheimliche Lebensleistung hervor.[96] Ihr Vater hatte sie nach den Grundsätzen maskuliner Selbstbehauptung erzogen, ihr einschränkende Floskeln wie "but", "if", "unless", "I am mistaken" und "it may be so" verboten und auf "accuracy and clearness in everything" bestanden (*MFM* 1:17).

Rückblickend bezeichnet sie ihr Redetemperament als zeitweise "gladiatorial" (*MFM* 1:56). Eine ihrer engsten Vertrauten, Sarah Freeman Clarke (sie begleitete Fuller auf der Reise durch die Präriestaaten und illustrierte die Erstausgabe von *Summer*) greift in der Erinnerung zu Kriegsmetaphern: "She not only did not speak lies after our foolish social customs, but she met you fairly. She broke her lance upon your shield. Encountering her glance, something like an electric shock was felt. Her eye pierced through your

---

[95] Vgl. Joan Stambaugh, *Untersuchungen zum Problem der Zeit bei Nietzsche* (Den Haag: Martinus Nijhoff, 1959) 149-151.

[96] *Critical Essays on Margaret Fuller*, ed. Joel Myerson (Boston: G.K. Hall, 1980) 131.

disguises. Your outworks fell before her first assault, and you were at her mercy" (*MFC* 87).

Dieser für viele verstörende Habitus war jedoch offenbar nur das Vorspiel für das, was Clarke in den folgenden Zeilen "the delight of true intercourse" nennt. In der zweiten Phase eines Gesprächs oder einer Begegnung, gleichsam nach dem Wegsprengen der Barrieren von Konvention und Heuchelei, entfaltete Fuller einen 'generösen' Stil, das rhetorische Äquivalent ihres Freundschaftsideals, das rückhaltlose Offenheit mit großer emotionaler Intensität zu verbinden suchte. Es ist dieser "generous speaker", der in ihren Konversationskursen der Jahre 1839-44 zum Tragen kommt und maßgeblich die *persona* von *Woman* prägt. Während Emersons literarischer Sprecher einen athletischen Stil pflegt, der mit seiner 'Aufräumarbeit' das Terrain von allen Blockaden räumt und damit die Voraussetzung für das Einströmen der Seele schafft, projiziert Fuller eine sentimentale *persona* und entwickelt ein Sprechen und Schreiben "from the soul".[97] Die Größe Abby Kelleys, das Geheimnis ihres Erfolgs als Rednerin in der Sache der Abolitionisten, liegt darin, daß sie ohne alle Aggressivität auftritt und das überwiegend feindselige Publikum mit ihrer "tenderness" überschwemmt.

Grundsätzlich ist diese Art der Rede über die Geschlechtergrenzen hin möglich. An anderer Stelle zitiert Fuller einen französischen Mystiker, dessen Schriften den Vorzug haben, von innen zu kommen; sie sind "a positive appeal from the heart, instead of a critical declaration what man should *not* do" (9). Der Frau aber liegt sie besonders nahe, ihrer Sensibilität entspricht sie in höherem Maße als der des stärker vom Intellekt geprägten Mannes. So stimmt Fuller ihrer Quelle auch dort zu, wo sie Abby Kelleys Rhetorik geschlechtsspezifisch einordnet und im Kontrast auf die

---

[97] Zum Folgenden siehe Annette Kolodny, "Inventing a Feminist Discourse: Rhetoric and Resistance in Margaret Fuller's *Woman in the Nineteenth Century*", *New Literary History* 25 (1994) 355-382; Sandra M. Gustafson, "Choosing a Medium: Margaret Fuller and the Forms of Sentiment", *American Quarterly* 47 (1995) 34-65; Nancy Craig Simmons, "Margaret Fuller's Boston Conversations: The 1839-1840 Series", *Studies in the American Renaissance*, ed. Joel Myerson (1994) 165-226.

Rede des Mannes verweist: "Men speak through, and mostly from intellect, ... which creates and is combative" (72).

In welchem Maße Fuller die Ansätze zu einer Unterscheidung von männlichem und weiblichem Heroismus, der ein Kontrast von männlicher und weiblicher Rede- und Schreib-*persona* entspricht, mit ihrem Verhältnis zu Emerson verbindet, zeigt die weitere Argumentation in ihrer Rezension der *Essays*. Nachdem sie die Faszination des Redners gewürdigt hat, setzt sie zu einer Kritik seines Schreibstils an. Die Aufzählung verschiedener "charges" — von Obskurität, Affektiertheit bis hin zu mangelnder Struktur und ermüdender Diffusheit — mündet in ein Urteil, das über die *Essays* hinaus Licht auf ihr eigenes Selbstverständnis und ihre literarischen Ambitionen wirft: "We doubt this friend raised himself too early to the perpendicular and did not lie along the ground long enough to hear the secret whispers of our parent life. We would wish he might be thrown by conflicts on the lap of mother earth, to see if he would not rise again with added powers" (*MFE* 245). Mit der Anspielung auf den Antaeus-Mythos und der Berufung auf "mother earth" bringt Fuller erneut eine feministische Perspektive zur Geltung — den Gedanken, daß Emersons Prosa mit ihrem 'vertikalen', transzendentalen Drall männlichen Denkgewohnheiten folge, sich vom weiblich-mütterlichen Prinzip abkoppele und damit einer großen Kraftquelle beraube.

Fullers Prosa ist oft genau das vorgeworfen worden, was sie Emerson angekreidet hat: Viele empfinden sie als diffus; weder *Woman* noch *Summer* scheinen genügend Kohärenz zu besitzen, um als 'Werke' in einem ästhetisch befriedigenden Sinne gelten zu können. Ihr Vorwurf gegenüber Elizabeth Barrett Browning, daß man die Position der Autorin angesichts der Fülle von Verweisen und Zitaten aus dem Auge verliere — "we are too much and too often reminded of other minds and other lives" (*MFC* 205) —, trifft auf sie selbst zu, und Orestes Brownson spricht für viele, wenn er in seiner Rezension von 1845 an *Woman* jegliches "design" vermißt: "the book before us ... is no book, but a long talk.... It has neither beginning, middle, nor end, and may be read backwards as well as forwards, and from the centre outwards each way, without affecting the continuity of the thought or the succession of ideas."⁹⁸ Gerade die Eigenschaften, die Brownson verdammt, erscheinen jedoch im Lichte neuerer Theoriebildung interessant. Der Anspielungs- und Zitatenreichtum, die mündliche Qualität, die lockere Struktur, die zirkuläre oder mäandrierende Argumentation gelten heute als *écriture féminine*. Die Texte werden in einer solchen Sicht nicht unbedingt aufgewertet; Fullers Prosa ist — zumal im Vergleich mit der Emersons oder Thoreaus — wenig attraktiv. Was es aber anzuerkennen gilt, ist die Konsequenz, mit der sie eine neue, der weiblichen Erfahrung und Empfindung angemessene Rhetorik zu entwickeln sucht.

Jede Einschätzung von Fullers Schreibstrategien muß zunächst die Handicaps notieren, unter denen die schreibende Frau generell und Fuller im besonderen litt. In *Woman* zählt Fuller die wachsende Zahl von Autorinnen zu den Zeichen der Zeit, die Mut machen können. Die "triumphs of female authorship" (60) sind deshalb so wichtig, weil es kaum einen Bereich gibt, in dem sich die Unterdrückung der Frau so krass zeigte: "As to the use of the pen, there was quite as much opposition to woman's possessing herself of that help to free agency, as there is now to her seizing on the rostrum or the desk" (18). Wenn der Mensch in Emersons einprägsamer Formulierung ohne die Möglichkeit, sich auszudrücken, nur halb er selbst ist, so muß die Geschichte der Tabuisierung öffentlicher weiblicher Rede und weiblichen Schreibens als Geschichte einer 'Halbierung' der Frau gelten. Als *Muse* des Mannes war sie stets willkommen, ja unabdingbar, das *Schreiben* aber sollte sie ihm überlassen. In diesem Sinne plädiert selbst Emerson im *Journal*: "Woman should not be expected to write or fight or build or compose scores, she does all by inspiring man to do all" (*JMN* 8:149).

Wenn sogar ein aufgeschlossener Kopf wie Emerson an der alten Gleichung von Autorschaft und Paternität festhält und der Frau das Medium der Schrift vorenthalten will, kann man ermessen, welchem kulturellen Druck sich eine ehrgeizige Autorin wie Fuller ausgesetzt sah. In ihrem Falle kamen zu den allgemeinen, im Patriarchat begründeten Vorbehalten Komplikationen hinzu, die Schrei-

---

⁹⁸ *Critical Essays on Fuller*, ed. Myerson, 19.

ben schier unmöglich zu machen schienen. Früh rebellierte sie, wie sie in der "Autobiographical Romance" berichtet, gegen das strenge Regiment des Vaters, sie verließ seine Bibliothek und suchte im Garten der Mutter emotionale Nahrung — ein Konflikt, der in Sprachlosigkeit zu münden drohte: "I loved to gaze on the roses, the violets, the lilies, the pinks; My mother's hand had planted them, and they bloomed for me. I culled the most beautiful. I looked at them on every side. I kissed them, I pressed them to my bosom with passionate emotions, such as I have never dared express to any human being" (*MFM* 1:23-24).

In "The Magnolia of Pontchartrain", einer mystischen Skizze in der Form einer Elegie, in der ein weiblicher Sprecher einen ungenannten Protagonisten anspricht, kehrt das Motiv der Sprachlosigkeit wieder.[99] Die weibliche Stimme teilt ihrem Gegenüber mit, daß sie sich nach innen wende und nicht mehr mit ihm sprechen könne: "I cannot speak to thee in any language now possible betwixt us." Emerson bezog die Skizze auf Fullers Verhältnis zu ihm; es dürfte ihm dann auch nicht entgangen sein, daß der Schluß eine Abkehr von männlichen Autoritäten andeutet: "nor shall I again subject myself to be questioned by an alien spirit to tell the tale of my being in words that divide it from itself." In der Zurückweisung des als zerstörerisch empfundenen patriarchalischen Diskurses kündigt sich das rhetorische Programm der Conversations an. Es zielt auf ein alternatives Sprechen, in dem an die Stelle der Autorität des Redners ein Austausch tritt, ein Sichöffnen aller Gesprächspartner für das Thema und füreinander.

Aus Berichten von Teilnehmerinnen der Konversationsklassen geht hervor, daß Fuller zunächst eine dominante Rolle spielte und sich in Wort, Gestik, Kleidung und Schmuck selbst inszenierte. Nachdem sie jedoch das Thema des Tages eingeführt hatte, nahm sie sich zurück und legte großen Wert auf eine offene Gesprächssituation. Die Vielfalt des Gebens und Nehmens wurde erhöht durch

---

[99] Zum Folgenden siehe Jeffrey Steele, "The Call of Eurydice: Mourning and Intertextuality in Margaret Fuller's Writing", in *Influence and Intertextuality in Literary History*, ed. Jay Clayton und Eric Rothstein (Madison: University of Wisconsin Press, 1991) 271-297. Die Zitate finden sich auf S. 288.

Hausaufgaben, in denen die Teilnehmerinnen kleine Essays zum Thema der nächsten Sitzung verfaßten, aus denen Fuller dann Passagen vorlas, um eine Diskussion in Gang zu bringen. Sie sah ihre Aufgabe vor allem darin, den anderen Frauen dazu zu verhelfen, ihre eigenen Gedanken zu artikulieren. Elizabeth Peabody, in deren Buchladen die meisten Gespräche stattfanden, berichtet: "Of course, it was not easy for every one to venture her remark, after an eloquent discourse, and in the presence of twenty superior women, who were all inspired. But whatever was said, Margaret knew how to seize the good meaning of it with hospitality, and to make the speaker feel glad, and not sorry, that she had spoken" (*MFM* 1:336-337). Dieses Muster wurde nur einmal durchbrochen. Als Fuller 1841 einen Konversationszyklus über griechische Mythologie für Männer öffnete, entstand eine asymmetrische Situation, in der die zehn anwesenden Männer erheblich mehr Redezeit beanspruchten als die zwölf Frauen; vor allem Emerson produzierte eher sich selbst und ging nicht auf die Ideen der anderen ein.

Thematisch konzentrierte sich der erste Konversationszyklus (1839-40) auf frauenspezifische Fragen. In drei Klassen hieß das Thema ausdrücklich "Woman", aber auch bei den anderen Treffen, in denen es um Kunst, Mythologie, Kultur etc. ging, lenkte Fuller die Gespräche immer wieder auf den Beitrag der Frau und die Bilder des Weiblichen in den verschiedenen Formen kultureller Produktion. Besonders interessant erscheint die Art, wie Fuller zwischen individueller Erfahrung und Kultur vermittelte. Auf die Bücher in den Regalen verweisend und einzelne von ihnen in die Diskussion einbeziehend, machte sie sich und den anderen bewußt, in welchem Maße Geschlechterrollen durch Texte transportiert und geformt werden. Die kulturelle Tradition, so versuchte sie deutlich zu machen, enthält neben vielem Einengenden auch eine Fülle von Ansätzen, die Frauen Mut machen können. Insbesondere in der griechischen Mythologie sah sie Beispiele heroischer Weiblichkeit, die ein Gegengewicht zur überwiegend patriarchalisch geprägten jüdisch-christlichen Überlieferung bilden konnten.

Fullers Verfahren besitzt in methodischer und theoretischer Hinsicht ausgesprochen moderne Züge, indem es die intertextuelle

Seite menschlicher Identität herausarbeitet. Nach den Ausflügen in die Mythologie der Griechen erscheint das individuelle Ich als Glied in einer Kette von Texten, die alle zu seiner Konstitution beigetragen haben. Das Bild, das wir — und Frauen in besonderem Maße — von uns haben, ist hochgradig durch Texte vermittelt. Es ist wichtig, sich mit ihnen zu befassen, einmal, um besser zu verstehen, warum wir uns so und nicht anders sehen, zum anderen, um in der kreativen Auseinandersetzung mit ihnen die Bewußtseinszwänge, unter denen wir leiden, zu lockern. Fuller betreibt keine Philologie; was sie an den alten Quellen fasziniert, ist ihr emanzipatorisches Potential. Wie die Zeitschrift *The Dial* ihrem Titel gemäß die 'sonnigen' Zeichen der Zeit einfangen will, sucht auch der Gang durch Geschichte und Mythologie nach Anknüpfungspunkten für ein starkes Selbst, die im Sinne einer auf *positive reinforcement* gerichteten Pädagogik den Frauen Mut zu machen vermögen.

Fullers *magnum opus* wird in Aufbau und Rhetorik am besten von der Struktur der Conversations her verstanden, auch wenn andere Gattungsmuster — wie etwa das der Predigt — hilfreich in die Diskussion eingebracht worden sind. Das Diffuse der Argumentation, der mündliche 'Tonfall', das Alternieren zwischen rhapsodischen, intimen, bombastischen und analytischen Passagen, die Fülle der Zitate aus einem gewaltigen literarischen Fundus: Alle diese Merkmale von *Woman* erwachsen aus den in den Konversationsklassen entwickelten Strategien, und sie laufen auf ein Schreiben hinaus, das sich in wesentlichen Punkten von der Prosa Emersons unterscheidet. Während Emersons Panharmonikon-Redner die Vielzahl von Stimmen kontrolliert und "in one speech" verschmilzt, entgrenzt Fuller die *persona* und überläßt sich einem Chor von Zeugen. Durch sie tönen die Stimmen anderer, und zwar ohne daß sie aus ihrer Vermittlungstätigkeit eine besondere Autorität oder Identität gewänne. Es scheint ihr gerade recht zu sein, wenn sie hinter den anderen verschwindet. Während Emerson Zitate und Zeugnisse stets wohldosiert zur Unterstützung seiner eigenen Position verwendet, bietet Fuller über weite Strecken nichts anderes als Zitate.

Auch wenn sie gelegentlich ihr Ich zur Geltung bringt, erscheint es als eines unter anderen. Auf den ersten Seiten 'zitiert' sie den "irritated trader", der nach der Bedrohung der nationalen Einheit durch die Antisklaverei-Agitation nun auch noch das traute Heim, die "family union" (14) gefährdet sieht durch die in der Öffentlichkeit auftretenden Abolitionistinnen und die Forderung nach dem Frauenwahlrecht. Kurz darauf ertönt der 'Schrei' derer, die meinen, die eigentliche Macht der Frauen sei indirekt, sie wirke legitim und nachhaltig aus dem Innenraum der Familie und werde durch politische Aktivitäten nur korrumpiert. Zwischen den beiden Stellungnahmen artikuliert sich Fuller als sentimentale *persona*, wenn sie ebenso widerwillig wie heftig aus dem verletzten Gefühl heraus in die Debatte eingreift: "I said, we will not speak of this now, yet I have spoken, for the subject makes me feel too much. I could give instances that would startle the most vulgar and callous, but I will not ..." (17). Im 'Erklingen' der verschiedenen Stimmen und in zahlreichen Appellen ans Ohr des Lesers erweist sich *Woman* als weiblicher Text im Sinne Hélène Cixous', derzufolge *écriture féminine* die patriarchalische Privilegierung des Auges aufbricht und sich in erster Linie ans Ohr wendet.[100] Das gesamte Buch ist von musikalischen Metaphern durchzogen, als höchste Form der Selbst-Artikulation gilt der Gesang, in dem die neue Harmonie der Welt und der Geschlechter ertönt: "Then their sweet singing shall not be from passionate impulse, but the lyrical over-flow of a divine rapture, and a new music shall be evolved from this many-chorded world" (79).

An Julia Kristeva anknüpfend haben Cixous und Luce Irigaray die Konzeption der Intertextualität aufgegriffen und zu einer zentralen Strategie weiblichen Schreibens erklärt, das Verfahren und Fragmente vieler Genres zu einem polyphonen, offenen Diskurs verbindet. Auf den ersten Blick scheinen Zitate und literarische Verweise einem mündlichen Rededuktus zu widersprechen, es ist jedoch zu berücksichtigen, daß auch Fullers Conversations in

---

[100] Hierzu und zum Folgenden vgl. Ingeborg Webers Beiträge zu dem von ihr herausgegebenen Sammelband *Weiblichkeit und weibliches Schreiben* (Darmstadt: Wiss. Buchgesellschaft, 1994), bes. 30-35; Renate Hof, *Die Grammatik der Geschlechter: "Gender" als Analysekategorie der Literaturwissenschaft* (Frankfurt a.M.: Campus, 1995), Teil III.

hohem Maße literarisch waren und in doppelter Hinsicht die Grenzen von gesprochenem Wort und Schrift überschritten: Zum einen sprach Fuller bei aller Spontaneität sehr diszipliniert und über weite Strecken druckreif, zum anderen wurden, wie vermerkt, Schriftstücke — Essays der Teilnehmerinnen; Buchzitate — in die Gespräche eingebracht und vorgetragen. Statt eine eigene Position ausdrücklich zu artikulieren, bringt Fuller sich gleichsam intertextuell zur Geltung, indem sie sich in ein Verhältnis zum Korpus überlieferter Texte setzt, diese meist zustimmend zitiert, zuweilen aber auch auf eine Weise interpretiert, die das 'revisionäre' Lesen heutiger Feministinnen vorwegnimmt.

In der Bibel, bei Goethe, Schiller, Shakespeare, Spenser, Shelley, Byron, Wordsworth, Donne, Petrarca, Manzoni, Dante, Boccaccio, Elizabeth Barrett Browning und anderen Autoren, in Figuren wie Kassandra, Iphigenie, Antigone und Makarie findet sie ein Pantheon von Gestalten, die "a high view of woman" (34) repräsentieren. Die Aufzählung der Vorbilder wird flankiert durch die Kritik und Neuinterpretation patriarchalischer Vorstellungen. Fullers starkes Interesse an der klassischen Antike sollte nicht darüber hinwegtäuschen, in welchem Maße sie als Kind Neuenglands durch die Bibel geprägt war. Zeitweise studierte sie die Bibel systematisch mit Hilfe von Kommentaren, und zu ihren frühen literarischen Projekten gehörten ein Zyklus von "Hebrew Romances" sowie ein Essay über "the character of King David aesthetically considered".[101] Der in *Woman* immer wieder aufbrechende prophetische Ton dürfte nachhaltig von der Bibel beeinflußt sein. Freilich ist Fuller das von einigen zeitgenössischen Abolitionistinnen sowie heute von feministischen Theologinnen wie Rosemary Radford Ruether und Elisabeth Schüssler Fiorenza praktizierte Verfahren, die Bibel gegen den Strich zu lesen und etwa die prophetischen Frauenfiguren ins Feld zu führen, fremd. Sie konzentriert sich darauf, die Widersprüche innerhalb der patriarchalischen Ideologie aufzudecken, indem sie beispielsweise im Blick auf die Spannungen im Lager der Abolitionisten darauf verweist, daß derselbe Moses, der sein Volk

---

[101] Paula Blanchard, *Margaret Fuller: From Transcendentalism to Revolution* (1978; Nachdr. Reading, MA: Addison-Wesley, 1987) 86-88.

aus der Knechtschaft Ägyptens führt, in seinen Gesetzen den Frauen eine Rolle zuweist, die den göttlichen Heilsplan — "the promise of heaven" (11) — im Grunde torpediert.

Von den biblischen Frauen wird allein die Jungfrau Maria mehrfach und gewichtig kommentiert. Die Hinweise auf Maria stehen im größeren Kontext von Gedanken über den Stellenwert der Göttin als Bild vollendeter Weiblichkeit. In diesem Zusammenhang setzt Fuller zu einem Höhenflug feministisch-revisionistischer Argumentation an, ihr zentrales Beispiel ist jedoch nicht der Bibel, sondern wieder der griechischen Mythologie entnommen. Zu den markantesten Exempla im Anfangsteil von *Woman* gehört der Orpheus-Mythos. Fuller beruft sich in ihrer Version auf "an obscure observer of our own day and country" (9), aber was sie im folgenden bietet, sind offensichtlich ihre eigenen Gedanken. Ausgehend von Thomas Crawfords Orpheus-Plastik unterstreicht sie implizit das große Prestige der Orpheus-Figur in der amerikanischen Kultur des 19. Jahrhunderts.[102] In den "Orphic Sayings" Amos Bronson Alcotts und in zahlreichen Orpheus-Invokationen bei Emerson und vielen anderen Dichtern erscheint dieser als die große Identifikationsfigur, als Inbegriff visionärer und poetischer Kraft. Fuller apostrophiert ihn als "law-giver by theocratic commission", zu dessen Zaubergesang die Natur tanzt. In der Perspektive Genusorientierter Kritik ist seine Macht eindeutig maskulin konnotiert: Orpheus herrscht über die Natur, den Tod, das Unbewußte, die Frau. In Fullers Reflexionen nimmt der Mythos jedoch eine überraschende Wendung: Nicht Eurydike bedarf ihres Gatten, er ist auf sie angewiesen. Die Gegenwart verlangt eine Umkehrung des 'Blicks': "Meanwhile not a few believe, and men themselves have expressed the opinion, that the time is come when Eurydice is to call for an Orpheus, rather than Orpheus for Eurydice" (11).

Hinter Fullers Umdeutung des Orpheus-Mythos steht ein umfassendes Programm zur Restitution weiblicher Gottheit. Die Eurydike der Ovidschen *Metamorphosen* verschmilzt mit der biblischen Maria und der Isis von Plutarchs *Moralia* zum Bild des rettenden

---

[102] R.A. Yoder, *Emerson and the Orphic Poet in America* (Berkeley: University of California Press, 1978).

Weiblichen. In der Zeit der Spannungen mit Emerson erwähnt Fuller in einem Brief an Caroline Sturgis einen Talisman, dessen Anblick ihr helfe und dem sie große Zauberkraft zutraue (*MFL* 2:157). Wie Emerson später erläutert, wählte sie als ihr Emblem das Sistrum (*MFM* 1:221), die Rassel der Isis, die im Kult der ägyptischen Göttin verwendet wurde. Damit sagt sie sich von Emerson und zugleich von männlicher Autorität los und stellt sich in eine Reihe von Garanten weiblicher Macht. Im Appendix A zu *Woman* zitiert Fuller ausführlich das Isis-Porträt in Apuleius' *Goldenem Esel*. Isis wiederum ist ikonographisch und thematisch eng mit Maria verbunden; die Darstellungen der Pietà, der trauernden Jungfrau mit dem Leichnam des Sohnes, sind von den Bildern der ägyptischen Göttin inspiriert, die ihren toten Gemahl beweint, bevor sie ihn zum Leben erwecken kann.

Auf den Mythos vom Kugelmenschen in Platons *Symposion* (189e-191a) anspielend entwirft Emerson 1837 in "The American Scholar" das Bild des zerstückelten Gegenwartsmenschen: "The state of society is one in which the members have suffered amputation from the trunk, and strut about so many walking monsters, — a good finger, a neck, a stomach, an elbow, but never a man" (54). In *Woman* antwortet Fuller gleichsam auf diese Diagnose. Isis auf der Suche nach dem toten Osiris in der Unterwelt, später auf der Suche nach den Körperteilen des Gemahls: In Verbindung mit Maria und Eurydike entwirft Fuller ein Bild des Weiblichen als rettender Kraft, das zur Heilung des fragmentierten Menschen und namentlich des Mannes beitragen kann. Die Autorität *dieser* Frauenfiguren ist nicht vom Mann abgeleitet. Damit gewinnt auch Fullers prophetische *persona* einen anderen Akzent. Die prophetischen Frauen der amerikanischen Tradition von Anne Hutchinson bis Angelina Grimké fordern das männliche Establishment durch ihre Auftritte in der Öffentlichkeit heraus, aber sie tun dies im Namen einer Autorität, die männlich besetzt ist: Es ist das Wort des *Vaters*, das durch sie zu Gehör kommen soll. Fuller hingegen skizziert eine Autoritätslinie, die — feministische Theologie antizipierend — der Göttin verpflichtet ist und sich nicht von einer Vatergottheit herleitet. Zugleich nimmt sie ihrem Schachzug alles Aggressive, indem sie das Hauptgewicht auf die heilende Wirkung legt, die für beide

Geschlechter von der Emanzipation der Frau ausgehen kann. Isis' Suche nach Osiris zielt ebensowenig wie die Haltung der trauernden Maria oder der Ruf Eurydikes auf Herrschaft, sondern auf die Heilung der Wunden, die ein dem Weiblichen entfremdetes Männlichkeitsideal dem Mann selbst und der Beziehung der Geschlechter untereinander zugefügt hat.

An der Art, wie Fuller mit dem Orpheus-Mythos umgeht, zeigt sich die Funktion der intertextuellen Bezüge im Rahmen eines feministischen Programms. Die Fülle der Verweise ergibt ein über Zeiten und Kulturen hin sich durchhaltendes hohes Bild der Frau, an das die Gegenwart anknüpfen kann, und sie bettet das individuelle Ich in ein Geflecht oder 'Konzert' ein, das Identität eher durch *other-reliance* als durch *self-reliance* begründet. Die zentrale Geste des Ichs, die Einladung zum Gespräch, steht in scharfem Kontrast zum kämpferischen Habitus des Emersonschen Sprechers. Fuller konnte auch später — in der Zeit der *Dispatches* (1846-50), die sie aus Europa an Horace Greeleys *New-York Tribune* sandte — am besten schreiben, wenn sie sich ihren Leser als intimen Freund vorstellte. Emersons "artillery" setzt sie ein 'pfingstliches' Schreiben entgegen, in dem die Rede — "the stream which is ever flowing from the heights of my thought" (112) — sich über die Gemeinschaft der Hörer bzw. Leser ergießt und ihnen zur eigenen Sprache verhilft. Es öffnet sich zum Adressaten hin, es hat den Charakter eines Gesprächs, das vielleicht schon vorher begonnen hat, auf jeden Fall aber nach Fortsetzung drängt: "And so the stream flows on ..." (115). Als Fuller "The Great Lawsuit" zu *Woman* ausbaute, ließ sie den Essay fast intakt, sie erweiterte ihn nur um etliche Passagen und ging davon aus, daß das Werk auch nach seinem Erscheinen als Buch noch nicht abgeschlossen sei und sie das 'Gespräch' mit dem Leser werde fortsetzen können: "I should hope to be able to make it constantly better while I live" (*MFL* 3:242).

Eine Prosa, die sich an der Konversation orientiert, ein intertextuelles und zwischenmenschliches Subjekt entwirft, dessen Prozeßhaftigkeit sich in einem fließenden, offenen, additiven Diskurs manifestiert: Man sieht, weshalb Fuller so und nicht anders schrieb. Dennoch ist das Resultat ihrer rhetorischen Verfahren unbefriedigend. Das Urteil Emersons, der die Gesprächspartnerin bewunderte, ihre Feder jedoch einen "non-conductor" (*MFM* 1:294) nannte, wird vielleicht aufgewogen durch die Ansicht Thoreaus, der, wie Emerson berichtet (*L* 3:183), von Fullers "talking with pen in hand" beeindruckt war, oder die Kommentare Poes, den die Konvergenz von Schreiben und Reden in Fullers Prosa zu interessanten Reflexionen über das Verhältnis von Autorpersönlichkeit und Buch anregte.[103] Doch viele Leser von *Woman* und *Summer* dürften ihr eigenes Lektüreerlebnis in einem Brief wiederfinden, den Lydia Maria Child nach der Lektüre von *Summer* an Fuller schrieb. Wenn diese Texte 'fließen', so tragen sie doch nicht über große Strecken; man muß sich oft zum Weiterlesen zwingen, weil der 'Fluß' der Rede forciert wirkt: "Shall I tell you what always, more or less, mars my pleasure? ... The stream is abundant and beautiful; but it always seems to be *pumped*, rather than to *flow*" (*MFC* 233).

Wenn es Fuller weder im Leben noch im Schreiben gelang, die Bibliothek des Vaters mit dem Garten der Mutter in einer befriedigenden Synthese zu verbinden, so hat sie doch den Feminismus entscheidend über die von Mary Wollstonecraft formulierte Position hinausgetrieben und Gedanken formuliert, deren Potential von der heutigen Theoriebildung erst in Ansätzen ausgeschöpft ist. Wie der von ihr bewunderte Charles Brockden Brown besticht sie durch die Kühnheit ihrer Visionen, wie er beeindruckt sie als "prophet ... of a better era" (*MFE* 376). Nachdem ihre Ideen in letzter Zeit immer stärker rezipiert werden, sind wir vielleicht auch im Begriff, den Geschmack zu entwickeln, der ihren Stil zu würdigen weiß.

---

[103] *Critical Essays on Fuller*, ed. Myerson, 39.

9. Das Gedicht in unseren Augen: Ästhetik bei Emerson und Thoreau

Bei aller Begeisterung für das Schöne neigen die Transzendentalisten nicht zum Ästhetizismus, vielmehr ist der ästhetische Sinn eingebunden in die Gesamtheit der Lebenspraxis sowie in eine Ästhetik im älteren Wortsinn von sinnlicher Wahrnehmung. Wenn Fuller und Emerson in der ersten Nummer von *The Dial* die Konzeption der Zeitschrift erläutern, legen sie Wert auf die Feststellung, daß für sie Literatur kein Selbstzweck sei: "we wish not to multiply books, but to report life ...."[104] Thoreau läßt sich am Walden Pond nieder, um ein Buch zu schreiben, aber das Schreiben ist für ihn unmittelbarer Ausfluß eines Experiments in der "art of living" und wirkt in diese hinein. Tendenzen zu einer Verselbständigung des Ästhetischen — von Kants "interesselosem Wohlgefallen" über die Apologie des "poem written solely for the poem's sake" in Poes "The Poetic Principle" (*NA* 1546) bis hin zum *l'art pour l'art* der frühen Moderne — setzt Emerson Widerstand entgegen; Reden und Schreiben haben ihre eigenen Gesetze, aber sie liegen auf einer Ebene mit allen anderen Formen des Lebensvollzugs und können kein besonderes Privileg beanspruchen. Zwar ist die Imagination "a very high sort of seeing", aber auch als gesteigertes Sehen bleibt sie rückgebunden an unser aller Bedürfnis nach Wahrnehmung und Ausdruck.

Folglich kann auch das Kunstwerk keinen Sonderstatus beanspruchen. Wie jedes menschliche Werk ist es ebenso notwendig wie überflüssig: notwendig, weil wir uns ausdrücken müssen; überflüssig insofern, als die kreative Energie, die sich im Kunstwerk zeigt, vor diesem liegt und über es hinausgeht. Wenn der poetische Blick und das Kunstwerk auf der einen Seite gegen die Verengungen der Seele in einer utilitaristisch geprägten Un-Kultur angehen, so legitimieren sie sich auf der anderen Seite nicht durch die Berufung auf eine höhere Wahrheit der Kunst oder gar eine Kunstreligion, sondern durch die Menge an Leben, die in ihnen pulsiert. Das

---

[104] *Margaret Fuller: American Romantic*, ed. Perry Miller, 61.

Großartige von Montaignes Essays sieht Emerson unter anderem in einer Sprache, die einen vergessen läßt, daß man es mit Literatur zu tun hat: "Cut these words, and they would bleed" (700). Das vielleicht schönste Kompliment, das man Thoreau gemacht hat, stammt von Hawthorne: Wenn man Thoreau zuhöre, glaube man, den Wind in den Zweigen der Tannen zu hören.[105] So sollte auch ein Buch wirken. Wie die Hütte vor dem Verputzen sollte es durchlässig sein für den 'Wind' des Lebens. Als Thoreau 1851 die *Week* zur Hand nimmt, ist er vom 'luftigen' Charakter seines Erstlings angetan (*PJ* 3:279).

Die Einbettung der Kunst in die Gesamtheit der Lebenszusammenhänge und die Auffassung des Werks als eines zugleich notwendigen und überflüssigen Durchgangsstadiums für die schöpferische Energie fügen sich in eine Konzeption, die, obgleich an Romantik und Idealismus anknüpfend, eigene Akzente setzt und der Ästhetik einen amerikanisch-pragmatischen Zug gibt. Die Ernüchterung, die im Gefolge der Französischen Revolution die europäischen Romantiker nach innen und ins Private treibt, wird von den Amerikanern immer wieder durch den Gestus des Barden rückgängig gemacht, der sich als Repräsentant der Nation fühlt und wenn schon keine Epen, so doch eine dem Epos als Ausdruck des Kollektivs verwandte Dichtung anstrebt. Dem europäischen Geniekult stellt sich ein Selbstverständnis entgegen, das Wordsworths Wendung vom Dichter als "man speaking to other men" wörtlich nimmt. Emerson antwortet auf den Carlyleschen Heroenkult mit einer Konzeption von Größe, die das Entscheidende der Großen in Kultur und Geschichte nicht in ihrer Distanz von uns, sondern in ihrem Nutzen für uns sieht — getreu dem Titel der Einleitung von *Representative Men*: "The Uses of Great Men". Der Status des Dichters bemißt sich nach dem, was er für uns leistet und in uns freisetzt.

Die Rückstufung des Dichters zum *primus inter pares* führt andererseits nicht zu einer Auflösung des poetischen Subjekts. Gegenüber dem heutigen Poststrukturalismus, für den der Autor im sprachlichen System bzw. im Text verschwindet, hält der Transzen-

---

[105] Hawthorne, *The American Notebooks*, 369.

dentalismus — und der von ihm inspirierte Neopragmatismus — an der Würde des kreativen Ichs fest. Die Kraft, die uns im Dichter und seinem Werk erscheint, übersteigt den Einzelnen, aber sie drückt sich in jedem Individuum einzigartig aus als Fähigkeit, mit Sprache und Welt erfinderisch umzugehen.

Der Transzendentalismus hat wesentlich zur Emanzipation der amerikanischen Kultur von der europäischen beigetragen, indem er mit der Betonung der allen zu allen Zeiten verfügbaren Kreativität die Verbindlichkeit von Traditionen außer Kraft setzte. Zugleich hat er einer Ästhetik vorgearbeitet, die — in der Musik eines Charles Ives oder John Cage ebenso wie in der Malerei eines Jackson Pollock — im 20. Jahrhundert aus den USA nach Europa zurückstrahlt und zum Inbegriff der Avantgarde geworden ist.

*

Zu den anschaulichsten Reflexionen über die Beziehung von Schöpfer, Werk und Natur gehört Emersons 1847 veröffentlichtes Gedicht "The Snow-Storm". Der Wind, der durch die Hütte am Walden Pond geht: Hier erscheint er, zum Sturm gesteigert, als Symbol der schöpferischen Kraft, die in der Natur und im Menschen tätig ist. Wenn man Emersons Lyrik im allgemeinen einen Hang zur Abstraktion vorwirft, so bietet "The Snow-Storm" eine Gedankenlyrik, die Theorie erfrischend unprätentiös und mit leichter Hand in Bilder umsetzt:

> Announced by all the trumpets of the sky,
> Arrives the snow, and, driving o'er the fields,
> Seems nowhere to alight: the whited air
> Hides hills and woods, the river, and the heaven,
> And veils the farm-house at the garden's end.
> The sled and traveller stopped, the courier's feet
> Delayed, all friends shut out, the housemates sit
> Around the radiant fireplace, enclosed
> In a tumultuous privacy of storm.
>
> Come see the north wind's masonry.
> Out of an unseen quarry evermore
> Furnished with tile, the fierce artificer

> Curves his white bastions with projected roof
> Round every windward stake, or tree, or door.
> Speeding, the myriad-handed, his wild work
> So fanciful, so savage, nought cares he
> For number or proportion. Mockingly,
> On coop or kennel he hangs Parian wreaths;
> A swan-like form invests the hidden thorn;
> Fills up the farmer's lane from wall to wall,
> Maugre the farmer's sighs; and, at the gate,
> A tapering turret overtops the work.
> And when his hours are numbered, and the world
> Is all his own, retiring, as he were not,
> Leaves, when the sun appears, astonished Art
> To mimic in slow structures, stone by stone,
> Built in an age, the mad wind's night-work,
> The frolic architecture of the snow. [*CPT* 34]

Das Bild der "masonry" und der "frolic architecture" des Nordwinds führt uns zur Metaphorik des Bauens als eines menschlichen Grundbedürfnisses zurück. Das 'Bauwerk' der Zivilisation erscheint als mühsamer, sich über ein Zeitalter erstreckender Nachvollzug dessen, was der Schneesturm in einer Nacht zustande bringt. Doch weder das Werk des Schneesturms noch das der Menschen interessiert hier als Resultat, entscheidend ist die Energie, die sich in beiden austobt. So eindrucksvoll sich die vom "tapering turret" gekrönten Schneeskulpturen ausnehmen, viel wichtiger ist die unbändige Kraft des "fierce artificer", der ohne Rücksicht auf Symmetrie und Proportionen sein "wild work" betreibt. Nicht das Gebäude ist entscheidend, auf den Baumeister kommt es an, nicht auf "number or proportion", sondern auf die Wucht, die in "the mad wind's night-work" zum Ausdruck kommt.

Die Vorstellung vom Wind als Korrelat der Lebensenergie läßt sich bis in die alten Kulturen zurückverfolgen; sie findet ihren wortgeschichtlichen Niederschlag im hebräischen *ruach* ebenso wie im griechischen *pneuma*, im lateinischen *spiritus*, im Sanskrit *atman*, die alle (wie die entsprechenden Wörter in vielen anderen Sprachen) Geist, Seele und Wind mit demselben Wort benennen. In der Romantik läßt sich die Ablösung des Klassizismus an der Äolsharfe festmachen, die an die Stelle der Leier Apolls als Bild der Inspiration tritt: Ihre Musik wird nicht von menschlicher oder göttlicher Kunst hervorgerufen, sondern von einer unsichtbaren Naturkraft, die die 'Despotie' des Auges außer Kraft setzt, Altes zerstört oder zu neuem Leben erweckt, Außen und Innen gleichermaßen bewegt und in Schwingung versetzt.[106]

Emerson führt die verschiedenen Aspekte zusammen, wenn er den Schneesturm als Pendant künstlerischer Kreativität feiert. Die Macht, die sich hier entfaltet, ist nicht faßbar, aber sie schafft Werke, die jedermann vor Augen hat. Die Kreativität des Dichters entspricht der *natura naturans* Spinozas und Goethes, dem schöpferischen Prinzip, das die *natura naturata*, die Fülle des Geschaffenen, hervortreibt, aber selbst unsichtbar bleibt und das von ihm Produzierte hinter sich läßt ("when his hours are numbered"), um anderswo tätig zu werden. Mit Zahl und Maß, zentralen Maßstäben der klassizistischen Poetik, ist ihr nicht beizukommen. Das Gedicht verzichtet dementsprechend auf die Regeln von Reim und Strophe. Es orientiert sich am Blankvers als Grundmuster, der Fluß der Jamben wird jedoch durch eine solche Fülle trochäischer Substitutionen durchbrochen, daß kein gleichmäßiger Rhythmus, sondern — verstärkt durch die zahlreichen Alliterationen — der Eindruck von Stößen und Schlägen entsteht, die den Sturmböen entsprechen.

Dichten ist "wild work", es findet seine Rechtfertigung nicht in der Übereinstimmung mit Gattungstraditionen und klassischen Vorbildern, vielmehr muß in ihm etwas aufscheinen von der vitalen Kraft, aus der es kommt. Für das einzelne Werk ergibt sich daraus ein zwiespältiger Status. Es ist eindrucksvoll und verdient höchsten Respekt als Ausdruck des 'Windes', der Natur und Ich durchbraust und auch den Leser erfassen sollte, es hat aber keinen Wert in sich. Wohl fügt es der Natur etwas hinzu, aber wenn es 'steht', hat der Wind sich erschöpft, seine Tage sind gezählt. Das Kunstwerk trägt die Signatur der Erschöpfung ebenso wie die der Kraft. Ausdruck ist notwendig, aber wenn gesagt ist, was gesagt werden mußte, hat man auch etwas verloren; der Impuls des Sagens ist erloschen. In

---

[106] M.H. Abrams, "The Correspondent Breeze: A Romantic Metaphor" (1957), Nachdr. in *English Romantic Poets: Modern Essays in Criticism*, ed. M.H. Abrams, 2. Aufl. (London: Oxford University Press, 1975) 37-54.

der Kunst waltet die gleiche Gesetzmäßigkeit von Fülle und Verlust, Hervortreten und Verschwinden, Kommen und Gehen, die Emerson als 'Methode der Natur' beschrieben hat. Die *natura naturata* geht aus der *natura naturans* hervor, aber stets auch auf deren Kosten.

In einer aufschlußreichen Tagebuchnotiz illustriert Emerson die Gewinn- und Verlustrechnung der Kunst im Gespräch mit Thoreau, der sich darüber geärgert hatte, daß die Grundbesitzer mit ihren Zäunen seinen Bewegungsraum einengen. Emerson antwortet auf Thoreaus Tirade mit einer Apologie des Eigentums, vor allem aber rät er ihm, seine Gedanken niederzuschreiben: "At all events, I begged him, having this maggot of Freedom & Humanity in his brain, to write it out into good poetry & so clear himself of it." Worauf Thoreau zu bedenken gibt, daß er, indem er seine Gedanken formuliere, vielleicht den Gedanken, nicht aber sich selbst gerecht werde: "in doing justice to the thought, the man did not always do justice to himself: the poem ought to sing itself: if the man took too much pains with the expression he was not any longer the Idea himself." Dem kann Emerson nur zustimmen. In wenigen Sätzen skizziert er eine Geschichtsphilosophie der Kunst, in der die Kunst wie alles Menschenwerk in der Perspektive des Sündenfalls gesehen wird; wir brauchen sie erst, seit wir nicht mehr im Paradies sind. Insofern ist sie existentiell notwendig, sie hat Heilungspotential, aber sie steht auch stets im Zeichen von Verlust und Entfremdung:

I acceded & confessed that this was the tragedy of Art that the Artist was at the expense of the Man; & hence, in the first age, as they tell, the Sons of God printed no epics, carved not stone, painted no picture, built no railroad; for the sculpture, the poetry, the music, & architecture, were in the Man. ... The very recording of a thought betrays a distrust that there is any more or much more as good for us.... Why should we covetously build a St Peter's, if we had the seeing Eye which beheld all the radiance of beauty & majesty in the matted grass & the overarching boughs? Why should a man spend years upon the carving an Apollo who looked Apollos into the landscape with every glance he threw? [*JMN* 7:144]

Knapp und bildhaft formulieren "The Snow-Storm" und die Notiz über das Gespräch mit Thoreau Gedanken, die in mehreren Essays ausführlich entwickelt werden. Emerson hat sich immer wieder über das 'hohe Amt' des Dichters geäußert, in seinem zweiten Essay-Zyklus aber hat er mit "The Poet" ein dichtungstheoretisches Werk vorgelegt, das an Rang den großen idealistischen und romantischen Reflexionen über das Wesen der Dichtung — Schillers Briefen *Über die ästhetische Erziehung des Menschen* (1795), Wordsworths Vorwort zu den *Lyrical Ballads* (1800), Shelleys *Defence of Poetry* (1821), Poes *Philosophy of Composition* (1849) — gleichkommt. Dabei knüpft er zum Teil an die Terminologie des deutschen Idealismus an, mit der er vor allem durch Coleridge vertraut war. Unterscheidungen wie die zwischen *genius* und *talent*, *imagination* und *fancy*, *reason* und *understanding* übernimmt er im wesentlichen aus Coleridges *Biographia Literaria*, *Aids to Reflection* und *Table-Talk*.[107] Bis zu einem gewissen Grade — darauf wurde bereits im Zusammenhang mit der Dynamik des Auges hingewiesen — rekapitulieren Emersons Differenzen mit Thoreau die Schwierigkeiten, die Coleridge mit Wordsworth hatte. Wie Coleridge sich an Wordsworths *matter-of-factness* stieß und demgegenüber auf dem gehobenen Charakter der Dichtung bestand, so betont Emerson gegenüber Thoreau die Neigung der poetischen Phantasie zur Abstraktion. Allerdings steht diese Neigung bei Emerson im Einklang mit der Tendenz des natürlichen Auges, unersättlich zu sein, ständig neue Horizonte zu erobern und zu überschreiten. Die Ästhetik als Theorie des Kunstschönen knüpft nahtlos an die Ästhetik als Theorie der sinnlichen Wahrnehmung an. Sie privilegiert das Auge, definiert die Phantasie als "vision", die nicht nur — wie bei Coleridge — in Analogie zur Schöpferkraft Gottes operiert, sondern über physisches und ästhetisches Sehen hinaus in das 'zweite Gesicht' der Vernunft übergeht und schließlich in mystische Schau umschlägt.

Der für die Romantik generell und für Coleridge im besonderen zentrale Symbolbegriff gewinnt unter solchen Vorzeichen eine andere Qualität. Das romantische Symbol ist das Produkt einer Einbildungskraft, die hinter der Fassade des sinnlich Wahrgenom-

---

[107] Anthony John Harding, "Coleridge and Transcendentalism", in *The Coleridge Connection: Essays for Thomas McFarland*, ed. Richard Gravil und Molly Lefebure (London: Macmillan, 1990) 233-253.

menen ein organisches Prinzip ausmacht, ein Inneres, das die Einzelphänomene verankert und zu einer Einheit zusammenfügt. In diesem Sinne spricht auch Emerson von der Symbolik der Welt, die in der Sprache gleichsam nur kopiert wird. Die Welt ist emblematisch, die Sprache ursprünglich symbolisch, und wenn wir recht hinschauen, sind wir selbst Symbole: "We are symbols, and inhabit symbols" (456). Während jedoch die Imagination bei Coleridge sich im Symbol verwirklicht und vollendet, zielt sie bei Emerson nicht nur über die natürliche Wahrnehmung, sondern auch noch über das Symbol selbst hinaus, indem sie es verflüssigt, durchdringt und überspringt, um etwas in den Blick zu bekommen, das jenseits der Sprache liegt. Nur die Symbole taugen, die sich selbst auflösen und uns, nachdem sie uns eine Weile 'beherbergt' oder 'befördert' haben, freigeben: "For all symbols are fluxional; all language is vehicular and transitive ..." (463). Dem Symbol ist gleichsam ein Verfallsdatum eingebaut, sein Wert ist unauflöslich an seine Flüchtigkeit und Redundanz gebunden. Diese Flüchtigkeit macht die Befreiung möglich, die Dichtung und Kunst ins Werk setzen.

Die Dichter sind in mehrfachem Sinn "liberating gods" (462). Zum einen lockern sie, wie Emerson in "Circles" ausführt, die eingefahrenen Wahrnehmungsmechanismen, die sich zwischen uns und die Dinge geschoben haben und uns in einen Ballon falschen Bewußtseins einschließen: "Therefore we value the poet.... some Petrarch or Ariosto ... smites and arouses me with his shrill tones, breaks up my whole chain of habits, and I open my eye on my own possibilities" (409). Indem sie die Sprache gegenüber ihrem konventionellen Sinn aufrauhen, ihrer "fossil poetry" (457) lebendige Poesie entreißen, lehren sie uns, die Welt neu zu sehen. Zum anderen erlösen sie uns — als *symbol-makers* — von dem, was Coleridge und Wordsworth in ihrer Polemik gegen den Sensualismus Lockes als die Tyrannei der Sinne verdammen. Schließlich aber befreien die Dichter uns von sich selbst und ihrem Werk. Der große Dichter erheischt keine Bewunderung oder Verehrung. Der Reichtum, den er evoziert, ist nicht sein eigener. Dafür steht gerade Shakespeare, der Reichste der Reichen ein: "The great poet makes us feel our own wealth, and then we think less of his compositions. His best communication to our mind is to teach us to despise all he has done. Shakspeare carries us to such a lofty strain of intelligent activity, as to suggest a wealth which beggars his own" ("The Over-Soul", 396). Die kreative Energie, die "executive faculty" ("Shakspeare", 722), die in keinem Dichter ungehemmter überschäumte, war nicht seine eigene. Der große Künstler, richtig 'benutzt', läßt *unsere* Quellen sprudeln; wie der große Denker befreit er uns zu uns selbst.

In seiner pragmatischen Poetik greift Emerson, wie die letzten Zitate zeigen, zu ökonomischen Metaphern. Worte — auch die Symbole des Dichters — tragen ihren Wert nicht in sich, sie gründen in keinem transzendenten Sein, sondern verweisen auf ein Anderes, wie Münzen auf das verweisen, was man mit ihnen kaufen kann. Deshalb sind sie auch ersetzbar. Der Fehler Emanuel Swedenborgs, des ansonsten bewunderten Mystikers, liegt darin, daß er einem Essentialismus huldigt und bestimmte Bedeutungen an bestimmten Bildern 'festnagelt'. Die gleiche Gefahr besteht auch im Umgang mit poetischen Symbolen, auch sie unterliegen der fatalen Tendenz des menschlichen Bewußtseins, das Zeichen für das zu nehmen, worauf es zeigt. Letzteres aber ist nicht dingfest zu machen, weder in der Sprache noch in irgendeinem Werk. Deshalb muß man sich auch des 'Reichtums' der Dichtung immer wieder entäußern, sie als Überschuß einer "energy" oder "tendency" empfangen, die durch das Kunstwerk 'verraten' wird im Doppelsinn von 'zeigen' und 'untergraben'. So gesehen ist selbst Shakespeare defizitär. Die Hymne auf den Barden von Stratford in *Representative Men* schlägt um in die Kritik an einem "master of revels", der sich in Spiel und Amusement erschöpft und nicht nach der "virtue" fragt, aus der die Bilder kommen (725). Shakespeare fiel seiner eigenen Phantasie zum Opfer, und mit ihm seine Leser und Zuschauer; wenn wir uns nicht von der Überfülle dieses Œuvres befreien, werden wir an ihm ersticken.

Petrarca und Ariost erteilen uns 'Schläge'. Die Bilder der poetischen Phantasie in Aktion haben nicht nur in "The Snow-Storm" etwas Gewaltsames. Die Kraft des Dichters — "the largest power to receive and to impart" (448) — bewährt sich im Brechen von Widerständen. Die agonale Struktur, die sich an Emersons Rhetorik zeigte, kennzeichnet auch den poetischen Prozeß. Wie bei Coleridge zwingt die Einbildungskraft Entgegengesetztes zusammen, löst Festes auf, reißt die Mauern unseres mentalen und emotionalen Gefängnisses nieder. William Blakes Gedanke in *The Marriage of Heaven and Hell*, wonach es ohne den Zwist der Gegensätze keine Erleuchtung und keine Eintracht gibt, trifft auch Emersons Sensibilität. Das Auge wird wahrhaft sehend, wenn es durchs Feuer gegangen und gereinigt ist. Wenn der Dichter "the man without impediment" (448) ist, so besteht sein Werk zum großen Teil aus dem Überwinden jener Hindernisse, die Sehen blockieren. Die Befreiung, die wir ihm verdanken, vollzieht sich in Kraftakten der Verwandlung. Die Verflüssigung des Festen verlangt nach dem *poeta agonistes*, der, wie der in "Circles" beschworene große Denker, die Stadt zerstört und alles aufs Spiel setzt: "There is a great public power, on which he can draw, by unlocking, at all risks, his human doors, and suffering the ethereal tides to roll and circulate through him" (459). Walt Whitman wird sich daran in *Song of Myself* erinnern: "Unscrew the locks from the doors! / Unscrew the locks themselves from their jambs" (Z. 501f.).

Die Aggressivität solcher Befreiungsakte, die Tätigkeit des *troping*, die Metamorphosen, die den Dingen im Dichten widerfahren, sind jedoch kein Selbstzweck, sie zielen auf ein Letztes, in dem der Sturm der Gegensätze sich legt. Dieses Letzte liegt jenseits der Sprache. Alles Reden legitimiert sich von einem Zentrum her, in dem Stille herrscht. Auch das Schöne kann es nicht repräsentieren, mehr noch, wenn man im Schönen verharrt, verliert man sich. Der letzten Schönheit wird kein Ausdruck gerecht; sie ist im Geist und erschließt sich, wie es in "Beauty" heißt, nur dessen "*second-sight*" (1111) und nicht den Sinnen.

Ästhetisch legitimiert sich das Schöne als Stufe der Erkenntnis, es gewinnt seinen Wert in bezug auf das Wahre und Gute. In ihren höchsten Formen ist Schönheit immer moralisch, sie läßt die Sinne hinter sich und damit auch das Reden: "Let us be silent, for so are the gods" ("Intellect", 426). Der Krieg der Worte weicht einer quietistischen Haltung, einer mystischen Schau, die nicht mehr ausgedrückt werden kann. Swedenborg scheitert im Unterschied etwa zu Jacob Böhme und den fernöstlichen Mystikern, weil er den Sprung in die Stille nicht schafft, vielmehr seine Visionen wortreich elaboriert und damit degradiert. In unseren höchsten Augenblicken sind wir "a vision", aber diese Schau ist nicht von dieser Welt — weder der, die vor Augen liegt, noch der, die uns das Kunstwerk bietet. Beide, die Welt wie das Kunstwerk, verweisen auf sie, können sie aber nicht repräsentieren. Sie erschließt sich nicht der Einbildungskraft, der "esemplastic power" Coleridges, sondern nur der *kenosis* dessen, der sich zu 'leeren' vermag auch von der Sprache. Auch für die Ästhetik gilt somit das Postulat der Armut im Geiste. Die Kraft der Phantasie liegt in der Fähigkeit zum Wandel, sie ist am stärksten im Moment des Übergangs, der immer auch ein Moment des Loslassens ist. Das Schöne legitimiert sich als Indikator einer Grenzüberschreitung, die mit dem Schönen nichts mehr zu tun hat: "Beauty is the moment of transition, as if the form were just ready to flow into other forms" ("Beauty", 1105).

Die Bindung der Ästhetik an den aus anderen Zusammenhängen vertrauten Gedanken Emersons von der Selbstentäußerung der Seele als Geheimnis ihrer Kraft führt schließlich zur Frage nach den Chancen von Literatur und Kunst in den Vereinigten Staaten. Amerika erscheint in den grandiosen Schlußpassagen von "The Poet" als "a poem in our eyes" (465). Wie ist diese Wendung zu verstehen angesichts der bei Emerson wie in den Schriften Fullers und Thoreaus verbreiteten Klagen über das kulturfeindliche Klima der jungen Nation? Die Antwort ist einfach und kompliziert zugleich: Die 'Armut' der amerikanischen Kultur steht der Armut des idealen Dichters nicht entgegen, sie arbeitet ihr zu.

Seit der Zeit der frühen Republik wird die schon während des Unabhängigkeitskriegs einsetzende Kampagne zur Schaffung einer nationalen Kultur neben wirtschaftlichen und juristischen Faktoren durch das gehemmt, was James Fenimore Cooper in einer zum *locus classicus* gewordenen Passage im 23. Brief seiner *Notions of the Americans* (1828) die "poverty of materials" (*NA* 945) nennt. Das meiste von dem, worauf der europäische Autor selbstverständlich zurückgreifen kann — von der Tiefe der Geschichte bis zur Differenziertheit und Farbigkeit einer hierarchisch gegliederten Gesellschaft mit ihren vielfältigen Sitten — fehlt in den USA, zumindest in vergleichender Perspektive. Jene "pleasing uniformity of decent competence" (*NA* 658), die in Crèvecoeurs *Letters from an American Farmer* (1782) als politischer und sozialer Segen gepriesen wurde, da sie die krassen Unterschiede von Arm und Reich einebnet, wird — ästhetisch betrachtet — als Katastrophe empfunden. Worüber schreiben in einem Land, in dem alle sich in etwa gleich verhalten, die gleichen Sitten und Gebräuche pflegen, an die gleichen Prinzipien glauben? Noch 1879 wundert sich Henry James in seinem Hawthorne-Buch (Kap. 2), wie angesichts derartiger Eintönigkeit anspruchsvolle Bücher geschrieben werden konnten, und er erweitert den Negativkatalog Coopers mühelos zu einer ans Parodistische grenzenden Liste von Defiziten.

Emerson begegnet dieser Argumentation differenziert und auf mehreren Ebenen. Zunächst konfrontiert er in "The Poet" den gängigen Negativkatalog mit einem Verzeichnis dessen, was Amerika trotz allem zu bieten hat. Der Geschichte und sozialen Differenzierung der europäischen Gesellschaften setzt er die "ample geography" (465) und die Vielfalt des politischen und wirtschaftlichen Lebens entgegen. Nicht "poverty of materials", sondern "incomparable materials" erwarten den Dichter hier. Diese Gedanken bewegen sich auf der Ebene des Materials, sie halten fest an der traditionellen Auffassung, daß es so etwas wie poetische Gegenstände gebe und stellen die gängigen Kriterien nicht grundsätzlich in Frage, weisen vielmehr auf einen Bereich hin, der von den Kritikern der amerikanischen Kultur unzureichend gewürdigt worden ist. Im Grunde war dieser Teil von Emersons Appell durch Autoren wie Cooper und John Neal bereits eingelöst.

Aufregender sind jene Reflexionen, in denen Emerson den Aspekt des Materials beiseite schiebt und sich auf das poetische Subjekt konzentriert. Letztlich ist es unerheblich, was der Dichter vorfindet, entscheidend ist sein "tyrannous eye". Das Auge des idealen Dichters schlägt aus allem Kapital, mehr noch: Es kann sich in einer als dürftig empfundenen Kultur besonders frei entfalten, "small and mean things" (454) ebenso lustvoll wie "bare lists of words" (455) verarbeiten. Während in England die Literatur einer höfischen Kultur verpflichtet ist, ihr als Zierde dient und auf den Altären der Vergangenheit opfert, kann sie in Amerika als "bird of a new morning" von Künftigem künden. Der "sayer" muß zugleich ein "seer" sein. Diesem Maßstab genügt fast keiner der in *English*

Traits erörterten britischen Dichter, schon gar nicht der Poeta Laureatus, Tennyson: "He wants a subject, and climbs no mount of vision to bring its secrets to the people" (906). England fördert Talente statt Genies. Unter der Last der Traditionen verkommt Dichtung zur Dekoration: "Thus poetry is degraded, and made ornamental" (905).

Das ist Amerikas Chance. Wenn es als 'Gedicht in unseren Augen' gefeiert werden kann, dann gerade wegen des Fehlens verbindlicher kultureller Normen und einer reichen Tradition. Die Nacktheit der amerikanischen Kultur könnte das Ideal des Dichter-Propheten hervorbringen, das selbst Homer und Milton verfehlten. Voraussetzung ist allerdings, daß wir nicht nach fremden und falschen Reichtümern schielen, sondern an unserer 'Leere' festhalten und mit unserer Armut wuchern. Die 'Kahlheit' der USA — "my bareness! my bareness! seems America to say" (*JMN* 11:448) —, die auch Emerson oft zu entmutigen droht, trifft sich mit der Nacktheit der Seele, aus der die Kraft kommt. Die Vision des durchscheinenden Augapfels in *Nature* wird Emerson auf nacktem Boden ("on the bare ground") zuteil. In "Experience" erfaßt er den Zusammenhang von Armut und Kreativität mit Worten, die genausogut in den Schluß von "The Poet" hätten aufgenommen werden können: "And yet is the God the native of these bleak rocks. That need makes in morals the capital virtue of self-trust. We must hold hard to this poverty, however scandalous, and by more vigorous self-recoveries, after the sallies of action, possess our axis more firmly" (490).

*

In einer ihrer Conversations stellt Margaret Fuller einen Zusammenhang zwischen der griechischen Mythologie und der Lebensweise eines Volkes her, das sich, wie sie meint, vorwiegend im Freien aufhielt: "a large portion of it [Greek mythology] originated in the Eye of the Greek. He lived out of doors."[108] Thoreaus Ästhetik mutet in diesem Sinne durch und durch 'griechisch' an. Was

---

[108] Simmons, "Margaret Fuller's Boston Conversations", 204.

er sich vom Haus erträumt: daß es luftig und offen sein möge, gilt auch vom Kunstwerk. Es sollte, wie unser Leben, "hypæthral" (*PJ* 3:279) sein, wie ein Tempel ohne Dach. Umgekehrt gilt ein großer Teil seiner Kritik an traditioneller und zeitgenössischer Kunst ihrem 'häuslichen' Charakter; man spürt, daß sie unter Dächern verfaßt ist. In *A Week* beklagt er die Vereinnahmung des Denkens und Dichtens durch die Zivilisation. Unsere Gedanken sind wie unsere Haustiere "domestic" (121), 'zahm' im Vergleich zur Wildheit und Sinnlichkeit etwa Ossians: "The poet has come within doors, and exchanged the forest and crag for the fireside, the hut of the Gael and Stonehenge with its circles of stones, for the house of the Englishman" (298). Viel wäre gewonnen, wenn der Dichter nicht so oft "from under a roof" (345) spräche. Ein 'gesunder' Satz — "a perfectly healthy sentence" (84) — fängt das Pulsieren der Natur ein. Diesem Maßstab, so muß er gestehen, wird auch sein eigenes Schreiben nicht immer gerecht. Während er (im Unterschied zu den meisten Kritikern) von der Frische der *Week* angetan war, beschließt er *Cape Cod* mit einem Eingeständnis des Ungenügens: "What is our account? In it there is no roar, no beach-birds, no tow-cloth" (1036).

Das Ziel 'luftiger' Dichtung läßt sich anvisieren, aber genauso wie das ideale Haus kaum realisieren. Wie für Emerson ist auch für Thoreau das Ästhetische von Spannungen und Risiken gezeichnet, die Tendenz seiner Reflexionen geht jedoch in eine andere Richtung. Nichts ist bezeichnender für seinen Ansatz als die Notiz, die er 1854 am Tag der Veröffentlichung von *Walden* ins Tagebuch einträgt:

Aug. 9. Wednesday. — To Boston.
"Walden" published. Elder-berries. Waxwork yellowing.
[*J* 6:429]

Der Sommer neigt sich dem Ende — ein Buch wurde veröffentlicht, Beeren sind gereift, die ersten Blätter färben sich. Das Buch, an dem er jahrelang gearbeitet hat, wird zwar als erstes genannt, aber es erscheint auf der gleichen Ebene wie andere Phänomene des Spätsommers. Für Emerson fungiert das Ästhetische als Durchgangsstadium der Seele "into free space", es hilft ihr, die sinnliche

Erfahrung zu überschreiten und jenes Prinzips inne zu werden, aus dem sie ihre Kraft bezieht. Das Schöne der Kunst steht somit in einem Spannungsverhältnis zu den Sinnen einerseits, dem Wahren und Guten andererseits. Die Richtung der Dynamik aber ist eindeutig. Es befördert die 'zentrifugale Tendenz' der Seele, ihren Drang nach jenem Neuen und Anderen, das sich dem Ausdruck entzieht. Auch Thoreaus Gedanken zur Ästhetik zielen auf einen Punkt, an dem Ausdruck in Schweigen umschlägt, der Weg dorthin führt jedoch nicht über die Sinne hinaus. Thoreau verwandelt gleichsam das Kunstschöne in das Naturschöne zurück, legitimiert seine neue Ästhetik durch die ältere Theorie der Sinneswahrnehmung, gibt dieser allerdings eine Wendung, die eher auf die Avantgarde des 20. Jahrhunderts als auf die Kunsttheoretiker des Klassizismus verweist: Was die Sinne vernehmen, *ist* das Schöne, und das ästhetische Subjekt verwirklicht sich in einem Schauen, das nicht über die Dinge hinausschießt, sondern sich ihnen zugesellt. Emersons Trennung von Sinneswahrnehmung und Phantasie — "the imagination and senses cannot be gratified at the same time" ("Beauty", 1110) — versucht Thoreau zu überwinden, indem er beide an *einem* Tisch Platz nehmen läßt.

Daß auch Thoreaus Ästhetik von Spannungen durchzogen ist, zeigen die in *Walden* aufeinanderfolgenden Kapitel über "Reading" und "Sounds". In seiner Polemik gegen die mündliche Rede wirkt das "Reading"-Kapitel wie eine Replik auf Fullers Privilegierung der Konversation oder Emersons Idealisierung des Redners. Der Flüchtigkeit des gesprochenen Wortes stellt er die gehobene Sprache der Klassiker entgegen. Während der Redner von den Impulsen des Augenblicks und der Stimmung des "mob before him" (404) abhängt, strebt der Schriftsteller — wie der Künstler von Kouroo in der "Conclusion" — nach Vollendung über Zeiten und Räume hinweg. Die Schrift, die 'Sprache des Vaters', ist der Kontingenz eines unmittelbaren Gegenübers und des Augenblicks enthoben; wir müssen die mündliche 'Rede der Mutter' hinter uns lassen und neu geboren werden, um Homer oder Aischylos zu verstehen.

In scheinbarem Widerspruch zu den elitären Überlegungen von "Reading" entwickelt Thoreau anschließend in "Sounds" die Konzeption eines 'Lesens' der Natur, das einfach darin besteht, auf die

'Sprache der Dinge' zu hören: "But while we are confined to books, though the most select and classic, and read only particular written languages, which are themselves but dialects and provincial, we are in danger of forgetting the language which all things and events speak without metaphor, which alone is copious and standard." Keine Bildung kann das ersetzen, was Thoreau "the discipline of looking always at what is to be seen" (411) nennt. Der Widerspruch zwischen dem Plädoyer für die Klassiker und dem 'Studium' der Natur ist nur ein scheinbarer, weil der Status der Klassiker sich nicht nach literarischen Kriterien bemißt. Die Überlegenheit des Schriftstellers gegenüber dem Redner liegt darin, daß er sein "more equable life" (404) zur Grundlage seines Werks macht, seine Bücher sind mit Bedacht — "deliberately and reservedly" (403) — geschrieben und wollen ebenso gelesen werden. Gerade darin ähnelt er der Natur, die ebenfalls nichts überhastet tut, sondern in all ihren Manifestationen 'abgewogen' agiert.

"Deliberate" — darauf wurde im Zusammenhang mit dem Bau der Hütte verwiesen — ist ein Schlüsselwort von *Walden*. "I went to the woods because I wished to live deliberately", erklärt Thoreau in "Where I Lived ..." (394), und im selben Kapitel fordert er sich und den Leser auf: "Let us spend one day as deliberately as Nature" (399). Der Schriftsteller reproduziert den bedächtigen Rhythmus der Natur und ihre Sinnhaftigkeit, insofern kann auch sein Werk im Idealfall 'natürlich' sein. Für den Menschen ist solche Natürlichkeit nicht ohne Anstrengung zu haben, sie erfordert Disziplin und läuft am Ende auf eine Selbstentäußerung hinaus, die derjenigen des Emersonschen Ichs entspricht. Aber der Weg ist ein anderer, er führt zurück zu den Sinnen, versucht, diese so zu bilden, daß das 'zweite Gesicht', das Emerson im Intellekt ansiedelt, gleichsam aus ihnen selbst herausspringt.

In Thoreaus Projekt lassen sich mehrere Strategien beobachten. Zum einen versucht er, wie Wordsworth die Dynamik des natürlichen Auges zu bremsen und seine Unersättlichkeit in Kontemplation zu überführen. Zum anderen schwächt er die Autorität des Auges als des privilegierten Organs und wertet die anderen Sinne auf. Vor allem aber versucht er eine Haltung zu entwickeln, die das Subjekt ganz rezeptiv einstellt. Die Phantasie wird dabei gebändigt zugunsten der Beobachtung. Letztere ermöglicht jene Stille, die das Emersonsche Ich sich erst erkämpfen muß. Die Vorstellung vom großen "reconciler" (465), als den Emerson (wie Coleridge) den Dichter in "The Poet" sieht, macht dem Bewußtsein Platz, daß die Dinge so genommen werden sollten, wie sie sind: Es gibt nichts zu versöhnen.

Zu den einsichtsreichsten Passagen in Emersons Nachruf auf Thoreau gehören die Bemerkungen über dessen außerordentlich scharfe Beobachtungsgabe: "His power of observation seemed to indicate additional senses. He saw as with microscope, heard as with ear-trumpet, and his memory was a photographic register of all he saw and heard" (*EW* 10:439). Dabei wird das Auge seiner privilegierten Stellung zugunsten anderer Sinne enthoben: "He thought the scent a more oracular inquisition than the sight, — more oracular and trustworthy. The scent, of course, reveals what is concealed from the other senses. By it he detected earthiness" (*EW* 10:449). Wenn das Auge nach Jacob Grimm "ein herr" ist (*Deutsches Wörterbuch*, s.v. 'Ohr', I), so eignet den anderen Sinnen von vornherein ein höherer Grad an Rezeptivität. Ihre Aufwertung kann als Teil eines anti-patriarchalischen und demokratischen Impulses gelten, der in Whitmans Privilegierung des Tastsinns, des Sinnes der Nähe und des egalitären Ethos, wenig später einen weiteren Triumph feiert.

Die ästhetischen Konsequenzen solcher "earthiness" zeigen sich vor allem in Thoreaus Meditationen über das Ohr und die Musik. Fast jedes Kapitel der *Week* schließt mit dem Registrieren der nächtlichen Geräusche, und in *Walden* widmet er ihnen einen ganzen Essay. Dabei ist zu beachten, daß Thoreau im Unterschied zu Fuller keinen Sinn für traditionelle Musik hatte; die Nachbarn, die sich in Boston die "oratorios" (449) anhören, tun ihm leid. Ihm liegt an der Musik, die im Laut selbst, im Geräusch liegt. Die das Kapitel "Sounds" einleitende Bemerkung über die Sprache, welche die Dinge 'ohne Metaphorik' sprechen, zielt auf eine Harmonie, die vor aller Strukturierung und Komposition durch den Menschen liegt. Sie ergibt sich zufällig und umfaßt neben den Lauten von Pflanzen und Tieren auch die Interaktion von Mensch und Natur: das Klingen der Hacke, die bei der Feldarbeit gegen Steine stößt;

die Kirchenglocken, deren Klang bei günstigem Wind zu ihm herübergeweht wird. Das berühmteste Beispiel solcher 'Musik' ist die 'Telegraphenharfe'. In der *Week* beschreibt er, wie er plötzlich auf einem Fußmarsch ein Geräusch vernimmt — "a faint music in the air like an Æolian harp" —, das er sofort als das Summen der Telegraphenleitungen im Morgenwind identifiziert: "It was the telegraph harp singing its message through the country, its message sent not by men, but by gods. Perchance, like the statue of Memnon, it resounds only in the morning, when the first rays of the sun fall on it" (143).

Die Musik der summenden Drähte im Morgenwind veranschaulicht zentrale Aspekte des von Thoreau anvisierten ästhetischen Ideals. Zum einen wird das Geräusch gegenüber dem Instrumentenklang nobilitiert. Im *Journal* heißt es: "the music is not in the tune; it is in the sound" (*J* 4:144). Wir müssen wieder wie die Kinder werden, um die Musik im Geräusch zu hören: "Ah, that I were so much a child that I could unfailingly draw music from a quart pot! Its little ears tingle with the melody. To it there is music in sound alone" (*J* 4:85). Zum anderen schließt solche Musik zwar ausdrücklich das vom Menschen Gemachte ein, aber sie ist nicht 'komponiert', sondern begegnet uns als Laut, der zufällig, ohne das sonst für Musik konstitutive planvolle Vorgehen entsteht. Niemand dachte beim Bau der Telegraphenleitungen an Musik: "Mr Morse did not invent this music" (*PJ* 4:280). Und schließlich erklingt sie in der Frühe, beim "morning work", wenn die Sinne hellwach auf die Fülle der physischen Welt ansprechen.

Der Klang ist in sich schon Musik, wenn er auf ein waches Bewußtsein trifft. Wir können uns auf dieses Erlebnis vorbereiten, indem wir unsere Aufnahmefähigkeit verfeinern, aber der Klang selbst entzieht sich der Kontrolle, er fällt uns zu. Im Zufall liegt ein Glückspotential, das jedes bewußte Streben übertrifft: "There is a certain perfection in accident which we never consciously attain", heißt es bereits in der *Week* (268), und in *Walden* sowie im *Journal* wird systematisch eine Haltung eingeübt, die das Ich ganz auf Beobachtung und Abwarten einstimmt, damit es dem, was ihm zufällt, gewachsen ist. Das Ich muß still werden, nur dann kann es sich auf die Dialektik von Stille und Geräusch einstellen, die auch in der Natur waltet: "All sound is nearly akin to Silence — it is a bubble on her surface.... It is a faint utterance of Silence — and then only agreeable to our auditory nerves — when it contrasts itself with the former. In proportion as it does this — and is a heightener and intensifier of the Silence — it is harmony and purest melody" (*PJ* 1:61f.).

*

Die 'Telegraphenharfe' erzeugt "the most glorious music I ever heard" (*PJ* 4:279). Sie ist die Äolsharfe einer auf die Avantgarde des 20. Jahrhunderts verweisenden Ästhetik.[109] Dies gilt freilich auch für Emersons ästhetische Reflexionen. Emersons am Subjekt orientierte, auf Transzendenz zielende Ästhetik wirkt über Whitman nachhaltig auf die Moderne. In Charles Ives findet sie ihren dezidiertesten Vertreter. Dessen berühmter Ausspruch — "My God! What has sound got to do with music!"[110] — faßt ein Programm zusammen, welches das musikalische Erleben im Geist ansiedelt und ein Hören jenseits des physischen Ohrs verlangt. Wie bei Emerson arbeitet sich das ästhetische Subjekt durch Widerstände hindurch und unterwirft das Material einer an alchemische Prozesse erinnernden Verwandlung. In der Dichtung findet sich diese Position im *projective verse* etwa eines Charles Olson; das Ich tritt der Natur als einem Anderen gegenüber, filtert sie durch das, was Emerson in *Nature* "victorious thought" nennt, so daß die Natur schließlich als "the double of the man" (28) erscheint. Die Gegenposition repräsentiert der *objective verse* eines William Carlos Williams, der sich wie Thoreau aufs Hören verlegt, um die Dinge selbst sprechen zu lassen. Thoreaus "I hear & forget to answer ..." (*PJ* 3:126) kehrt fast wörtlich in *Paterson* wieder: "What do I do? I listen to the water falling.... This is my entire occupation."[111]

---

[109] Zum Folgenden siehe Christopher L. Shultis, *Silencing the Sounding Self: John Cage and the Experimental Tradition in Twentieth-Century American Poetry and Music* (Boston: Northeastern University Press, im Druck).

[110] Ives, *Essays Before a Sonata, The Majority and Other Writings*, ed. Howard Boatwright (New York: Norton, 1962) 84.

[111] Williams, *Paterson* (New York: New Directions, 1958) 45.

Nirgends aber ist das ästhetische Programm Thoreaus konsequenter umgesetzt als in den musiktheoretischen Äußerungen John Cages, der sich — neben Zen — immer wieder auf Thoreaus *Journal* als Inspirationsquelle beruft. Cages experimentelle Musik macht intensiven Gebrauch von moderner Elektronik, aber diese bildet nur das verstärkende Medium für einen musikalischen Ablauf, der nicht mehr gesteuert wird, sondern sich aus dem Zusammenwirken von Stille, natürlichen und menschlichen Geräuschen ergibt. Cage bezeichnete sich selbst als unmusikalisch: "I don't have an ear for music, and I don't hear music in my mind before I write it."[112] Er konnte sich, so behauptete er, keine Melodien merken und schon gar keine komponieren. An die Stelle der Komposition tritt ein zwar vom Menschen beeinflußter, aber keiner 'Idee' unterworfener Ablauf. Thoreaus Gedanke, daß wir die Dinge erst wahrnehmen, wenn wir sie nicht verstehen und interpretieren wollen — sein Plädoyer für ein "seeing" ohne "looking" (*J* 4:351) — wird von Cage zu einer Konzeption des Experiments entwickelt, das nichts mehr 'will' außer einem Zustand höchster Wachheit. Auch wir als Rezipienten verfolgen darin keine Absicht, aber wir sind aufs Äußerste für das Leben um uns herum empfänglich: "Our intention is to affirm this life, not to bring order out of chaos nor to suggest improvements in creation, but simply to wake up to the very life we're living, which is so excellent once one gets one's mind and one's desire out of its way and lets it act of its own accord."[113] Die Stille reiner Rezeptivität, die Emerson nach Kampf und Mühe als Reinigung von den Sinnen, als Apokalypse des Geistes zuteil wird: Thoreau und Cage streben sie an über die Reinigung der Sinne selbst von den Schlacken der Subjektivität — in dem, was Thoreau in der *Week* "a *purely* sensuous life" (310) nennt.

---

[112] *John Cage at Seventy-Five*, ed. Richard Fleming und William Duckworth (Lewisburg, PA: Bucknell University Press, 1989) 16.

[113] Cage, *Silence* (Middletown, CT: Wesleyan University Press, 1961) 95.

Biographische Skizze II: Ausblicke

Am 22. Juli 1850 erreicht Emerson die Nachricht vom Untergang des Frachters *Elizabeth* vor der Küste von Long Island. Das aus Italien kommende Schiff hatte neben einer Ladung Carrara-Marmor eine kleine Anzahl Passagiere an Bord, darunter die Marchesa Margaret Fuller Ossoli mit ihrem Mann und dem knapp zweijährigen Sohn Angelo. Als Thoreau auf Emersons Bitte einige Tage lang den Strand absucht, findet er den Mantel des Marchese, durchweichte Bücher, Reste von Gepäckstücken und einige Papiere. Die Leiche des Kindes ist gefunden und bestattet worden, von Fuller und ihrem Mann fehlt dagegen jede weitere Spur, ebenso von einem Buchmanuskript über die im Jahr zuvor gescheiterte römische Revolution, das Fuller in Amerika zu veröffentlichen gedachte.[114]

Nach Stationen als Korrespondentin der *New-York Tribune* in New York, London und Paris war Fuller 1847 in Genua eingetroffen, hatte durch Vermittlung Mazzinis (den sie in London kennenlernte) rasch Zugang zu den Revolutionszirkeln des Risorgimento gefunden und zum Erstaunen ihrer Freunde den liebenswerten, aber intellektuell schlichten Marchese d'Ossoli geheiratet. Von Mai bis Juli 1849 kämpfte das Paar gemeinsam in Rom gegen die französischen Belagerer und erlebte die Niederlage Garibaldis und das Ende der Republik. Vom Balkon des Lazaretts, dessen Leitung ihr übertragen war, konnte Fuller zeitweise den Einsatz der Miliz beobachten, der Ossoli angehörte.

Für das Kind Neuenglands, das unter dem strengen Regiment des Vaters schon im Alter von sieben Jahren große Teile der *Aeneis* auswendig rezitierte, war mit dem Aufenthalt in Italien ein Jugendtraum in Erfüllung gegangen. Zugleich entsprach das Engagement für die Republik einem Drang zur großen, heroischen Tat, der sich in der Heimat nur unzureichend entfalten konnte. Schließlich waren

---

[114] Zu den biographischen Angaben in diesem Kapitel siehe Joan von Mehren, *Minerva and the Muse: A Life of Margaret Fuller* (Amherst, MA: University of Massachusetts Press, 1994), Kap. 22-26; Baker, *Emerson among the Eccentrics*, Kap. 31, 49, Epilogue; Harding, *The Days of Henry Thoreau*, Kap. 20.

die Ereignisse in Rom, wie sie den Lesern der *Tribune* in ihren Berichten klarzumachen versuchte, von welthistorischem Rang, vergleichbar dem Unabhängigkeitskrieg der Vereinigten Staaten. Deren 'diplomatisch'-abwartende Haltung in der Italien-Krise erfüllte sie mit Verzweiflung und Zorn.

Fullers Ende war — in den Worten einer Bekannten — wie ihr Leben "romantic & exceptional".[115] Nach dem Fall Roms entkam sie mit Mann und Kind nach Florenz, mußte jedoch bald feststellen, daß sie auf Dauer in Italien keine Existenzgrundlage hatte. So beschloß sie, einen Neuanfang in Amerika zu wagen. In frappierend genauen Todesahnungen verdichtete sich das Bewußtsein von den Schwierigkeiten, die den Start belasten würden. Den Freunden zu Hause war die zunächst geheimgehaltene Heirat kaum zu vermitteln. Die gehässigen Tagebuchnotizen Hawthornes, der in der Verbindung mit Ossoli den Triumph weiblicher Schwäche über die Möchtegern-Idealistin sah, deuten an, welche Art von Reaktionen sie zu gewärtigen hatte. Die Geschichte der römischen Revolution war Elizabeth Barrett Browning zufolge das erste Werk, an dem Fuller konsequent und systematisch gearbeitet hatte, aber ihre Anfragen bei Carlyle und Emerson hatten bereits ergeben, daß das Manuskript trotz einflußreicher Fürsprecher nicht ohne weiteres einen Verleger finden würde. Und wie war schließlich der Titel der Marchesa, auf den Fuller offenbar Wert legte, mit dem Selbstverständnis der römischen Revolutionärin und amerikanischen Demokratin zu vereinbaren?

Thoreau, der große Spurenleser, auf der Suche nach Überresten von Fuller, und seine magere Ausbeute: Das Bild erscheint emblematisch für eine Lebensleistung, die sich der Dokumentation entzieht. Spontan beschließen Emerson und andere Freunde, ihr Andenken mit einer Sammlung von Zeugnissen zu ehren; das Ergebnis dieser Bemühung, die *Memoirs of Margaret Fuller Ossoli*, ist ebenso eindrucksvoll wie unbefriedigend. "How can you describe a Force. How can you write the life of Margaret?" (*JMN* 11:488). Emersons rhetorische Frage enthält eine entscheidende Einsicht; die Kraft, die von Fuller ausging, zeigte sich oft in dem,

---

[115] Von Mehren, *Minerva and the Muse*, 338.

wozu sie *andere* beflügelte. Schon zu ihren Lebzeiten hatte sie etwas von der Faszination, aber auch von der Flüchtigkeit dessen, was Henry James noch ein halbes Jahrhundert später als den "Margaret-ghost" registrierte.[116]

"I have lost in her my audience", notiert Emerson in einer langen Tagebucheintragung (*JMN* 11:258). Vielleicht erinnert er sich dabei auch an jenen Sommer des Jahres 1836, als sie erstmals in seinem Haus logierte und ihm anscheinend mit dem, was er später "the most entertaining conversation in America" (*JMN* 8:369) nannte, über die letzten Hürden beim Schreiben von *Nature* hinweghalf. Der Schlußabschnitt von *Nature*, "Prospects", signalisiert schon im Titel die Wende, die Emerson dem Denken gibt. Es ist ein "onward thinking", das seine Kraft nicht im Rückgriff auf anerkannte Autoritäten, sondern im Eröffnen von 'Ausblicken' entfaltet. Emersons Ort als Denker ist gleichsam am Fenster, und es war Margaret Fuller, die ihm dabei half, dieses 'Fenster' aufzustoßen.

Seine 'prospektive' Grundhaltung hat Emerson sich bis zu seinem eigenen Ende bewahren können. Zunächst Sehnsucht nach mystischen Spitzenerfahrungen, in der *ekstasis* des "transparent eye-ball" wie in der *myesis* des Neuplatonikers und Swedenborgianers, moduliert sie in den 1840er Jahren in die Haltung der *expectation*. Der transzendentale Schwung wird dabei nicht aufgegeben, sondern pragmatisch in die Welt zurückgelenkt. Wenn der frühe, 'visionäre' Emerson viel vom Kalvinismus seiner Tante Mary Moody Emerson bewahrt hat — sie hätte ihre Glieder verrotten und sich die Augen ausstechen lassen, um Gott besser zu schauen —, so setzt der Emerson von "Experience" Religion mit Erwartung gleich: "Life is hereby melted into an expectation or a religion" (484). "Expectation" (von lat. *ex-spectare*) heißt: 'Aus-schau' und meint hier die Fähigkeit, die Dinge — auch und gerade die schicksalhaften Begrenzungen der Existenz — als Träger latenter Kraft zu erkennen. Religion als Erwartung ist auf keine andere Welt aus, sie zielt nicht aufs Überspringen oder 'Durchschauen' des Hier und Jetzt. Der erwartungsvolle Blick spürt den Kräften nach, die uns selbst da

---

[116] *Critical Essays on Margaret Fuller*, ed. Myerson, 131.

'entgegenkommen', wo die Dinge uns feindselig entgegenzustehen scheinen.

Als Emerson 1872 auf seiner letzten Überseereise seinen alten Freund Carlyle in London besucht, soll der Schotte verwundert bemerkt haben: "It's a verra strikin' and curious spectacle to behold a man so confidently cheerful as Emerson."[117] Emerson leidet bereits an Gedächtnis- und Konzentrationsschwächen; sie verschlimmern sich nach dem Brand seines Hauses im Juli desselben Jahres erheblich und führen bei den letzten öffentlichen Auftritten des 'Weisen von Concord' zu Peinlichkeiten. Seiner Heiterkeit tun die Handicaps jedoch nur selten Abbruch. Gewiß macht dem einstigen Starredner die immer wieder auftretende Aphasie zu schaffen, aber selbst die Erinnerungs- und Formulierungsprobleme findet er bisweilen eher amüsant. Zeitzeugen wie spätere Kritiker haben darin einen Beleg für die angebliche Erfahrungsresistenz des Transzendentalisten gesehen, die im Alter zu einem völligen Realitätsverlust geführt hätte. Der wahre Grund aber liegt in Emersons hart erarbeiteter Fähigkeit, Schicksal als Geschenk zu begreifen: im Sinne von Nietzsches *amor fati* zu sehen, daß die Welt, so wie sie ist, uns zuarbeitet. Es war ein glücklicher Gedanke des Sohnes Edward, bei der Trauerfeier Ende April 1882 eine Tagebuchnotiz zu verlesen, in der Emerson eine frühe Todesahnung im Bild des neuen Morgens festhält: "I said when I awoke, After some more sleepings and wakings I shall lie on this mattress sick; then dead; and through my gay entry they will carry these bones. Where shall I be then? I lifted my head and beheld the spotless orange light of the morning beaming up from the dark hills into the wide universe."[118]

Bei allen Differenzen und Spannungen, die in dieser Studie herausgearbeitet wurden, verbindet die drei Transzendentalisten der unbedingte Glaube an den Morgen als Inbild der Möglichkeiten und des Neuen *in* der Welt. Emersons Tagebuchnotiz erinnert an den zwanzig Jahre früher verstorbenen Freund, der in *Walden* sein "morning work" beschreibt. An einem Wintermorgen geht Thoreau zum See, um Wasser zu holen. Er entfernt die Schneeschicht, hackt

---

[117] Charles Eliot Norton, zit. Baker, *Emerson among the Eccentrics*, 514.
[118] Baker, *Emerson among the Eccentrics*, 519.

ein Loch ins Eis, blickt durch das so geschaffene 'Fenster' in die Tiefe und sieht einen zweiten Himmel: "Heaven is under our feet as well as over our heads" (547). Der physische und der transzendente Himmel, *sky* und *heaven* fallen zusammen.

Zu den schlimmsten Demütigungen von Thoreaus letzten, von zunehmender Atemnot geplagten Wochen gehört die Fesselung ans Haus. Als er eines Morgens das Eis nicht vom Fenster abkratzen kann, soll er ausgerufen haben: "I cannot even *see* out-doors." Ebenso denkwürdig und bezeichnend ist jedoch seine Reaktion auf den Freund, der mit dem Sterbenden über die Welt danach spekulieren möchte: "One world at a time."[119] Yankee-Humor verbindet sich mit stoischer Gelassenheit, vor allem aber drückt sich hier die Weltfrömmigkeit des Transzendentalisten aus, dem die *physis* zur Heimat geworden ist.

Eine der größten 'Fenster-Szenen' der Literatur ist die Ostia-Episode in Augustinus' *Confessiones* (IX.x). Kurz vor ihrem Tod unterhält sich der Sohn mit der Mutter über die letzten Fragen nach Anfang und Ende, Sinn und Ziel menschlicher Existenz. Ans Fenster gelehnt, lassen die beiden im Gespräch die Welt versinken, und 'mit einem Herzschlag' streifen sie die ewige Weisheit, nach der sich die Seele sehnt. Man mag sich an diese Passagen erinnern, wenn man Fullers Beschreibung ihrer abendlichen Kontakte mit Emerson im Sommer 1842 liest. Es ist der erste und letzte längere Besuch nach der großen Krise; nach wie vor diskutieren beide leidenschaftlich über Gott, Liebe und Ehe, aber sie vermeiden jeden persönlichen Bezug: "My time to go to him is late in the evening. Then I go knock at the library door, & we have (yo) our long word walk through the growths of things with glimmer of light from the causes of things. Afterward, W. goes out & walks beneath the stars to compose himself for his pillow, & I open the window, & sit in the great red chair to watch them."[120] Unterdessen ist Thoreau vermutlich im Wald unterwegs. Auch er, so ist anzunehmen, schaut gelegentlich nach den Sternen. Doch während die Männer dabei allein sind, hat Fuller vom Fenster aus auch Emerson im Blick.

---

[119] Harding, *The Days of Thoreau*, 461, 465.
[120] Myerson, "Fuller's 1842 Journal", 338.

Notiz zur Forschung

Über die Forschung informieren die Jahresberichte zum Transzendentalismus in *American Literary Scholarship* (Durham, NC: Duke University Press). Im folgenden wird auf einige Bereiche und Problemstellungen hingewiesen, die in diesem Buch nicht oder nur beiläufig behandelt wurden bzw. sich zur Vertiefung anbieten. Die vollständigen Angaben finden sich im Literaturverzeichnis.

1. Editionen: Dringend erforderlich sind ein Nachdruck der nur schwer beschaffbaren Zeitschrift *The Dial* sowie kritische Ausgaben von Fullers Werken. Im Druck ist eine Norton Critical Edition von *Woman in the Nineteenth Century*, ed. Larry Reynolds.

2. Transzendentalismus als historische Bewegung: Immer noch höchst instruktiv ist die Anthologie von Perry Miller (1950). Ansonsten siehe den glänzenden Überblick von Packer.

3. Rezeption, Kanonbildung, Markt: Besonders interessant ist die Thoreau-Rezeption; hierzu Fink (1992) und Scharnhorst.

4. Ideengeschichte, Religionsgeschichte, Philosophie: Perry Miller (1950), Robinson (1982) und Packer informieren über die Wurzeln in Puritanismus und Unitarismus. — Zu den Bezügen zu Romantik und Idealismus siehe über die in den Fußnoten genannten Werke hinaus Perry Miller (1961), Pütz sowie die hervorragende Studie von Krusche. — Zum hier völlig ignorierten Kontext asiatischer Religionen und fernöstlichen Denkens siehe Hodder (1993) und Versluis. — Zum Problem des Skeptizismus siehe Fischer, Link, Michael. — Zur Entfaltung einer amerikanischen Philosophie sowie zum Kontext von Pragmatismus und Neopragmatismus siehe Hansen und Liesemann. Zu Emersons 'pragmatischer' Wende siehe Robinson (1993). — Thoreaus Einstellung zu den Naturwissenschaften untersucht Walls.

5. Psychobiographie: Thoreaus Persönlichkeit, insbesondere seine homoerotische Neigung, ist Gegenstand der Bücher von Lebeaux.

Literatur

Abrams, M.H., *Natural Supernaturalism: Tradition and Revolution in Romantic Literature* (New York: Norton, 1971).

Abrams, M.H., "The Correspondent Breeze: A Romantic Metaphor" (1957), Nachdr. in *English Romantic Poets: Modern Essays in Criticism*, ed. M.H. Abrams, 2. Aufl. (London: Oxford University Press, 1975) 37-54.

Amerikastudien 28:1 (1983) ("American Transcendentalism").

Anderson, Douglas, *A House Undivided: Domesticity and Community in American Literature* (Cambridge: Cambridge University Press, 1990).

Angst, Jules, und Cécile Ernst, "Geschlechtsunterschiede in der Psychiatrie", *Weibliche Identität im Wandel*, Studium Generale der Universität Heidelberg (Heidelberg: Heidelberger Verlagsanstalt, 1990) 69-84.

Assmann, Aleida, "Auge und Ohr: Bemerkungen zur Kulturgeschichte der Sinne in der Neuzeit", in *Ocular Desire: Sehnsucht des Auges*, ed. Aharon R.E. Agus und Jan Assmann (Berlin: Akademie Verlag, 1994) 142-160.

Assmann, Jan, "Das verschleierte Bild zu Sais: Griechische Neugierde und ägyptische Andacht", in *Geheimnis und Neugierde*, ed. Aleida und Jan Assmann, Archäologie der literarischen Kommunikation 5.3 (München: Fink, im Druck).

Baker, Carlos, *Emerson among the Eccentrics: A Group Portrait* (New York: Viking, 1996).

Barkhausen, Jochen, "Ökonomische Metaphern in der englischen Literatur der Aufklärung", in *Ökonomie: Sprachliche und literarische Aspekte eines 2000 Jahre alten Begriffs*, ed. Theo Stemmler (Tübingen: Narr, 1985) 69-83.

Baym, Nina, et al., ed., *The Norton Anthology of American Literature*, 4. Aufl. (New York: Norton, 1994).

Bercovitch, Sacvan, *The Rites of Assent: Transformations in the Symbolic Construction of America* (New York: Routledge, 1993).

Berry, Wendell, *The Unsettling of America: Culture and Agriculture*, 2. Aufl. (San Francisco: Sierra Club, 1986).

Bishop, Jonathan, *Emerson on the Soul* (Cambridge, MA: Harvard University Press, 1964).

Blanchard, Paula, *Margaret Fuller: From Transcendentalism to Revolution* (1978; Nachdr. Reading, MA: Addison-Wesley, 1987).

Bloch, Ernst, *Das Prinzip Hoffnung* (Frankfurt: Suhrkamp, 1985).

Bloom, Harold, *The Visionary Company: A Reading of English Romantic Poetry*, 2. erw. Aufl. (Ithaca, NY: Cornell University Press, 1971).

Bloom, Harold, *Agon: Towards a Theory of Revisionism* (New York: Oxford University Press, 1982).

Bloom, Harold, "Emerson: Power at the Crossing", in *Ralph Waldo Emerson: A Collection of Critical Essays*, ed. Lawrence Buell, New Century Views (Englewood Cliffs, NJ: Prentice-Hall, 1993) 148-158.
Blumenberg, Hans, "Paradigmen zu einer Metaphorologie" (1960), Nachdr. in *Theorie der Metapher*, Wege der Forschung, ed. Anselm Haverkamp (Darmstadt: Wiss. Buchgesellschaft, 1983) 285-315.
Borges, Jorge Luis, *Essays 1952-1979*, Gesammelte Werke, Bd. 5/II, Übers. Karl August Horst et al. (München: Hanser, [1981]).
Brown, Charles Brockden, *Ormond; or The Secret Witness*, Bicentennial Edition (Kent, OH: Ohio State University Press, 1982).
Brown, Lee Rust, "Emersonian Transparency", *Raritan* 9 (1990) 127-144.
Brown, Theodore M., "Thoreau's Prophetic Architectural Program", *New England Quarterly* 38 (1965) 3-20.
Brunner, Otto, "Das 'ganze Haus' und die alteuropäische 'Ökonomik'", *Neue Wege der Verfassungs- und Sozialgeschichte* (Göttingen: Vandenhoeck & Ruprecht, 1968), Kap. 6.
Buell, Lawrence, *Literary Transcendentalism: Style and Vision in the American Renaissance* (Ithaca, NY: Cornell University Press, 1973).
Buell, Lawrence, *The Environmental Imagination: Thoreau, Nature Writing, and the Formation of American Culture* (Cambridge, MA: Harvard University Press, 1995).
Burbick, Joan, "Under the Sign of Gender: Margaret Fuller's *Summer on the Lakes*", in *Women and the Journey: The Female Travel Experience*, ed. Bonnie Frederick und Susan H. McLeod (Pullmann, WA: Washington State University Press, 1993) 67-83.
Burke, Kenneth, "I, Eye, Ay — Emerson's Early Essay 'Nature': Thoughts on the Machinery of Transcendence", in *Transcendentalism and Its Legacy*, ed. Myron Simon und Thornton H. Parsons (Ann Arbor: University of Michigan Press, 1966) 3-24.
Cage, John, *Silence* (Middletown, CT: Wesleyan University Press, 1961).
Cameron, Sharon, *Writing Nature: Henry Thoreau's "Journal"* (New York: Oxford University Press, 1985).
Carter, Everett, *The American Idea: The Literary Response to American Optimism* (Chapel Hill, NC: University of North Carolina Press, 1977).
Cavell, Stanley, *The Senses of Walden*, erw. Aufl. (San Francisco: North Point Press, 1981).
Chandler, Marilyn R., *Dwelling in the Text: Houses in American Fiction* (Berkeley: University of California Press, 1991).
Cott, Nancy F., *The Bonds of Womanhood: "Woman's Sphere" in New England, 1780-1835* (New Haven, CT: Yale University Press, 1977).
Cox, James M., "R.W. Emerson: The Circles of the Eye", in *Emerson: Prophecy, Metamorphosis, and Influence*, ed. David Levin (New York: Columbia University Press, 1975) 57-81.

Deleuze, Gilles, "Nomad Thought", in *The New Nietzsche: Contemporary Styles of Interpretation*, ed. David B. Allison (Cambridge, MA: MIT Press, 1985) 142-149.

Dickens, Charles, *American Notes*, ed. John S. Whitley und Arnold Goldman (Harmondsworth: Penguin, 1972).

Dickenson, Donna, *Margaret Fuller: Writing a Woman's Life* (London: Macmillan, 1993).

Dillard, Annie, *Pilgrim at Tinker Creek* (1974; New York: Perennial Library, 1988).

Ellison, Julie, *Emerson's Romantic Style* (Princeton, NJ: Princeton University Press, 1984).

Ellison, Julie, *Delicate Subjects: Romanticism, Gender, and the Ethics of Understanding* (Ithaca, NY: Cornell University Press, 1990).

Ellison, Julie, "The Gender of Transparency: Masculinity and the Conduct of Life", *American Literary History* 4 (1992) 584-606.

Emerson, Ralph Waldo, *Collected Poems and Translations* (New York: Library of America, 1994).

Emerson, Ralph Waldo, *The Correspondence of Emerson and Carlyle*, ed. Joseph Slater (New York: Columbia University Press, 1964).

Emerson, Ralph Waldo, *The Early Lectures of Ralph Waldo Emerson*, ed. Stephen E. Whicher et al. (Cambridge, MA: Belknap Press of Harvard University Press, 1959-1972).

Emerson, Ralph Waldo, *Emerson's Anti-Slavery Writings*, ed. Len Gougeon und Joel Myerson (New Haven, CT: Yale University Press, 1995).

Emerson, Ralph Waldo, *Essays and Lectures* (New York: Library of America, 1983).

Emerson, Ralph Waldo, *The Journals and Miscellaneous Notebooks of Ralph Waldo Emerson*, ed. William H. Gilman et al. (Cambridge, MA: Belknap Press of Harvard University Press, 1960-1982).

Emerson, Ralph Waldo, *The Letters of Ralph Waldo Emerson*, ed. Ralph L. Rusk und Eleanor Tilton (New York: Columbia University Press, 1939-1995).

Emerson, Ralph Waldo, *The Topical Notebooks of Ralph Waldo Emerson*, ed. Ralph H. Orth et al. (Columbia, MO: University of Missouri Press, 1990-1994).

Emerson, Ralph Waldo, *The Works of Ralph Waldo Emerson*, ed. James Elliot Cabot, Standard Library Edition (Boston: Houghton Mifflin, 1883-93).

Fetz, Reto Luzius, "Dialektik der Subjektivität. Die Bestimmung des Selbst aus der Differenz von Ich und Mein, Sein und Haben: Alkibiades I, Epiktet, Meister Eckhart", in *Geschichte und Vorgeschichte der modernen Subjektivität*, ed. Reto Luzius Fetz und Roland Hagenbüchle (Berlin: de Gruyter, im Druck).

Fietz, Lothar, *Fragmentarisches Existieren: Wandlungen des Mythos von der verlorenen Ganzheit in der Geschichte philosophischer, theologischer und literarischer Menschenbilder* (Tübingen: Niemeyer, 1994).

Fink, Steven, "Building America: Henry Thoreau and the American Home", *Prospects* 11 (1987) 327-365.

Fink, Steven, *Prophet in the Marketplace: Thoreau's Development as a Professional Writer* (Princeton, NJ: Princeton University Press, 1992).

Fischer, Michael, *Stanley Cavell and Literary Skepticism* (Chicago: Chicago University Press, 1989).

Fleischmann, Fritz, "Margaret Fuller", in *Classics in Cultural Criticism*, ed. Hartmut Heuermann (Frankfurt a.M.: Lang, 1990), Bd. 2, 39-68.

Fleming, Richard, und William Duckworth, ed., *John Cage at Seventy-Five* (Lewisburg, PA: Bucknell University Press, 1989).

Foster, Hal, ed., *Vision and Visuality* (Seattle: Bay Press, 1988).

Friedl, Herwig, "Emerson and Nietzsche: 1862-1874", in *Religion and Philosophy in the United States of America*, ed. Peter Freese (Essen: Blaue Eule, 1987) Bd. 1, 267-287.

Friedl, Herwig, "Eine religiöse Kehre: Denken und Dichten im amerikanischen Transzendentalismus von Emerson bis Dickinson", *Literaturwissenschaftliches Jahrbuch* 35 (1994) 253-273.

Fuller, Margaret, *Essays on American Life and Letters*, ed. Joel Myerson (New Haven, CT: College & University Press, 1978).

Fuller, Margaret, *The Letters of Margaret Fuller*, ed. Robert N. Hudspeth (Ithaca, NY: Cornell University Press, 1983-1994).

Fuller, Margaret, *Memoirs of Margaret Fuller Ossoli* [ed. R.W. Emerson, W.H. Channing und J.F. Clarke] (Boston: Phillips, Sampson, 1852).

Fuller, Margaret, *Summer on the Lakes, in 1843*, Introduction Susan Belasco Smith (Urbana, IL: University of Illinois Press, 1991).

Fuller, Margaret, *"These Sad But Glorious Days": Dispatches from Europe, 1846-1850*, ed. Larry Reynolds und Susan Belasco Smith (New Haven, CT: Yale University Press, 1991).

Fuller, Margaret, *The Woman and the Myth: Margaret Fuller's Life and Writings*, ed. Bell Gale Chevigny, rev. Aufl. (Boston: Northeastern University Press, 1994).

Fuller, Margaret, *Woman in the Nineteenth Century and Other Writings*, ed. Donna Dickenson, World's Classics (Oxford: Oxford University Press, 1994).

Georgi-Findlay, Brigitte, *The Frontiers of Women's Writing: Women's Narratives and the Rhetoric of Westward Expansion* (Tucson, AZ: University of Arizona Press, 1996).

Georgi-Findlay, Brigitte, "'Like a Child Brought Up by His Father': Weibliche Erziehung in der amerikanischen Literatur", in *Erziehungsideale in englischsprachigen Literaturen: Symposion zum 70. Geburtstag von Kurt*

Otten, ed. Dieter Schulz und Thomas Kullmann (Frankfurt a.M.: Lang, im Druck).
Giamatti, A. Bartlett, "Power, Politics, and a Sense of History", Baccalaureate Address 1981, Nachdr. in Giamatti, *A Free and Ordered Space: The Real World of the University* (New York: Norton, 1988) 94-105.
Gleason, William, "Re-Creating *Walden*: Thoreau's Economy of Work and Play", *American Literature* 65 (1993) 673-701.
Goethe, Johann Wolfgang, *Werke*, Hamburger Ausgabe, 5. Aufl., Bd. 12 (Hamburg: Wegner, 1963).
Gonnaud, Maurice, *An Uneasy Solitude: Individual and Society in the Work of Ralph Waldo Emerson*, Übers. Lawrence Rosenwald (Princeton, NJ: Princeton University Press, 1987).
Gougeon, Len, *Virtue's Hero: Emerson, Antislavery, and Reform* (Athens: University of Georgia Press, 1990).
Greenfield, Bruce, *Narrating Discovery: The Romantic Explorer in American Literature, 1790-1855* (New York: Columbia University Press, 1992).
Grey, Robin Sandra, "'A Seraph's Eloquence': Emerson's Inspired Language and Milton's Apocalyptic Prose", *Modern Philology* 92 (1994/95) 36-63.
Gustafson, Sandra M., "Choosing a Medium: Margaret Fuller and the Forms of Sentiment", *American Quarterly* 47 (1995) 34-65.
Hagenbüchle, Roland, "'Sumptuous — Despair': The Function of Desire in Emily Dickinson's Poetry", *Amerikastudien* 41 (1996) 603-621.
Hammer, Louis, "Architecture and the Poetry of Space", *Journal of Aesthetics and Art Criticism* 39 (1981) 381-388.
Hansen, Olaf, *Aesthetic Individualism and Practical Intellect: American Allegory in Emerson, Thoreau, Adams, and James* (Princeton, NJ: Princeton University Press, 1990).
Hansen, Olaf, "Stanley Cavell Reading Nietzsche Reading Emerson", in *Nietzsche in American Literature and Thought*, ed. Manfred Pütz (Columbia, SC: Camden House, 1995) 279-295.
Harding, Anthony John, "Coleridge and Transcendentalism", in *The Coleridge Connection: Essays for Thomas McFarland*, ed. Richard Gravil und Molly Lefebure (London: Macmillan, 1990) 233-253.
Harding, Walter, *The Days of Henry Thoreau: A Biography* (New York: Dover, 1982).
Harth, Dietrich, "'Promenade' oder die Lust, im Licht der Skepsis zu wandeln", in *Denis Diderot oder die Ambivalenz der Aufklärung*, ed. Dietrich Harth und Martin Raether (Würzburg: Königshausen & Neumann, 1987) 21-34.
Harth, Dietrich, "On the Iconography of Creative Man in the Age of Enlightenment and Idealism", *JTLA* (Journal of the Faculty of Letters, The University of Tokyo, Aesthetics) 18 (1993) 67-76.

Hawthorne, Nathaniel, *The Letters, 1843-1853*, ed. Thomas Woodson et al., Centenary Edition (Columbus: Ohio State University Press, 1985).
Hawthorne, Nathaniel, *The American Notebooks*, ed. Claude M. Simpson (Columbus: Ohio State University Press, 1972).
Heidegger, Martin, *Unterwegs zur Sprache*, 4. Aufl. (Pfullingen: Neske, 1971)
Heidegger, Martin, *Vorträge und Aufsätze* (Pfullingen: Neske, 1954).
Herder, Johann Gottfried, *Ideen zur Philosophie der Geschichte der Menschheit*, eingeleitet von Gerhart Schmidt (Darmstadt: Melzer, 1966).
Hodder, Alan D., *Emerson's Rhetoric of Revelation: "Nature", the Reader, and the Apocalypse Within* (University Park: Pennsylvania State University Press, 1989).
Hodder, Alan D., "'Ex Oriente Lux': Thoreau's Ecstasies and the Hindu Texts", *Harvard Theological Review* 86 (1993) 403-438.
Hof, Renate, *Die Grammatik der Geschlechter: "Gender" als Analysekategorie der Literaturwissenschaft* (Frankfurt a.M.: Campus, 1995).
ISLE: Interdisciplinary Studies in Literature and Environment 1 (1993) 121-150 ("Ecology, Feminism, and Thoreau").
Ives, Charles, *Essays before a Sonata, The Majority and Other Writings*, ed. Howard Boatwright (New York: Norton, 1962).
James, Henry, *The Portrait of a Lady*, in *Novels 1881-1886* (New York: Library of America, 1985).
James, William, *A Pluralistic Universe*, in *Writings 1902-1910* (New York: Library of America, 1987).
Kateb, George, *Emerson and Self-Reliance* (Thousand Oaks, CA: Sage Publications, 1995).
Kelsen, Hans, "Die Entstehung des Kausalgesetzes aus dem Vergeltungsprinzip", *Erkenntnis: The Journal of Unified Science* 8 (1939/40) 69-130
Klumpjan, Hans-Dieter, und Helmut Klumpjan, *Henry D. Thoreau*, Rororo Bildmonographien (Reinbek: Rowohlt, 1986).
Kolodny, Annette, *The Lay of the Land: Metaphor as Experience and History in American Life and Letters* (Chapel Hill, NC: University of North Carolina Press, 1975).
Kolodny, Annette, *The Land before Her: Fantasy and Experience of the American Frontiers, 1630-1860* (Chapel Hill, NC: University of North Carolina Press, 1984).
Kolodny, Annette, "Inventing a Feminist Discourse: Rhetoric and Resistance in Margaret Fuller's *Woman in the Nineteenth Century*", *New Literary History* 25 (1994) 355-382.
Krusche, Thomas, *R.W. Emersons Naturauffassung und ihre philosophischen Ursprünge: Eine Interpretation des Emersonschen Denkens aus dem Blickwinkel des deutschen Idealismus* (Tübingen: Narr, 1987).
Lakoff, George, und Mark Johnson, *Metaphors We Live By* (Chicago: University of Chicago Press, 1980).

Lang, Amy Schrager, *Prophetic Woman: Anne Hutchinson and the Problem of Dissent in the Literature of New England* (Berkeley: University of California Press, 1987).
Lauter, Paul, ed., *Heath Anthology of American Literature*, 2. Aufl., (Lexington, MA: D.C. Heath, 1994).
Lebeaux, Richard, *Young Man Thoreau* (Amherst, MA: University of Massachusetts Press, 1977).
Lebeaux, Richard, *Thoreau's Seasons* (Amherst, MA: University of Massachusetts Press, 1984).
Lerner, Gerda, *The Majority Finds Its Past: Placing Women in History* (Oxford: Oxford University Press, 1979).
Leverenz, David, *Manhood and the American Renaissance* (Ithaca, NY: Cornell University Press, 1989).
Liesemann, Thomas, *Wirklichkeit und Sprache: Zur Funktion der Rhetorik in Henry David Thoreaus "Walden"* (Heidelberg: Winter, 1995).
Link, Franz, "Denkversuche: Montaigne und Pascal, Emerson und Nietzsche, Postmoderne. Hommage à Max Müller", *Literaturwissenschaftliches Jahrbuch* 35 (1994) 343-386.
Macpherson, C.B., *The Political Theory of Possessive Individualism* (Oxford: Oxford University Press, 1962).
Manstetten, Reiner, "Die Einheit und Unvereinbarkeit von Ökologie und Ökonomie", *Gaia* 4 (1995) 40-51.
Manthey, Jürgen, *Wenn Blicke zeugen könnten: Eine psychohistorische Studie über das Sehen in Literatur und Philosophie* (München: Hanser, 1983).
Margaret Fuller: American Romantic, ed. Perry Miller (Garden City, NY: Anchor Books, 1963).
Masteller, Richard N., und Jean Carwile Masteller, "Rural Architecture in Andrew Jackson Downing and Henry David Thoreau: Pattern Book Parody in *Walden*", *New England Quarterly* 57 (1984) 483-510.
Mehren, Joan von, *Minerva and the Muse: A Life of Margaret Fuller* (Amherst, MA: University of Massachusetts Press, 1994).
Merton, Thomas, *Disputed Questions* (1960; Nachdr. New York: Farrar, Straus and Giroux, 1976).
Michael, John, *Emerson and Skepticism: The Cipher of the World* (Baltimore: Johns Hopkins University Press, 1988).
Miller, Angela, *The Empire of the Eye: Landscape Representation and American Cultural Politics, 1825-1875* (Ithaca, NY: Cornell University Press, 1993).
Miller, David C., "The Iconology of Wrecked or Stranded Boats in Mid to Late Nineteenth-Century American Culture", in *American Iconology: New Approaches to Nineteenth-Century Art and Literature*, ed. David C. Miller (New Haven, CT: Yale University Press, 1993), Kap. 9.

Miller, Perry, ed., *The Transcendentalists: An Anthology* (Cambridge, MA: Harvard University Press, 1950).
Miller, Perry, "Thoreau in the Context of International Romanticism", *New England Quarterly* 34 (1961) 147-159.
Müller, Klaus E., *Die bessere und die schlechtere Hälfte: Ethnologie des Geschlechterkonflikts* (Frankfurt a.M.: Campus, 1989).
Myerson, Joel, "Margaret Fuller's 1842 Journal: At Concord with the Emersons", *Harvard Library Bulletin* 21 (1973) 320-340.
Myerson, Joel, ed., *Critical Essays on Margaret Fuller* (Boston: G.K. Hall, 1980).
Myerson, Joel, ed., *The Cambridge Companion to Henry David Thoreau* (Cambridge: Cambridge University Press, 1995).
Neufeldt, Leonard N., *The Economist: Henry Thoreau and Enterprise* (New York: Oxford University Press, 1989).
Nibbelink, Herman, "Thoreau and Wendell Berry: Bachelor and Husband of Nature", in *Wendell Berry*, ed. Paul Merchant (Lewiston, ID: Confluence Press, 1991) 135-151.
Nietzsche, Friedrich, *Sämtliche Werke*, Kritische Studienausgabe, ed. Giorgio Colli und Mazzino Montinari (München/Berlin: dtv/de Gruyter, 1988).
Packer, Barbara, "The Transcendentalists", in *The Cambridge History of American Literature*, ed. Sacvan Bercovitch, Bd. 2 (Cambridge: Cambridge University Press, 1995) 329-604.
Peck, H. Daniel, *Thoreau's Morning Work: Memory and Perception in "A Week on the Concord and Merrimack Rivers", the Journal, and "Walden"* (New Haven, CT: Yale University Press, 1990).
Poe, Edgar Allan, *Marginalia*, eingeleitet von John C. Miller (Charlottesville: University Press of Virginia, 1981).
Poenicke, Klaus, "*Nature's Gender*: Zur Konstruktionsgeschichte des 'Schönen' und 'Erhabenen'", *Amerikastudien* 37 (1992) 373-391.
Poirier, Richard, *A World Elsewhere: The Place of Style in American Literature* (London: Oxford University Press, 1966).
Poirier, Richard, *The Renewal of Literature: Emersonian Reflections* (New York: Random House, 1987).
Poirier, Richard, *Poetry and Pragmatism* (Cambridge, MA: Harvard University Press, 1992).
Porte, Joel, *Emerson and Thoreau: Transcendentalists in Conflict* (Middletown, CT: Wesleyan University Press, 1965).
Porter, David, *Emerson and Literary Change* (Cambridge, MA: Harvard University Press, 1978).
Pottle, Frederick A., "The Eye and the Object in the Poetry of Wordsworth" (1950), Nachdr. in *Romanticism and Consciousness: Essays in Criticism*, ed. Harold Bloom (New York: Norton, 1970) 273-287.

Pratt, Mary Louise, *Imperial Eyes: Travel Writing and Transculturation* (London: Routledge, 1992).
Pütz, Manfred, "Emerson and Kant Once Again: Is Emerson's Thought a Philosophy before, after, beside, or beyond Kant?", in *Religion and Philosophy in the United States of America*, ed. Peter Freese (Essen: Blaue Eule, 1987), Bd.2, 621-640.
Raysor, Thomas M., "Unpublished Fragments on Aesthetics by S.T. Coleridge", *Studies in Philology* 22 (1925) 529-537.
Richardson, Robert D., *Emerson: The Mind on Fire* (Berkeley: University of California Press, 1995).
Roberson, Susan L., "'Degenerate effeminacy' and the Making of a Masculine Spirituality in the Sermons of Ralph Waldo Emerson", in *Muscular Christianity: Embodying the Victorian Age*, ed. Donald E. Hall (Cambridge: Cambridge University Press, 1994), Kap. 7.
Robinson, David M., *Apostle of Culture: Emerson as Preacher and Lecturer* (Philadelphia: University of Pennsylvania Press, 1982).
Robinson, David M., "Margaret Fuller and the Transcendental Ethos: *Woman in the Nineteenth Century*", *PMLA* 97 (1982) 83-98.
Robinson, David M., *Emerson and the Conduct of Life: Pragmatism and Ethical Purpose in the Later Work* (Cambridge: Cambridge University Press, 1993).
Robinson, David M., "'Unchronicled Nations': Agrarian Purpose and Thoreau's Ecological Knowing", *Nineteenth-Century Literature* 48 (1993) 326-340.
Robinson, David M., "Thoreau's 'Ktaadn' and the Quest for Experience", in *Emersonian Circles: Essays in Honor of Joel Myerson*, ed. Wesley T. Mott und Robert E. Burkholder (Rochester, NY: University of Rochester Press, 1997) 207-223.
Rossi, Alice S., ed., *The Feminist Papers: From Adams to de Beauvoir* (New York: Bantam Books, 1974).
Schäffner, Raimund, *Anarchismus und Literatur in England: Von der Französischen Revolution bis zum Ersten Weltkrieg* (Heidelberg: Winter, 1997).
Scharnhorst, Gary, *Henry David Thoreau: A Case Study in Canonization* (Columbia, SC: Camden House, 1993).
Schiller, Friedrich, *Werke*, Nationalausgabe, Bd. 20 (Weimar, 1962).
Schloss, Dietmar, *Die tugendhafte Republik: Gesellschaftskonzeptionen in der amerikanischen Literatur des späten achtzehnten Jahrhunderts* (Habilitationsschrift Heidelberg, 1996).
Schneider, Richard J., ed., *Approaches to Teaching Thoreau's "Walden" and Other Works* (New York: Modern Language Association of America, 1966).

Schulz, Dieter, "Epiphanie als Abgrund bei Edgar Allan Poe", in *Augenblick und Zeitpunkt*, ed. Christian W. Thomsen und Hans Holländer (Darmstadt: Wiss. Buchgesellschaft, 1984) 332-348.

Scott, William B., *In Pursuit of Happiness: American Conceptions of Property from the Seventeenth to the Twentieth Century* (Bloomington: Indiana University Press, 1977).

Sealts, Merton M., *Emerson on the Scholar* (Columbia, MO: University of Missouri Press, 1992).

Shultis, Christopher L., *Silencing the Sounding Self: John Cage and the Experimental Tradition in Twentieth-Century American Poetry and Music* (Boston: Northeastern University Press, im Druck).

Simmel, Georg, *Philosophie des Geldes*, ed. David P. Frisby und Klaus Christian Köhnke, Gesamtausgabe, Bd. 6 (Frankfurt a.M.: Suhrkamp, 1989).

Simmons, Nancy Craig,"Margaret Fuller's Boston Conversations: The 1839-1840 Series", *Studies in the American Renaissance*, ed. Joel Myerson (1994) 165-226.

Slotkin, Richard, *Regeneration through Violence: The Mythology of the American Frontier, 1600-1860* (Middletown, CT: Wesleyan University Press, 1973).

Smith, David L., "The Open Secret of Ralph Waldo Emerson", *Journal of Religion* 70 (1990) 19-35.

Spitzer, Leo, *Classical and Christian Ideas of World Harmony: Prolegomena to an Interpretation of the Word "Stimmung"* (Baltimore: Johns Hopkins Press, 1963).

Stambaugh, Joan, *Untersuchungen zum Problem der Zeit bei Nietzsche* (Den Haag: Martinus Nijhoff, 1959).

Staten, Henry, *Nietzsche's Voice* (Ithaca, NY: Cornell University Press, 1990).

Steele, Jeffrey, "The Call of Eurydice: Mourning and Intertextuality in Margaret Fuller's Writing", in *Influence and Intertextuality in Literary History*, ed. Jay Clayton und Eric Rothstein (Madison: University of Wisconsin Press, 1991) 271-297.

Studium Generale, Jahrgänge 10 (1957) und 13 (1960) (Lichtsymbolik).

Thoreau, Henry David, *The Correspondence of Henry David Thoreau*, ed. Walter Harding und Carl Bode (New York: New York University Press, 1958).

Thoreau, Henry David, *Faith in a Seed: The Dispersion of Seeds and Other Late Natural History Writings*, ed. Bradley P. Dean, Vorwort Gary Paul Nabhan (Washington, DC: Island Press, 1993).

Thoreau, Henry David, *Journal*, ed. John C. Broderick et al. (Princeton, NJ: Princeton University Press, 1981ff.).

Thoreau, Henry David, *The Journal of Henry D. Thoreau*, ed. Bradford Torrey und Francis H. Allen (Boston: Houghton Mifflin, 1906).

Thoreau, Henry David, *Reform Papers*, ed. Wendell Glick, The Writings of Henry D. Thoreau (Princeton, NJ: Princeton University Press, 1973).

Thoreau, Henry David, *Walden and Resistance to Civil Government*, ed. William Rossi, Norton Critical Edition, 2. Aufl. (New York: Norton, 1992).

Thoreau, Henry David, *A Week on the Concord and Merrimack Rivers, Walden; or, Life in the Woods, The Maine Woods, Cape Cod* (New York: Library of America, 1985).

Thoreau, Henry David, *The Writings of Henry David Thoreau*, Walden Edition (Boston: Houghton Mifflin, 1893-1906).

Urbanski, Marie M.O., "The Seeress of Prevorst: The Central Jewel in *Summer on the Lakes*", in *Margaret Fuller: Visionary of the New Age*, ed. Urbanski (Orono, ME: Northern Lights, 1994) 142-159.

Versluis, Arthur, *American Transcendentalism and Asian Religions* (New York: Oxford University Press, 1993).

Walls, Laura Dassow, *Seeing New Worlds: Henry David Thoreau and Nineteenth-Century Natural Science* (Madison: University of Wisconsin Press, 1995).

Weber, Ingeborg, ed., *Weiblichkeit und weibliches Schreiben* (Darmstadt: Wiss. Buchgesellschaft, 1994).

Weigel, Sigrid, "Die Stimme der Medusa — oder vom doppelten Ort der Frauen in der Kulturgeschichte", *Weibliche Identität im Wandel*, Studium Generale der Universität Heidelberg (Heidelberg: Heidelberger Verlagsanstalt, 1990) 113-123.

Welker, Michael, "'... And Also upon the Menservants and the Maidservants in those Days Will I Pour Out My Spirit': On Pluralism and the Promise of the Spirit", *Soundings* 78 (1995) 49-67.

Welsch, Wolfgang, "Auf dem Weg zu einer Kultur des Hörens?" in *Der Klang der Dinge: Akustik — eine Aufgabe des Design*, ed. Arnica-Verena Langenmaier (München: Schreiber, 1993) 86-111.

Welter, Barbara, *Dimity Convictions: The American Woman in the Nineteenth Century* (Athens: Ohio University Press, 1976).

Westling, Louise H., *The Green Breast of the New World: Landscape, Gender, and American Fiction* (Athens: University of Georgia Press, 1996).

Wilbur, Richard, "Sumptuous Destitution", in *Emily Dickinson*, ed. Richard B. Sewall, Twentieth Century Views (Englewood Cliffs, NJ: Prentice-Hall, 1963) 127-136.

Wilbur, Richard, "The House of Poe", in *Poe: A Collection of Critical Essays*, ed. Robert Regan (Englewood Cliffs, NJ: Prentice-Hall, 1967) 98-120.

Williams, William Carlos, *Paterson* (New York: New Directions, 1958).

Yellin, Jean Fagan, *Women and Sisters: The Antislavery Feminists in American Culture* (New Haven, CT: Yale University Press, 1989).

Yoder, R.A., *Emerson and the Orphic Poet in America* (Berkeley: University of California Press, 1978).

Zwarg, Christina, *Feminist Conversations: Fuller, Emerson, and the Play of Reading* (Ithaca, NY: Cornell University Press, 1995).

Register

Abolitionismus 6f., 75-79, 96f., 184
Addison, Joseph 111f., 121
Adorno, Theodor W. 103
Agassiz, Louis 163
Alcott, Amos Bronson 10, 29, 185
Apuleius 186
Aristoteles 38, 55, 68, 157
Arts and Crafts-Bewegung 28
Augustinus 157, 213

Baudelaire, Charles 126
Beauvoir, Simone de 94
Beecher, Catherine 76
Berry, Wendell 51
Bibel 22f., 54, 108, 120, 184
Blake, William 7, 198
Bloch, Ernst 23
Blok, Alexander 129
Bloom, Harold 1
Böhme, Jacob 198
Borges, Jorge Luis 9
Brown, Charles Brockden 94, 149f., 188
Browning, Elizabeth Barrett 178, 210
Brownson, Orestes 178f.
Burke, Edmund 112, 118, 123, 131
Burke, Kenneth 117

Cage, John 191, 208
Carlyle, Thomas 10f., 48, 80, 85, 110, 167, 190, 210, 212
Cato (Uticensis) 40
Cavell, Stanley 3
Čechov, Anton 5
Child, Lydia Maria 188
Cixous, Hélène 183

Clarke, Sarah Freeman 176f.
Cole, Thomas 137
Coleridge, Samuel Taylor 11, 112f., 118, 126f., 195-199, 205
Cooper, James Fenimore 48, 50f., 53, 137, 199f.
Cowper, William 131, 133
Crèvecoeur, J. Hector St. John de 199

Darwin, Charles 137, 163
De Quincey, Thomas 126
Defoe, Daniel 37f.
Dekonstruktionismus 36
Deleuze, Gilles 34f.
Dial, The 11, 13, 182, 189
Dickens, Charles 10
Dickinson, Emily 73, 128
Diderot, Denis 18
Dillard, Annie 138
Donne, John 130

Eckhart, Meister 56, 157f.
écriture féminine 179-188
Emerson, Mary Moody 211
Emerson, Ralph Waldo
  "The American Scholar" 11, 83, 186
  "Aristocracy" 58f.
  "Beauty" 198f., 203
  "Behavior" 156
  "Character" 153
  "Circles" 33f., 64, 116, 171, 196, 198
  "Compensation" 20, 33, 67-70, 158
  "Concord Hymn" 40
  "The Conservative" 80

"Culture" 61, 73
"The Discontented Poet" 127
"Divinity School Address"
11, 171f.
English Traits 19f., 22f.,
200f.
"Experience" 65-67, 116,
119, 165, 171, 201, 211
"The Eye and Ear" 115f.
"Fate" 17, 64
"Friendship" 148, 150, 153-
158, 163, 166
"Heroism" 153
"History" 171
"Intellect" 83, 198
Journal 166
"Lecture on the Times" 82
"Love" 154
"Man the Reformer" 58, 61,
82-84
"Manners" 152f., 156
"The Method of Nature" 22,
170
"Montaigne" 5, 33, 190
"Napoleon" 71f.
Nature 3, 11f., 17, 19, 116-
120, 127, 132, 151, 156,
169, 171, 173, 201, 207,
211
"Nature" 21, 125
"New England Reformers" 79
"Nominalist and Realist" 22,
117, 152, 169
"Ode, Inscribed to W.H.
Channing" 76
"The Over-Soul" 63, 118f.,
152, 196f.
"Plato" 65
"The Poet" 20-22, 33, 120,
126, 165, 195-201
"Politics" 80, 87
"Prudence" 33, 169
Representative Men 71, 190

"Self-Reliance" 19, 64f., 81,
84, 91, 118, 147, 151, 153,
167-171, 176
"Shakspeare" 197
"The Snow-Storm" 191-194
"Spiritual Laws" 22, 63
"Success" 59
"Swedenborg" 197
"Thoreau" 51, 72, 114, 121,
205
"The Transcendentalist" 60
"Wealth" (*The Conduct of
Life*) 58-65, 71, 73
"Wealth" (*English Traits*) 58f.
"Worship" 153
"The Young American" 57-
61, 76

Empedokles 69
Epiktet 56, 157

Farnham, Eliza 140
Feminismus 7f., 75-77, 91, 92-
109, 96, 144
Fiorenza, Elisabeth Schüssler 184
Fitzgerald, F. Scott 130
Franklin, Benjamin 39, 43f.
Franz von Assisi 53
Fromm, Erich 55
Fuller, Margaret
  "Autobiographical Romance"
  180
  Dispatches 187
  "The Great Lawsuit" 77, 105,
  138, 187
  "The Magnolia of Pontchar-
  train" 180
  *Memoirs of Margaret Fuller
  Ossoli* 149f., 210
  Summer on the Lakes 98, 138-
  145, 146f., 165, 168, 176,
  188
  Woman in the Nineteenth

Century 2, 15, 77, 92f., 97-109, 146-149, 177-188
Gandhi, Mahatma 85f.
gender studies 2, 131, 185
Giamatti, A. Bartlett 1
Godwin, William 86f.
Goethe, Johann Wolfgang 2, 12, 18, 69, 110, 116, 123, 193
Greeley, Horace 187
Grimké, Angelina 76, 96f., 106, 186
Grimké, Sarah 76, 96
Grimm, Jacob 205

Harrington, James 48
Hawthorne, Nathaniel 10, 14, 88, 160, 190, 210
Hedge, Frederic Henry 10
Heidegger, Martin 4f., 8, 18, 35f.
Heraklit 69
Herder, Johann Gottfried 113
Hobbes, Thomas 111
Hölderlin, Friedrich 18
Holmes, Oliver Wendell 11
Homer 201
Hooks, Bell 144
Horkheimer, Max 103
Hutchinson, Anne 95f., 186

Irigaray, Luce 183
Ives, Charles 191, 207

James, Henry 4f., 176, 200, 211
James, William 7
Jefferson, Thomas 39f., 42, 51, 75

Kant, Immanuel 8, 112, 189
Kelley, Abby 106f.
King, Martin Luther 85
Kirkland, Caroline 140
Kopernikus, Nikolaus 111
Kristeva, Julia 183

Leopold, Aldo 137f.
Lincoln, Abraham 6, 74f.
Locke, John 38f., 42, 48, 50, 196
Lowell, James Russell 50
Lyceum 10, 174

Merton, Thomas 163f.
Miller, Perry 2
Milton, John 111, 173, 201
Morrison, Toni 130, 144
Mott, Lucretia 75
Murray, Judith Sargent 94f., 99
Mystik 53, 56, 157, 170, 198, 211

Neal, John 200
Neolithische Revolution 7, 52f., 129
Neopragmatismus 19, 36, 191
Neuplatonismus 53, 211
Nietzsche, Friedrich 1, 8, 18, 34f., 175, 212
Norwood, Robin 148

Oelschlaeger, Max 52f., 129
Ökofeminismus 129-132, 135
Olson, Charles 207
Ovid 185

Parker, Theodore 10
pastoralism 52f.
Peabody, Elizabeth 181
Physiokraten 39f.
Platon 7f., 55f., 65, 129, 186
Plotin 53, 111
Plutarch 185
Poe, Edgar Allan 4, 126, 128, 188f., 195
Poirier, Richard 1, 36
Pollock, Jackson 191
Postmoderne 36
Poststrukturalismus 19, 190

Rimbaud, Arthur 128

Rorty, Richard 3
Rousseau, Jean-Jacques 2, 18, 24, 94
Ruether, Rosemary Radford 184
Rush, Benjamin 94

Schiller, Friedrich 18, 110, 112f., 118, 126, 134, 195
Shakespeare, William 110
Shelley, Percy Bysshe 123, 129, 195
Shepard, Paul 129
Smith, Adam 37f., 42, 57
Spinoza, Benedictus de 193
stadialism 54
Stanton, Elizabeth Cady 75
Stoa 157
Swedenborg, Emmanuel 198

Tennyson, Alfred 201
Thales 69
Thoreau, Henry David
  Cape Cod 135f., 202
  Faith in a Seed 163
  "Friendship" 158f.
  Journal 1, 12, 32, 162
  "The Landlord" 29
  "Life without Principle" 42, 55f., 90
  The Maine Woods 125f., 134, 136
  "A Plea for Captain John Brown" 89
  "Reform and the Reformers" 88
  "Resistance to Civil Government" 1, 85-90
  "The Service" 89-91
  "Slavery in Massachusetts" 76, 89
  Walden 1, 4f., 14, 17, 23-32, 37, 41-56, 88f., 115, 120-124, 133-138, 148, 159-164, 165, 202-207, 212f.
  "Walking" 26f., 30f., 122, 124
  A Week on the Concord and Merrimack Rivers 14, 125, 135, 158f., 202, 205f., 208

Unitarismus 20, 153, 173

Vergil 40

Ward, Artemus 175
Weber, Max 39
Whitman, Walt 129, 198, 205, 207
Williams, William Carlos 207
Winthrop, John 6
Wittgenstein, Ludwig 8
Wollstonecraft, Mary 94, 98f., 101f., 106, 109, 188
Wordsworth, William 11, 112-114, 116, 118f., 119, 123f., 127, 190, 195f., 204
Wright, Frank Lloyd 29